제8판

민법사례연습 I
[민법총칙]

이병준 · 황원재 · 정신동

세창출판사

제8판 머리말

'민법사례연습 I' [민법총칙] 제8판에는 여러 가지 변화가 있습니다. 우선, 강릉원주대학교의 정신동 교수가 공동 저자로 참여하여 새로운 사례의 개발과 검토에 도움을 주었습니다. 부정확하여 오해를 불러 오던 여러 표현들을 수정하고, 각주를 통해 새로운 판례의 경향도 소개하였습니다. 지나치게 이론적이어서 민법의 핵심 개념과 이론을 사례에 적용하고 연습하는 데 도움이 되지 않는 사례들은 현실적이고 이해하기 쉬운 사례로 변경하려고 노력하였습니다.

이러한 노력 때문에 2004년 3월 초판이 발행된 '민법사례연습 I' [민법총칙]은 민법을 공부하는 다양한 독자들에게 사랑받아 왔다고 생각합니다. 민법의 기초적인 내용들부터 심화 이론 및 판례까지 다양한 내용을 핵심 개념과 이론을 통해 쉽게 이해하고 다가갈 수 있도록 도움을 주는 것이 '민법사례연습'의 기본 취지이고, 이번 개정판에도 이러한 노력은 계속되었다고 자부합니다.

이번 개정판을 발간하면서 오탈자 교정과 각주의 내용을 검토하고 최신화하는 작업은 계명대학교 문현지 학사가 맡아 주었습니다. 학업으로 바쁜 중에 개정 작업에 참여하여 수고해 준 문현지 학사에게 감사의 뜻을 표하며, 학문적으로 더 많은 성과를 이루기를 바란다는 희망도 함께 전합니다. 끝으로 이 책의 출판에 아낌 없는 도움을 주신 이방원 사장님과 임길남 상무님께도 심심한 감사를 드립니다.

2023. 1. 30.
공동저자
이병준 · 황원재 · 정신동

머 리 말

이 사례연습집은 민법을 공부하는 초학자들이 전형적인 사례들을 접함으로써 민법전과 민법이론을 더 잘 이해하고 그 내용을 심화할 수 있다는 생각에서 쓰게 되었다. 이 책에 나와 있는 사례들은 법과대학에 들어와서 처음 민법총칙 강의를 수강하는 학생들을 대상으로 만들어졌고 실제로도 이러한 학생들을 대상으로 강의하면서 정리해 온 사례들이다. 판례의 사안들을 변형해서 사용한 경우도 있지만, 되도록 실생활에서 쉽게 일어날 수 있고 또한 해당 제도를 이해하기에 가장 적합하다고 생각되는 사례들을 모았다.

사례풀이는 독일 그리고 우리나라에서도 일부 도입되고 있는 청구권규범에 의한 사례풀이방식을 취하였다. 그 구체적인 내용은 [사례풀이방법의 기초원리]에서 간단하게 설명하였는데, 이 풀이방법의 강점은 논의하여야 할 논점들을 빠짐없이 찾아내고 일정한 체계를 갖추어 구성할 수 있다는 점이다. 이 풀이방법을 학습할 수 있는 기회를 제공하기 위해서 저자는 다양한 논점이 들어가 있는 사례문제를 고시잡지를 통하여 몇 개 발표한 바 있다. 그러나 너무 어렵다는 평가를 받았고 초학자가 보기에는 사례가 너무 복잡하고 논점이 너무 많았다. 그러다 보니 학생들이 정작 사례연습의 목적인 사실관계를 법률규정에 적용하는 연습을 하기보다는 목차와 논점만을 암기하고 있는 실정이었다. 그러나 '사례문제는 정형화되어 있는 문제들의 목차와 논점을 암기하여 답안을 작성하면 충분하다'는 생각은 위험하다. 모든 사례는 그 자체의 생명력을 갖고 자기 나름의 논점들을 가지고 있기 때문이다. 따라서 사례연습을 통하여 습득해야 하는 것은 사례에 접근하는 방법이다.

이러한 고민 속에 초학자들에게 필요한 것은 사례풀이에서 가장 중요하면서 기본적인 것, 즉 사실관계를 법규정에 적용하는 연습을 하는 것이라고 생각되었다. 즉 하나의 논점을 갖고 법률규정의 요건을 설정하고, 의미내용을 확정하여 사실관계에 대입하는 과정(포섭)을 연습할 수 있도록 구성한 책이 필요하다고 느꼈고 이를 실행에 옮긴 것이 이 책이다. 그러다 보니 자연스럽게 중요한 다른 하나의 사례풀이의 기능은 포기할 수밖에 없었다. 즉 이 책은 다양한 논점들을 체계적으로 연결시킬 수 있는 훈련을 목적으로 쓰여 있지 않다. 따라서 이 책으로 사례해결의 모든 것, 특히 체계적인 목차 작성을 해결하겠다고 생각해서는 안 된다. 이는 다른 사례풀이 교재를 통하여 반드시 보충되어야 한다.

이 책을 씀으로써 지도교수님인 독일 Tübingen대학교의 Wolfgang Zöllner 선생님과의 약속을 실현할 수 있게 되었다. 선생님께서는 법학박사학위를 수여하는 자리에서 학문활동의 초기에는 강의를 하면서 사례집을 쓰라고 당부하셨는데, 만 5년 만에 일부를 쓸 수 있게 되었다. 이 책은 그 출발점에 불과하며 연구하고 강의하면서 다른 분야도 정리하려고 하니, 민법의 나머지 분야를 완성할 때까지는 아직 많은 작업이 남아 있다. 교수생활을 그다지 오래 하지 않은 상태에서 책을 내기 때문에 부족한 책을 내지 않느냐는 두려움도 있었으나, 이 책을 쓰면서 스스로 많은 공부를 하였다고 생각한다. 스쳐 지나가기 쉬운 많은 문제점들에 대하여 고민할 수 있었던 기회였기에 선생님의 깊은 뜻을 지금에서야 조금 이해할 수 있을 것 같다. 이 책도 민법을 공부하는 여정 속의 한 이정표라고 보고 현재 저자의 연구수준이 이 정도라고 생각해 주면 좋겠다. 잘못된 부분이 있거나 논의가 더 필요한 부분이 있으면 언제든지 비판해 주시기 바란다.

이 책이 나오는 데에는 많은 분들의 가르침과 도움이 있었다. 저자의 학문의 길에 밑바탕이 되었고 현재도 많은 가르침을 받고 있는 지도교수님인 하경효 선생님과 Wolfgang Zöllner 선생님께 깊이 머리 숙여 감사드린다. 그리고 모교의 명예교수님이신 김형배 선생님과 조규창 선생님, 그리고 지도교수님이신 하경효 선생님은 민법이라는 학문을 사랑하고 더 깊이 있게 공부할 수 있도록 인도해 주신 분들이다. 그리고 Tübingen에서 수학할 때와 Marburg에서 연구원 생활을 할 때 연구에 많은 격려를 해 주신 Knut Wolfgang Nörr 교수님, Eduard Picker 교수님과 Volker Beuthien 교수님께도 이 자리를 빌려 감사를 드리고 싶다. 그리고 교수로서의 연구공간을 마련해 주신 부산대학교의 윤용석 교수님, 그리고 현재 재직하고 있는 한국외국어대학교의 이은영 교수님과 박영복 교수님께도 미천한 학문적 연구를 하고 있는 저자임에도 불구하고 후배교수에 대한 애정을 갖고 민법에 대한 궁금증을 논의해 주시고 교수생활을 인도해 주심에 깊이 감사드린다.

세창출판사의 이방원 사장님과 임길남 상무님은 이 책을 저술하기 시작하면서부터 끝날 때까지 세심한 배려를 해 주셨다. 조교 김도년과 유재현은 연구실에서 자리를 같이하며 자료수집, 원고작성과 초고교정 등에서 큰 힘이 되었다. 그리고 제자 최효진과 고려대학교 민법연구실 후배 박성완, 사법연수원에 들어가기 전에 시간을 내어 준 고등학교 후배 나승철은 초고를 세심하게 읽어주어서 책의 완성도를 높이는 데에 큰 기여를 하였다. 이 모든 분들에게 깊은 감사를 드린다.

강의안으로 만들었던 사례들을 작년 여름방학에 정리하기 시작하여 지금에서야 마무리를 짓게 되었다. 그간 많은 시간을 같이하지 못한 가족에게 미안한 마음을 감추지 못한다. 사랑하는 아내와 딸 원영, 아들 원기에게 이 책을 통하여 가장인 저자가 연구실에서 헛된 시간을 보내지 않고 있구나 하는 것만 보여주었으면 좋겠다. 학문의 길로 인도해 주신 부모님께도 깊은 감사를 드리며 학계에서 정진하고 계신 두 분의 뒤를 조금이나마 좇았으면 하는 마음으로 이 책을 세상에 내놓는다.

2004년 2월 5일
이문동 연구실에서
이 병 준

차 례

제1장 권리의 주체

제4장 권리의 행사와 의무의 이행

민법사례연습 I
[민법총칙]

사례풀이방법의 기초원리

[민법사례풀이방법에 관한 문헌]

김형배, 민법연습, 신판(2007), 3-37면; 안춘수, 사법시험 2차대비 최종 전략: 민법, 고시계 2000년 6월, 25-34면; 이종복, 사례풀이의 기본지침과 방법, 사법관계와 자율, 131-162면(또한 고시계 1989년 11월·12월, 1990년 2월 167-178면, 156-164면, 186-196면); 정진명, 민사사례 해결방법론, 고시계 1999 년 4월, 204-223면.

Ⅰ. 법률가의 임무와 청구권규범에 의한 사례풀이

법률가의 임무는 이미 발생하였거나 미래에 발생할 수 있는 사안을 법률규정에 적용하는 데에 있다. 따라서 법학 교육에서도 마찬가지로 구체적인 사안을 법률규정에 적용하는 연습을 사례풀이를 통하여 하게 된다. 물론 강의에서 사용되는 사례들은 실제 생활에서와 같이 복잡하지는 않으며, 전형적이고 논점이 드러날 수 있는 형태로 구성되어 있다.

대부분의 사례에서는 당사자들 사이에 무엇을 청구할 수 있는지가 문제된다. 예를 들어 甲이 乙에게 자신의 물건을 파는 매매계약을 체결하였는데, 매도인 甲이 매수인 乙에게 물건의 소유권을 이전해 주지 않으면 매수인 乙은 매도인 甲에게 소유권의 이전을 청구하게 된다. 이를 강제하기 위해서는 재판을 통하여 매수인 乙이 이와 같은 권리가 있음을 확인 받아야 하는데, 이때 판사는 법적인 근거가 있는 경우에만 乙에게 승소판결을 내리게 된다. 이와 같이 한 당사자가 다른 당사자에게 자신의 요구를 강제할 수 있는 법적 근거를 '청구권규범'이라고 한다. 실무에서는 물론 법학교육에서도 청구권규범이 사례해결의 중심에 있으며 사례풀이의 기초를 형성한다.

청구권규범은 당사자가 원하는 법률효과를 담고 있기 때문에 사안을 해결하는 단서가 된다. 그러나 청구권규범은 법률효과를 담고 있을 뿐만 아니라, 어떤 요건하에서 이와 같은 법률효과가 발생하는지를 규정하고 있다. 즉 청구권규범은 일반적으로 구성요건과 법률효과로 구분될 수 있는 구조를 가지고 있다.

[예] ○ 〈불법행위로 인한 손해배상청구권〉

제750조의 요건: 고의 또는 과실로 인한 위법행위로 타인에게 손해를 가한 자

제750조의 법률효과: 손해를 배상할 책임이 있다.

구성요건은 어떠한 사안에 법률규정이 적용되는지를 정한다(불법행위). 법률효과는 법률규정이 정하고 있는 사안이 발생한 경우에 그 효과를 규정한다(피해자의 손해배상청구권). 이와 같이 요건과 효과로 구분할 수 있는 구조는 모든 청구권규범에서 나타난다. 청구권규범을 검토할 때 이 법적인 기초(청구권규범)를 근거로 어떠한 요건이 충족되어야 하는지를 도출하고 구체적인 사안이 이 요건을 충족하는지를 검토해야 한다(포섭). 따라서 법률의 적용은 다음과 같은 3단논법에 따라 행하여진다.

1단계	대전제 : 법률규정
⬇	적용될 법률규정을 찾고 그 구성요건을 분리해서 각각의 의미를 확정한다.
2단계	소전제 : 사실관계
⬇	포섭: 추상적인 형태로 표현된 구성요건(예: 제750조의 손해)을 구체적인 사안이 충족하는지를 검토해야 한다(예: 甲이 乙을 때려서 乙이 입원하게 되었다. 어떠한 손해가 발생하였는가?).
3단계	결론 : 요건의 충족 또는 불충족

민법의 초학자들은 민법의 방대함 때문에 구체적인 사안에 적용될 청구권규범을 어떻게 다 찾아야 하는지 걱정할지도 모른다. 청구권규범을 찾

고 그 의미를 아는 것이 민법을 배우는 중요 목적 중의 하나이다. 그러나 채권각론을 배우게 되면서 중요한 청구권규범들은 거의 다 나오기 때문에 이제는 하나하나씩 정리해 나아갈 단계가 되었다. 그리고 민법 전반에 청구권규범이 흩어져 있기 때문에 채권각론을 배우면서 법전을 여기저기 왔다갔다하면서 청구권규범을 찾아야 할 때도 있을 것이다. 그런데 점차 사안을 풀다보면 전형적으로 자주 등장하는 청구권이 있음을 알 수 있다(예를 들어 제568조 제1항, 제390조, 제750조, 제741조, 제213조, 제214조 등).

II. 청구권규범의 검토

일상적인 삶의 분쟁에서는 물론 시험에서도 두 당사자 사이에서 청구권규범 하나만을 검토하는 경우가 있다.

[예] ○ 甲은 乙에게 컴퓨터의 인도를 청구할 수 있는가?
  ○ 甲이 乙에게 손해배상을 청구하였다. 정당한가?
  ○ 甲과 乙 사이에 도급계약이 체결되었는가?
  ○ 甲이 계약을 해제할 수 있는가?

그러나 여러 명의 당사자 사이에서 여러 개의 청구권규범을 검토해야 하는 경우가 이보다 더 많이 나타난다.

[예] ○ 법률관계는 어떠한가?
  ○ 당사자들 사이에 무엇을 청구할 수 있는가?
  ○ 법원은 어떻게 결정해야 하는가?
  ○ 甲은 乙에게 무엇을 청구할 수 있는가?
  ○ 누가 손해를 배상해야 하는가?

구체화를 필요로 하는 문제가 나온 경우에 이 기본문제를 하나 또는 여러 개의 구체적인 개별문제로 구체화시켜야 한다. 모든 개별문제는 청구권 자, 청구권의 상대방 그리고 특정 권리를 담고 있어야 한다. 그러면 양 당사 자관계로 우선 구분을 하고 "누가 누구로부터 무엇을 요구하는가?"라는 형 식으로 각 개별문제에서 묻게 된다.

1단계	사안에서 누가 무엇을 청구하려고 하는지를 찾아냄으로써 청구 권자(채권자)를 확정하게 된다.

⬇

2단계	청구권자가 무엇을 원하는지를 확정함으로써 청구내용을 확정 하게 된다.

⬇

3단계	청구권의 상대방(채무자)을 확정해야 한다.

[예] ○ 기본문제: 甲은 乙에 대하여 어떠한 권리를 갖는가?
  – 구체화된 문제: 甲은 乙에 대하여 이행을 청구할 수 있는가?
    甲은 乙에 대하여 손해배상을 청구할 수 있는가?
  ○ 기본문제: 甲은 누구로부터 이행을 청구할 수 있는가?
  – 구체화된 문제: 甲은 乙로부터 이행을 청구할 수 있는가?
    甲은 丙으로부터 이행을 청구할 수 있는가?
  ○ 기본문제: 법률관계는 어떠한가?
  – 구체화된 문제: 甲은 乙로부터 이행을 청구할 수 있는가?
    甲은 乙로부터 손해배상을 청구할 수 있는가?
    乙은 甲으로부터 매매대금의 지급을 청구할 수 있는가?

그 다음 단계로 문제된 청구권이 담겨진 청구권규범을 찾아야 한다. 올바른 청구권규범은 사안에서 문제되는 청구의 목적으로서 당사자가 원한 구체적 법률효과에 해당하는 추상적인 법률효과를 담고 있어야 한다. 따라 서 법률효과를 비교해서 구체적으로 요구되는 법률효과와 법률에 규정된 법률효과가 완전히 일치하면, 문제의 해결을 위해서 필요한 청구권규범을 찾은 것이다.

[예]　○ 문제: 甲이 乙로부터 손해의 배상을 청구할 수 있는가?
　　　　－ 가능한 청구권규범: 제390조 제1항 본문 "… 손해배상을 청구
　　　　　　　　　　　　　　할 수 있다."
　　　　－ 가능한 청구권규범: 제750조 "… 손해를 배상할 책임이 있다."

　　이러한 과정을 거쳐서 최종적으로 사안에서 검토해야 할 문제는 "누가 누구로부터 무엇을 어떠한 근거로 요구하는가?"라는 질문으로 구체화된다.

[예]　　○ 甲의 乙에 대한 제750조에 기한 손해배상청구권

　　사안검토의 기본구조는 이미 3단논법에 의한 검토방식에서 보았듯이 "문제에서 근거제시를 거쳐서 결과로"이다. 이 구조는 "감정서 형식(Gutachten-Stil)"이라고 한다. 감정서 형식의 특징은 결과가 검토단계 뒤에 제시된다는 점에 있다. 이 형식에서는 결과를 아직 제시하지 않은 상태에서 해답을 작성하게 된다. 반면에 먼저 결론을 내리고 그 이유를 설명하는 방식은 판결문에서 사용하고 있다(판결문 형식; Urteil-Stil). 감정서 형식에 의한 사례풀이에서는 항상 물음 또는 가정법으로 표현된 문장으로 검토를 시작해야 한다.

[예]　甲이 乙에게 불법행위로 인한 손해배상을 청구하기 위해서는 제750조의 요건이 충족되어야 한다. 그러기 위해서는 (1) 가해자의 고의 또는 과실에 의한 행위, (2) 가해행위에 의한 손해발생, (3) 가해행위의 위법성, (4) 가해자의 책임능력 등의 요건이 충족되어야 한다. 가해자의 고의 또는 과실에 의한 행위가 있기 위해서는…

　　구체적인 사안이 청구권규범의 모든 요건들을 충족해야만 당사자가 원하는 법률효과가 발생한다. 제568조 제1항의 경우 "매매계약의 성립"이라는 요건만 검토하면 되지만, 여러 요건을 규정하고 있는 청구권규범도 있다. 청구권규범은 원칙적으로 매우 일반적인 표현으로 어떠한 상황을 설명하고 있다. 입법자는 구체적인 개별사례들을 모두 규정할 수 없고 통일적이

고 완성된 체계를 형성하면서 되도록 많은 사례들을 규정하려는 목적을 갖고 있기 때문에 추상적인 용어를 사용하고 있다. 많은 요건들은 법 문외한에게도 쉽게 이해될 수 있다(예: 생명, 신체). 그에 반하여 개념정의가 있어야만, 구체적인 사안에서 그 요건이 충족되었는지를 알 수 있는 요건도 있다(예: 매매계약의 성립, 위법성, 손해, 인과관계). 추상적으로 표현된 요건과 사실관계의 비교를 포섭이라고 한다. 포섭은 순수한 인식의 문제가 아니라, 하나의 법적 판단과정에 속한다. 쉬운 요건에 대해서는 그 의미에 대하여 다툼이 없으나, 많은 요건에 대해서는 그 의미내용에 대하여 학설과 판례가 대립하고 있기 때문이다.

검토의 과정을 도표로 요약하면 다음과 같다.

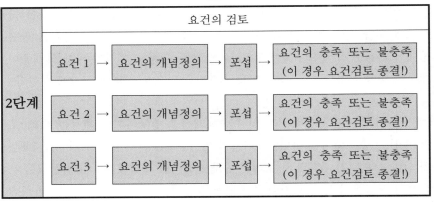

1단계	청구권규범을 기초로 당사자가 원하는 법률효과를 찾고 문제를 구체화한다(누가 누구에게 무엇을 어떠한 근거로 청구할 수 있는가?).

3단계	모든 요건이 충족된 경우에 질문에 대한 대답은 긍정될 수 있고, 반면에 하나의 요건이라도 충족되지 않으면 대답은 부정된다.

Ⅲ. 사례풀이의 구성

대부분의 시험이 단지 청구권규범이 충족되어서 청구권이 존재하는지를 검토하는 것만으로 끝나는 것은 아니다. 원칙적으로 청구권이 성립하였는지의 문제는 1단계에 불과하다. 민법은 청구권이 성립하였다가 후에 다시 소멸하거나 더 이상 행사될 수 없는 많은 사유를 규정하고 있다. 따라서 사안에서 이와 같은 항변권을 발생시킬 수 있는 사정이 존재한다면 항변권을 검토해야 한다. 이것이 끝나야만, 최종적인 결론을 내릴 수 있다.

[청구권규범에 의한 사례 해결]

1. 누가 누구에게 무엇을 어떠한 근거로 청구할 수 있는가?
   1) 청구권규범("청구할 수 있다", "반환해야 한다", "배상할 책임이 있다")
      (1) 요건설정
      (2) 포 섭
   2) 제103조 등의 불성립 또는 무효사유가 존재하는가?
   ⇨ **결과:** 청구권이 성립하였다 또는 청구권이 성립하지 않았다.

2. 청구권이 소멸하였는가? 소멸사유가 존재하는가?
   예를 들면 이행(변제 제460조, 제461조), 후발적 불능
   ⇨ **결과:** 청구권은 소멸하였다 또는 청구권은 계속 존속한다.

3. 항변권이 존재하는가?(연기적 또는 영구적 항변권의 존재)
   1) 실체법상 존재해야 함
   2) 행사되어야 함
   예를 들면 동시이행의 항변권(제536조), 해제권(제544조, 제548조 제1항)
   ⇨ **결과:** 청구권을 실현할 수 있다 또는 실현할 수 없다.

또한 하나의 법률효과에 대하여 여러 개의 청구권규정이 있는 경우가 있다(예를 들어 손해배상청구권과 반환청구권). 이때에는 단지 하나의 청구권 규정이 충족되었다고 만족하면 안 되고, 원하는 법률효과가 담겨진 모든 청구권규정의 성립을 검토해야 한다. 왜냐하면 소송에서 요건사실을 입증하지 못하는 경우가 발생할 수 있기 때문이다.

문제가 될 수 있는 모든 청구권규범들을 검토해야 하기 때문에 한 사안에 여러 개의 법률규정이 적용될 수 있다. 이 경우 "경합"이 있다고 한다. 경합에 의하여 한 규정이 적용되면 다른 규정의 적용이 배제되는 경우가 있다. 이를 "법조경합"이라고 한다. 또한 경합이 있더라도 청구권이 서로 병존하는 경우가 있는데, 이를 "청구권경합"이라고 한다.

청구권은 다음과 같은 순서로 검토해야 한다.

1) 계약상의 청구권

2) 계약유사한 관계로 인한 청구권(예: 제135조)

3) 물권적 청구권

4) 불법행위 내지 위험책임으로 인한 청구권

5) 부당이득 반환청구권

[청구권기초론의 한계]

위에서 살펴본 청구권기초론에 의한 사례풀이는 사안의 문제가 청구권의 행사가 가능한지를 물을 때에만 사용할 수 있다.

(1) 그러나 물권적 권리상태의 확인을 묻는 문제, 예를 들어 "소유자는 누구인가?"라는 문제에서는 청구권기초론에 따라 검토할 수 없다. 이러한 문제에서는 청구권규범 대신에 문제된 권리와 연관된 법률규정이 문제된다. 소유권과 관련하여서는 법률행위와 법률 규정을 통한 소유권의 취득 또는 상실에 관한 규정들(제186조 이하)이 문제된다.

(2) 법률관계의 변경을 가져올 규범의 적용가능성을 묻는 경우, 예를 들어 "당사자들은 의사표시의 취소를 주장할 수 있는가?"라는 물음

에서도 청구권기초론을 사용할 수 없다. 형성권을 담고 있는 규정들, 예컨대 취소권(제109조, 제110조) 또는 해제권(제544조, 제546조)에 관한 규정이 적용될 수 있는지를 검토해야 한다.

(3) 물권적 권리 상태나 형성권의 성립을 묻는 문제에는 시간 순서에 따라 법률관계를 검토하는 역사적 방법(발생사적 구성방법, historische Aufbaumethode)에 따라야 한다. 이 경우 시간 순서에 따라 날짜를 특정하여 해당 시점에 물권적 권리관계가 어떠한지 또는 형성권이 성립하는지를 검토해야 한다."

이 책의 학습방법

이 책은 다음과 같은 방식으로 읽었으면 한다.

1. 사례는 기본적으로 각 제도 내지 법조문별로 하나를 만들었다. 먼저 제목에 쓰여져 있는 제도에 해당하는 법조문과 교과서를 충분히 학습한 후, 법조문과 교과서를 기초로 사례해결이 어떻게 될 것인지를 생각해 보기 바란다. 그런 후에 이 책에 나와 있는 사례해설을 읽어보아야 한다. 자신의 고민 속에서만 실력이 늘어날 수 있고 이 책은 자신의 실력을 검증하는 연습교재라는 것을 잊지 말아야 한다.

2. 이 책에 나와 있는 사례해설은 하나의 예시에 불과하다. 다른 해결방식도 가능하니, 너무 그 틀에 구속될 필요는 없다. 그러나 사례를 접근하는 방식은 이 책에 따라 많이 연습하기를 바란다. 이미 언급한 것처럼 적용될 법률규정의 요건을 사실관계에 접목시켜서 차근차근 검토하고 적용하는 연습이 절실히 필요하다고 생각한다. 이론만 나열하고 정작 사례에 적용하는 것을 게을리하는 사례풀이는 좋은 훈련이 되지 못한다. 구체적인 사안이 요건에 해당될 수 있는지, 대립하는 학설에 따라 결론이 어떻게 다르게 나는지에 관한 고민을 하는 과정 속에서 실력이 향상될 것이다.

3. 이 책은 민법의 첫 강좌인 민법총칙에 해당하므로 사례가 담고 있는 모든 법문제를 보여주지 못한다. 사례해결의 한 단면만 보여주는 경우도 많고 하나의 해결방식을 보여주는 경우도 있을 것이다. 이는 각 제도의 의미를 부각시키기 위한 의도를 갖고 있음을 이해하기 바란다. 그러나 구체적인 사안은 아직 배우지 않은 물권법, 채권법, 친족상속법과 필연적으로 연결될 수밖에 없으므로 이 문제들을 필요한 한도에서 다룰 수밖에 없었다. 민법총칙의 일반적 특성 때문에 구체적인 제도를 통하여 살펴볼 수밖에 없으며 이러한 방식이 또한 타당하기도 하다. 민법의 학습은 해안가에서 밀려오는 파도를 보는 것과 같다. 즉 같은 제도를 여러 모습으로 여러 번 경험하게 된다. 따라서 다양한 형태로 그 제도를 익히다 보면 각 제도의 의미와 다른 제도와의 연관성도 점차

배우게 된다. 그러므로 두려움을 갖지 말고 각 제도들을 익혀나가기 바란다.

　4. 연습교재이므로 문헌을 충실히 인용하지 않았다. 다만 제시된 논의가 어떻게 진행되고 있는지를 살펴볼 수 있을 정도로만 인용하였다. 책을 준비하는 과정에서 주요 법조문을 각 사례 앞에 제시하는 것이 더 친절하지 않느냐는 의견도 있었으나, 직접 법조문을 찾아보는 것이 실력향상에 더욱 도움이 된다는 생각에서 이를 생략하였다. 그렇지만 이 책을 읽어 나가면서 해당 조문이 제시되어 있으면 그것은 반드시 찾아서 읽어보기 바란다. 알고 있다고 생각되는 조문도 직접 찾아보면 이외로 새로운 점들을 많이 발견할 수 있을 것이다. 민법은 1차적으로 법률의 의미내용을 해석하는 학문이라는 사실을 잊어서는 안 된다.

민 법 총 칙

[민법총칙에 관한 문헌]

강태성, 민법총칙, 제11판, 2021.
고상룡, 민법총칙, 제3판, 2004.
곽윤직·김재형, 민법총칙, 제9판, 2013.
김대정, 민법총칙, 2012.
김민중, 민법총칙, 2014.
김민중 외, 로스쿨 민법총칙, 2006.
김상용·전경운, 민법총칙, 2018.
김주수, 논점민법판례연습(민법총칙), 1998.
김주수·김상용, 민법총칙, 제7판, 2013.
김증한·김학동, 민법총칙, 제10판, 2013.
김형배, 민법연습, 신판, 2007.
김형배·김규완·김명숙, 민법학강의, 제15판, 2016.
명순구, 민법학기초원리, 2006.
백경일, 민법요의총칙편, 2012.
백태승, 민법총칙, 제8판, 2021.
송덕수, 신민법사례연습, 제6판, 2022.
이영준, 민법총칙, 개정증보판, 2007.
이은영, 민법총칙, 제5판, 2009.
지원림, 민법강의, 제19판, 2022.
지원림, 민법케이스연습, 제3판, 2000.
현병철 외, 민법총칙 기본판례평선 100선, 1998.
Gottwald, Examens-Repetitorium BGB — Allgemeiner Teil, 2002.
Köhler, Prüfe dein Wissen — BGB Allgemeiner Teil, 26. Aufl., 2011
Larenz/Wolf, Allgemeiner Teil des Bürgerlichen Rechts, 9, Aufl., 2004.
Medicus, Allgemeiner Teil des BGB, 8. Aufl., 2022.
Peters, BGB Allgemeiner Teil, 88 Fälle mit Lösungen, 2. Aufl., 1997.
Rüthers/Stadler, Allgemeiner Teil des BGB, 12. Aufl., 2002.

※ 민법총칙 교과서는 주에서 저자명만 인용하였다.

제1장 권리의 주체

I. 자연인의 권리능력

1. 권리능력의 의미

사 례

동물애호가인 할머니는 애완용으로 기르는 25마리 고양이들에게 집을 상속하고 고양이들이 죽을 때까지 그 집에서 살 수 있게 해야 한다는 유언을 남겼다.
(1) 할머니가 죽은 후 유일한 친척인 조카 甲은 자신이 집을 상속받을 수 있는지를 알고 싶어 한다. 조카 甲은 할머니의 집을 상속받을 수 있는가?
(2) 고양이들이 집을 상속받을 수 없다면 할머니의 유언은 어떠한 의미로 해석될 수 있는가?

(1) 유언의 효력과 법정상속

유언과 상속은 유언자 내지 피상속인의 사망으로 효력이 생기므로(제1073조 제1항, 제997조), 할머니의 사망으로 유언이 효력을 갖게 되었다. 그런데 유언은 법률적으로 실현 가능한 것을 내용으로 해야 하므로 만약 유언이 법률적으로 불가능한 것을 내용으로 한다면 유언을 통한 유증의 효력은 무효이며, 그 대신 법정상속에 따라 상속인이 집을 상속받는다(제1090조 본문).

유언을 통하여 유증을 받기 위해서는 고양이들이 집의 소유권이라는 권리의 귀속주체가 될 수 있어야 하는데, 이처럼 권리와 의무의 귀속주체가 될 수 있는 능력을 권리능력이라고 한다. 우리 민법상 권리의 주체가 될 수 있는 것은 사람(자연인, 제3조) 및 법인(제34조)이다. 그런데 고양이는 민법상 물건(제98조)에 불과하여 권리의 객체는 될 수 있어도 권리의 주체는 될 수 없다. 이와 같이 권리능력을 정하는 규정은 강행규정이므로 이와 다른 내용을 정하는 법률행위는 강행규정에 반하여 그 효력이 없다.[1] 따라서 고양이들에게 집을 유증하겠다는 내용의 유언은 무효이다. 이에 따라 법정상속인인 甲만이 단독상속인이 된다(제1000조 제1항 제4호).

(2) 유언의 의미

그렇다고 하여 유언을 한 할머니의 의사를 전혀 무시할 수는 없다. 고양이들에게 집을 상속하겠다는 유언은 그 문언의 해석을 통해 법정상속인에게 고양이들을 잘 돌보도록 의무를 부과한 것으로 해석할 수도 있다(고양이들에게 할머니가 원하는 모든 혜택을 주기 위해서는 고양이들의 양육을 목적으로 하는 재단법인을 설립하고 그 재단법인에 집을 유증하거나 같은 목적으로 재산을 신탁하는 형식으로 유언을 했어야 한다).

---

1) 곽윤직 · 김재형, 96면.

2. 태아의 권리능력

 사 례

甲은 부주의하게 자동차를 운전하다가 임신 중인 乙을 치어 乙의 뱃속에 있던 태아 丙이 다치게 되었다.
(1) 丙이 이로 인하여 다리가 기형인 상태로 태어나게 되었다면 丙은 甲에게 손해배상을 청구할 수 있는가?
(2) 丙이 태어나기 전에 乙이 丙을 대리하여 甲에게 손해배상을 청구할 수 있는가?

丙의 甲에 대한 손해배상청구권(제750조, 제751조 제1항)

(1) 태아가 출생한 경우

사안에서 태아 丙이 乙의 뱃속에 있는 중에 甲의 불법행위에 의하여 다치게 되었고 그로 인하여 기형으로 태어남으로써 발생한 손해의 배상을 청구하기 위해서는 불법행위로 인한 손해배상청구권의 요건이 충족되어야 한다.[1] 사안에서 甲이 부주의하게 교통사고를 일으켜 丙을 다치게 하였으므로 가해행위가 인정된다. 또한 교통사고로 인하여 丙이 다리가 기형인 상태에서 태어나게 되었으므로 이를 치료하는 데 드는 비용, 노동력 상실 내지 감소에 따른 수익감소 및 정신적 고통 등의 손해가 발생하였다. 그리고 가해행위와 손해 사이의 인과관계를 인정할 수 있다. 문제가 되는 것은 타인에게 이와 같은 손해를 가했어야 했는데, 丙이 '타인'이기 위해서는 침해 당시에 사람이었어야 하고 침해받

---

1) (1) 가해자의 고의 또는 과실에 의한 행위, (2) 가해행위에 의한 손해발생, (3) 가해행위의 위법성, (4) 가해행위와 손해발생 사이의 인과관계, (5) 가해자의 책임능력 등의 요건이 충족되어야 한다.

지 않을 법익(여기서는 생명과 신체에 대한 권리)을 누릴 수 있는 권리능력을 가지고 있었어야 한다.

사람은 출생한 때부터 권리능력을 가지므로(제3조), 태아에게는 원칙적으로 권리능력이 인정되지 않는다. 그러나 이러한 원칙을 관철한다면 상속이나 손해배상청구 등과 관련하여 문제가 생길 수 있으므로 태아의 특별한 보호를 위하여 우리 민법은 태아의 권리능력을 제한적으로 인정하고 있다. 예컨대 사안과 같이 불법행위로 인한 손해배상청구에 있어서 태아는 이미 출생한 것으로 본다(제762조). 다만 불법행위로 인한 태아의 손해배상청구권을 인정하기 위해서는 丙은 살아서 출생했어야 한다.[2] 사안에서 丙은 출생하였으므로 교통사고가 발생한 시점에 이미 권리능력을 가지고 있었던 것이 된다. 따라서 신체에 대한 법익을 향유할 수 있는 권리능력을 가지고 있었으므로 "타인"으로 인정될 수 있다. 신체침해로 위법성이 징표되고, 그 밖에 특별한 위법성 조각사유가 존재하지 않는바 제750조, 제751조 제1항에 기한 모든 요건이 충족되었으므로 丙은 甲에게 손해배상을 청구할 수 있다.

(2) 태아가 출생하기 전인 경우

乙이 丙을 대리하여 손해배상을 청구할 수 있기 위해서는 출생 전에 태아 丙에게 손해배상청구권이 인정되어야 한다. 태아에게 권리능력을 인정하고 있는 규정에도 불구하고 태아가 출생하기 전에 권리를 행사할 수 있는지에 관하여는 견해가 대립하고 있다.

판례의 입장인 정지조건설[3]은 태아의 법률상 지위에 관해서 태아인 동안에는 권리능력이 인정되지 않지만, 태아가 살아서 출생하면 그의 권리능력 취득의 효과가 문제의 사건 발생시점으로 소급한다고 한다.

---

2) 대법원 1976.9.14. 선고, 76다1365 판결. 이 판결에 의하면 "특정한 권리에 있어서 태아가 이미 태어난 것으로 본다는 것은 … 태아로 있는 동안은 권리능력을 취득할 수 없으니 살아서 출생한 때에 출생시기가 문제의 사건의 시기까지 소급하여 그 때에 태아가 출생한 것과 같이 법률상 보아준다"는 의미이다.
3) 대법원 1976.9.14. 선고, 76다1365 판결; 이영준, 850면; 김상용, 138면.

이에 따르면, 丙은 태아로 있는 동안에는 권리능력이 없고, 따라서 법정대리가 인정되지 않는다. 그러나 태아가 살아서 출생한 경우 교통사고의 시점으로 소급하여 甲의 불법행위에 대한 손해배상청구권을 가지며 법정대리인이 출생 후에 그 권리를 대리행사하게 된다. 따라서 이 견해에 따르면 乙은 丙을 대리하여 출생 전에 손해배상을 청구할 수 없다.

반면에 다수설인 해제조건설4)은 태아인 동안에도 개별적 사항의 범위 내에서 권리능력을 갖지만, 태아가 살아서 태어나지 못하면 권리능력 취득의 효과가 소급적으로 소멸한다고 주장한다. 이에 따르면, 태아 丙은 교통사고가 발생한 때 甲에 대하여 직접 불법행위로 인한 손해배상청구권을 갖고(제750조의 요건이 충족됨을 전제로), 대리에 관한 규정에 따라 법정대리인이 그 행사를 대신하게 된다. 따라서 이 견해에 따르면 乙은 丙을 대리하여 출생 전이라도 손해배상을 청구할 수 있다.

일단 권리를 부여하였다가 태아가 사산하여 이로 인하여 가져올 수 있는 법적 불안정성을 피하기 위하여 판례는 정지조건설을 취하고 있다. 하지만 태아의 출생률이 의학기술의 발달로 인하여 상당히 높아졌다는 점, 태아를 최대한 보호할 필요가 있다는 점에서 해제조건설이 더 타당하다고 생각된다.

태아 丙에게 권리가 인정되는 이상, 그 보호를 위하여 법정대리의 규정이 태아에게도 적용된다는 명문의 규정이 없더라도 태아의 권리능력에 관한 규정을 유추적용하여 법정대리인 乙에게 태아의 권리를 대신 행사할 수 있도록 해야 한다. 다만 이때 법정대리인의 권한은 현재의 권리관계를 보전하는 범위로 제한될 필요가 있다.5) 손해배상의 청구도 권리관계의 보전 범위에 포함되므로 乙은 丙을 대리하여 손해배상을 청구할 수 있다.

---

4) 곽윤직·김재형, 100면; 이은영, 135면; 고상룡, 77면.
5) 곽윤직·김재형, 102면.

3. 태아의 수증능력

사 례

甲은 죽기 직전에 자신이 죽으면 아들 2명과 아직 태아인 乙에게 대지를 나누어 주라고 말하고 그 자리에 있던 아들 2명과 아내의 동의를 받고 사망하였다.
(1) 甲은 乙에게 대지를 나누어 주라고 한 말을 통하여 어떠한 법률행위를 하였는가?
(2) 그 후 출생한 乙은 대지에 대한 자신의 지분을 주장하며 다른 형제의 명의로 되어 있는 그 대지의 지분이전등기를 청구하였다. 정당한가?[1]

(1) 사인증여와 유증의 구분

증여자의 사망으로 비로소 효력이 발생한다는 측면에서 사인증여와 유증은 동일하다. 하지만 유증은 엄격한 방식을 요하는 단독행위임에 반하여 사인증여는 낙성불요식의 증여계약의 일종이다. 사안에서 甲은 자신이 죽으면 대지의 일부를 乙에게 주고 싶다는 의사를 명백히 표시하였지만, 사인증여와 유증 중 어떠한 형태로 이것이 이루어져야 하는지를 정하지 않았다. 그렇지만 甲이 유증을 의도하였더라도 이에 요구되는 엄격한 방식을 취하지 않았기 때문에 무효가 되므로 사인증여를 한 것으로 해석하게 된다.[2]

---

1) 대법원 1982.2.9. 선고, 81다534 판결 변형. 이에 관한 평석으로 김주수, 논점 민법판례연습, 61면; 현병철 외, 민법총칙 기본판례평석 100선, 22면.
2) 대법원 1996.4.12. 선고, 94다37714, 37721 판결.

(2) 乙의 지분이전등기청구권

乙이 다른 형제에게 대지의 지분이전등기를 청구하기 위해서는 甲
으로부터 유효하게 대지를 증여받았어야 한다. 甲이 의도한 사인증여
는 계약에 해당하므로 甲의 증여를 목적으로 하는 청약 이외에 증여를
받는 수증자의 승낙이 있어야 한다. 따라서 태아인 乙이 사인증여에 대
하여 승낙을 하고 증여를 받을 수 있는 권리능력이 있는지가 문제된다.

사인증여에 관하여는 유증의 규정이 준용되는데(제562조), 유증에
서 태아의 권리능력을 인정하는 예외적 규정(제1064조, 제1000조 제3항)
이 사인증여에 관하여 준용될 수 있는 내용을 갖고 있는지에 관하여 학
설이 대립하고 있다.3) 태아의 수증능력을 인정하는 견해는 사인증여에
관하여 유증의 규정이 준용되고(제562조), 민법이 유증에 관하여 태아의
권리능력을 인정하고 있는 이상 사인증여에 관해서 태아의 권리능력을
인정해야 한다고 보고 있다.4) 따라서 이 견해에 의하면 乙은 태아인 상
태에서 사인증여를 받을 수 있다. 반면에 사인증여에 관한 태아의 권리
능력을 인정하지 않는 판례의 입장5)에 의하면 증여는 단독행위인 유증
과 달리 계약이므로 수증자의 승낙을 요건으로 하는데, 태아의 권리능
력에 관하여 정지조건설을 취한다면 태아인 상태에서 법정대리인이 있
을 수 없으므로 수증행위의 대리는 불가능하다고 한다.6) 이 견해에 따
르면 태아인 乙은 사인증여를 甲으로부터 받을 수 없다.

사인증여에 관하여 유증에 관한 규정이 준용됨을 명문으로 인정하
고 있기 때문에 기본적으로 사인증여의 성질에 반하지 않은 한 유증에
관한 규정이 적용될 수 있다.7) 따라서 태아의 권리능력을 인정하는 유

3) 단순한 증여의 경우는 태아의 권리능력이 인정되지 않는다(대법원 1982.2.9. 선고, 81
    다534 판결).
4) 곽윤직·김재형, 99면; 고상룡, 82면; 김대정, 182면.
5) 대법원 1982.2.9. 선고, 81다534 판결; 백경일, 122면.
6) 이영준, 850면.
7) 태아의 권리능력을 인정한 민법규정은 예외규정이 아니라 태아의 권리능력을 명백히
    인정할 수 있는 경우를 예시적으로 나열한 규정으로 보아야 한다. 따라서 권리능력을
    인정하는 규정을 확대 내지 유추적용하는 것이 가능하다(양창수, "태아의 권리능력," 고

중에 관한 규정이 사인증여의 성질에 반하지 않는 한 적용될 수 있다고 보아야 한다. 그런데 유증과 사인증여의 성질의 차이는 유증은 단독행위이고 사인증여는 계약이라는 점에만 있다.[8] 사인증여가 계약이더라도 태아에게 증여를 하는 사람은 수증자의 승낙의 의사표시를 바라지 않을 것이고, 또한 최소한 승낙기간도 태아가 살아서 출생한 때까지 인정하여 수증자에게 증여로 인한 이익이 돌아가도록 할 의사가 있으므로 실질적으로는 법률효과 발생측면에서 단독행위와 다를 것이 없다.[9] 부정설이 우려하는 이론적 어려움이 없으므로 태아의 보호에 치중하는 긍정설의 해석이 타당하다.[10] 따라서 태아인 乙은 사인증여를 甲으로부터 받을 수 있으므로 대지에 대한 자신의 지분을 다른 형제들에게 청구할 수 있다.

시연구, 1988.6, 49면; 이병준, "제3자를 위한 분만계약과 태아의 법적 지위," 가천법학 제4권 제2호, 2011, 21면).

8) 이로 인하여 유언능력, 유언방식, 승인과 포기, 유언의 철회 등은 유언의 단독행위적 성질에 기초하는 것이므로 사인증여에 준용되지 않는다고 보고 있다.

9) 이와 관련하여, "사인증여는 증여자의 사망으로 인하여 효력이 발생하는 무상행위로 그 실제적 기능이 유증과 다르지 않으므로, 증여자의 사망 후 재산 처분에 관하여 유증과 같이 증여자의 최종적인 의사를 존중할 필요가 있음"을 전제로 계약인 사인증여에 유증의 철회에 관한 민법 제1108조 제1항을 준용한 대법원 2022.7.28. 선고, 2017다 245330 판결도 있다.

10) 민법안심의록에 따르더라도 상속, 불법행위로 인한 손해배상의 규정만으로는 태아보호에 미흡하고, 유증과 인지에 관한 규정을 신설할 것을 조건으로 개별적 보호주의를 취한 초안의 태도를 확인할 수 있다(민법안심의록, 448~449, 458면).

4. 사망자의 법적 지위

사 례

핵물리학자 甲은 정부의 의뢰를 받아 원자폭탄을 제작하고 있었는데, 신분이 드러나지 않은 자들에 의하여 살해되었다. 그 후 乙은 甲을 모델로 하여 소설책을 저술하여 A출판사를 통하여 책을 출판하였다. 그런데 책에는 甲의 명예를 훼손하는 내용이 부분적으로 담겨져 있었다. 이에 甲의 아들 丙은 책의 발행, 출판, 인쇄, 판매 등을 금지할 것을 청구하는 소송을 법원에 제기하였다.[1]
(1) 이 경우 금지청구할 수 있는 법적 근거는 무엇인가?
(2) 사안에서 丙의 청구는 인용될 수 있는가?

丙의 乙과 A에 대한 금지청구권

(1) 금지청구의 법적 근거

모델소설에서 모델이 된 사람의 명예를 훼손하는 경우에는 명예훼손 또는 인격권 침해를 이유로 한 불법행위가 성립한다. 하지만 제750조에서는 그 법률효과로 손해배상을 규정하고 있을 뿐 금지청구권에 관한 명문의 규정이 없다. 손해배상은 과거의 위법행위로 인하여 발생한 손해의 전보를 목적으로 하므로 앞으로 계속되거나 일어날 해당 위법행위를 금지할 필요성이 있다. 따라서 우리 판례는 인격권 침해의 경우 사전 예방적 구제수단으로 침해행위의 정지·방지 등의 금지청구권을 인정하고 있다(판례에 의한 법형성).[2]

---

1) 서울지방법원 1995.6.23. 선고, 94카합9230 판결 변형. 이에 관한 평석으로 장재옥, "사후의 인격과 유족의 인격 보호," 법학논문집 제24집 제1호(중앙대학교 법학연구소), 2000, 142면; 김민중 외, 로스쿨 민법총칙, 175면 이하.
2) 대법원 1997.10.24. 선고, 96다17851 판결; 대법원 2005.1.17. 자, 2003마1477 결정; 대법원 2013.3.28. 선고, 2010다60950 판결.

(2) 사자의 권리능력

乙이 소설을 저술할 동안과 책이 출판된 당시에 甲은 이미 죽은 상태였다. 사람은 생존한 동안 권리능력을 갖기 때문에 사망으로 인하여 甲은 권리능력을 상실하였다(제3조). 사망으로 인하여 권리능력을 상실하면 사망자는 그 이전에 가지고 있던 권리와 의무를 상실하게 된다. 사망한 사람의 재산 및 채무는 상속에 의하여 상속되나, '명예'라는 '인격권'은 일신전속권으로서 양도 또는 상속이 불가능하기 때문에(제1005조 단서), 이를 향유할 수 있는 법인격이 甲의 사망으로 원칙적으로 존재하지 않게 된다. 그런데 아무리 甲이 죽었더라도 甲의 명예를 훼손하는 소설책의 출판은 허용될 수 없을 것이다. 그에 따라 사자의 명예가 훼손된 경우에 이를 금지하는 것이 가능해야 한다는 점에 대해서는 학설에서 시각이 일치하지만, 그 논거에 있어서 차이가 있다.[3]

사망한 사람의 인격적 법익도 사망 후에 일정한 정도까지는 보호할 필요성이 있다는 이유로 사망한 사람의 권리능력을 부분적으로 인정하려는 견해가 있다.[4] 이 견해에 의하면 사안에서처럼 모델소설에서 모델이 된 사람이 이미 사망한 경우에도 그 유족이 대신하여 사자의 명예훼손 또는 인격권 침해를 이유로 출판의 금지를 청구할 수 있다고 한다. 인간이 살아 있는 동안 헌법상 인간의 존엄과 가치를 충분히 누리기 위해서는 죽은 후에도 자신의 명예훼손에 대하여 충분한 보호를 받을 수 있음을 신뢰하고 살아야 한다는 것을 그 논거로 한다. 그에 반하여 사자의 명예훼손이 유족에 대한 명예훼손이 되거나 유족의 추모의

---

3) 특별법상으로 부분적으로 사자의 인격권이 침해된 경우에 권리구제를 유족을 통하여 할 수 있도록 규정하고 있다. 「언론중재 및 피해구제 등에 관한 법률」에 따르면 유족(원칙적으로 배우자와 직계비속)은 사망 후 30년까지 사망한 자에 대한 인격권의 침해가 있거나 침해할 우려가 있는 경우 이에 따른 구제절차를 대행할 수 있다(동법 제5조 제3항, 제4항). 또한 저작권법에 의하면 저작자가 사망한 후에 그 유족이나 유언집행자는 저작인격권이 침해된 경우에 권리구제를 청구할 수 있다(동법 제128조).

4) 김재형, "모델소설과 인격권," 인권과 정의 제255호, 1997, 61면 이하; 서울지방법원 1995.6.23. 선고, 94카합9230 판결 ─ 이휘소 사건; 서울고등법원 2005.1.17. 선고, 2004라439 결정 ─ 실미도 사건.

정을 침해한다는 이유로 유족에 대한 불법행위로 해결하여야 한다는 견해도 있다.[5] 이 견해에 의하면 유족은 사자의 명예훼손으로 인한 간접적 피해자이므로 사자의 명예훼손으로 인하여 유족의 명예 내지 추모의 정이 침해되었음을 별도로 입증해야 한다. 따라서 어느 견해를 따르든 유족인 아들 丙은 乙과 A에 대하여 출판의 금지 등을 청구할 수 있다.

---

5) 장재옥, "사후의 인격과 유족의 인격보호," 법학논문집 제24집 제1호(중앙대학교 법학연구소), 2000, 156면 이하.

Ⅱ. 자연인의 행위능력

5. 미성년자가 체결한 매매계약

사 례

A 컴퓨터대리점은 신학기를 맞이하여 다음과 같은 광고전단을 만들었다. "대학입학 축하! 대학합격증을 갖고 오시면 100만원인 최신형 컴퓨터를 80만원에 드립니다." 이 광고를 본 18세인 甲은 좋은 기회라고 생각하고 대학합격증을 갖고 가서 A와 매매계약을 체결하고 컴퓨터를 주문하였다. 그 날 저녁 甲의 부모는 이 사실을 알게 되었으나, 이미 B회사의 노트북을 사기로 마음먹었기 때문에 바로 A 대리점에 전화를 걸어서 甲의 주문을 취소하였다. 그러나 A는 주문한 컴퓨터가 이미 대리점에 도착하였다는 이유로 컴퓨터를 찾아가고 매매대금 80만원을 지급하라고 요구한다. A의 요구는 정당한가?

A의 甲에 대한 매매대금지급청구권(제563조, 제568조 제1항)

(1) 매매계약의 성립

A가 甲에게 매매대금 80만원을 청구하기 위해서는 매매계약이 유효하게 성립하였고, 그 후 효력을 상실하지 않았어야 한다. 매매계약이 성립하기 위해서는 청약과 승낙의 의사표시가 있어야 한다. 甲의 청약의 의사표시(A의 광고전단은 청약의 유인에 해당한다)와 이에 대응하는 A의 승낙의 의사표시를 통하여 컴퓨터를 목적으로 하는 매매계약은 체결되었다.

(2) 매매계약의 취소가능성

의사표시의 효력과 관련하여 여기서 문제될 수 있는 것은 甲이 아직 18세인 미성년자(제4조)이므로 행위능력이 제한되어 있다는 점이다. 19세 미만의 미성년자는 그 구체적인 능력과 상관없이 나이라는 획일적인 기준에 의하여 (1) 단순히 권리만을 얻거나 의무만을 면하는 경우를 제외하고는, (2) 법정대리인의 동의를 얻어야 확정적으로 유효한 법률행위를 할 수 있다(제5조). 그렇지 않으면 그 법률행위는 일단 유효하지만, 미성년자 또는 그 법정대리인이 취소할 수 있다(제140조).

본 사안에서 甲의 법정대리인인 부모(제911조)의 동의가 없었기 때문에 甲이 체결한 매매계약이 법정대리인의 동의를 요하지 않는 권리만을 얻거나 의무만을 면하는 행위에 해당하는지가 문제된다. 순수한 경제적 관점에서 보았을 때에 甲이 체결한 매매계약은 유리할 수 있다. 왜냐하면 시장가격이 100만원인 컴퓨터를 80만원에 구입했기 때문이다. 그러나 제5조에서 미성년자가 동의를 얻어야 하는지의 여부는 법률적인 척도를 기초로 평가해야 한다. 권리만을 얻거나 의무만을 면하는 행위는 법적 효과로서 "의무부담 없는 권리취득" 또는 "권리상실 없는 의무면제"만 있는 행위로 해석된다.[1] 반대로 "의무부담"이 있거나 "권리상실"이 있는 법률행위는 미성년자가 권리를 얻더라도 법정대리인의 동의가 요구되는 경우에 해당한다.

甲은 매매계약의 체결을 통하여 컴퓨터 소유권의 이전을 청구할 수 있는 권리를 취득하지만 매매대금을 지급해야 할 의무도 부담한다(제568조 제1항). 따라서 매매계약과 같은 쌍무계약에서는 한 당사자가 권리만을 얻는 것이 아니라, 의무까지 부담하기 때문에 미성년자는 법정대리인의 동의를 얻어야 한다. 사안에서 甲의 법정대리인인 부모가 컴퓨터를 사는 매매계약에 동의한 적이 없으므로 취소권이 성립하기 위한 모든 요건이 충족되었다.

---

1) 이러한 정확한 표현을 사용하고 있는 것으로 이은영, 170면.

(3) 취소권의 행사

甲의 부모는 미성년자의 의사표시에 대한 취소권이 있고(제140조), 거래상대방인 A에 대한 의사표시로서 취소권을 정당하게 행사하였다 (제142조). 따라서 사안에서 매매계약은 법정대리인인 부모의 취소권 행사로 소급적으로 무효가 되었으므로(제141조 본문) A는 매매계약을 기초로 해서 매매대금의 지급을 甲에게 요구할 수 없다.

6. 미성년자가 체결한 증여계약

사 례

벤처기업을 통하여 부자가 된 甲은 손자 乙에게 15세 생일을 축하하며 대지 100평을 선물해 주고 싶어했다. 이에 甲은 乙에게 서면으로 대지 X를 선물로 준다는 증서를 작성하고, 乙과 함께 등기소에 가서 乙 명의로 이전등기를 하였다. 이 사실을 모르고 있던 乙의 부모는 연말에 재산세가 乙 앞으로 나오게 된 것을 계기로 甲이 乙에게 대지 X를 준 사실을 알게 되었다. 등기부를 조사해 보니 대지 X에는 乙로 소유권이 이전될 때 이미 丙 명의로 저당권이 설정되어 있었다. 甲과 평소에 사이가 좋지 않던 乙의 부모는 소유권 이전을 없었던 것으로 하고 싶어 한다.
(1) 증여계약을 취소할 수 있는가?
(2) 소유권의 이전을 목적으로 하는 물권적 합의를 취소할 수 있는가?

(1) 증여계약의 취소가능성

사례에서 미성년자인 乙은 법정대리인인 부모의 동의 없이 증여를 받았으므로 乙의 행위가 확정적으로 유효하기 위해서는 乙은 권리만을 얻었어야 한다(제5조 제1항). 乙은 할아버지 甲에게 대지 100평의 소유권을 무상으로 받을 것을 내용으로 하는 증여계약을 체결하였다(제554조). 이와 같이 한 당사자만 의무를 부담하는 계약을 편무계약이라고 한다. 편무계약인 증여계약을 통하여 수증자인 미성년자는 권리만을 얻기 때문에 법정대리인의 동의 없이 이러한 편무계약을 확정적으로 유효하게 체결할 수 있다. 乙은 증여를 받는 수증자의 입장이므로 법정대리인의 동의가 없어도 이 증여계약은 확정적으로 유효하다.

(2) 물권적 합의의 취소가능성

대지 100평은 부동산이므로 부동산 소유권의 이전은 물권적 합의와 등기를 통하여 이루어진다(제186조). 소유권 이전을 목적으로 하는 물권적 합의가 권리만을 얻거나 의무만을 면하는 행위에 해당하면 미성년자는 확정적으로 유효한 법률행위를 할 수 있다. 소유권의 이전을 목적으로 하는 물권적 합의를 통하여 乙은 소유권만을 취득하기 때문에 乙은 권리만을 얻는다.[1] 따라서 이 계약도 권리만을 얻는 행위이므로 법정대리인의 동의 없이 가능하다.

다만 사안에서와 같이 소유권취득을 이유로 해서 재산세, 취득세와 같은 공법상의 의무가 발생하거나 저당권과 같은 제한물권이 설정되어 있는 토지를 취득하는 경우에 이것이 권리만을 얻는 행위에 해당하는지가 문제된다. 사안에서처럼 저당권(제356조)이 설정되어 있는 토지의 소유권을 취득하였더라도 乙은 새로운 의무를 부담하는 것이 아니라, 저당권의 설정으로 경제적 가치가 제한되어 있는 소유권을 취득할 뿐이다. 즉 저당권의 실행으로 乙은 목적물의 소유권을 상실할지는 모르지만, 자신의 다른 재산으로부터 집행당하는 것이 아니다. 따라서 제한물권이 설정되어 있는 물권을 취득하더라도 권리만을 얻은 행위라고 보아야 한다.[2]

---

1) 미성년자가 물권계약을 통하여 권리를 취득하였다고 하더라도 이로 인하여 변제의 효과가 발생하여 증여계약상의 채무가 확정적으로 소멸하는지에 관하여 논란이 있다. 우리 다수설은 채무의 변제를 수령하는 것도 이익을 얻는 것이기는 하지만, 한편으로는 채권을 상실하게 되므로 동의를 얻어야 한다고 보고 있다(김증한·김학동, 130-131면; 민법주해(I)/양삼승, 278면; 곽윤직·김재형, 115면; 주석민법 총칙(1)/이재후, 317면; 백태승, 376면). 다만 예외적으로 권리만을 얻거나 의무만을 면하는 계약에 의하여 취득한 채권의 이행으로서 변제를 받는 경우에는 미성년자에게 하등의 불이익이 발생할 여지가 없기 때문에 단독으로 할 수 있고(민법주해(I)/양삼승, 278면; 주석민법 총칙(1)/이재후, 317면), 처분을 허락받은 재산의 처분에 의하여 취득한 채권에 관하여 급부를 받는 경우에는 위 허락의 범위가 그 급부의 수령에까지 미친다고 보아야 하기 때문에 단독으로 할 수 있다(민법주해(I)/양삼승, 278면; 주석민법 총칙(1)/이재후, 317면)고 보는 견해가 있다.

2) 민법주해(I)/양삼승, 278면; 김증한·김학동, 130면; 주석민법 총칙(1)/이재후, 317면.

또한 토지소유자로서 취득세 내지 재산세를 내야 한다면, 이러한 의무는 법률행위를 통하여 발생하는 효과가 아니라, 공법에 기하여 별도로 발생하는 법률효과에 불과하다. 따라서 취득세 등을 내야 하는 의무는 민법 제5조에서 말하는 "의무"의 내용에는 포함되지 않는다.3) 그러므로 토지의 소유권을 취득하여 공법상의 의무가 발생하더라도 권리만을 얻은 행위라고 보아야 한다.

乙은 물권적 합의를 통하여 소유권만을 취득하였으므로 권리만을 얻는 행위에 해당하여 乙의 부모는 동의 없음을 이유로 취소권을 행사할 수 없다.

---

3) 민법주해(I)/양삼승, 278면; 주석민법 총칙(1)/이재후, 317면.

7. 포괄적 동의

사 례

16세인 甲은 부모의 동의를 얻고 친구들과 수학여행을 떠났다. 명승지를 구경하고 선물가게 앞을 지나고 있었는데, 평소에 사고 싶었던 망원경을 팔고 있었다. 甲은 그 망원경을 사고 싶었으나, 여비가 부족하였다. 이에 甲은 인솔자 乙에게 10만원을 빌려서 망원경을 샀다. 집에 와서 망원경을 본 부모는 甲이 산 망원경이 아주 싸구려이고 실제로는 4만원이면 살 수 있다고 하였다. 乙이 甲의 집으로 와서 10만원을 달라고 요구하자 甲의 부모는 전혀 줄 생각을 하지 않는다.
(1) 乙이 빌려준 10만원의 반환을 요구할 수 있는가?
(2) 乙이 부당이득으로 반환을 요구할 수 있는 것과 그 내용은 무엇인가?

Ⅰ. 乙의 甲에 대한 반환청구권(제598조)

(1) 소비대차계약의 성립과 제5조의 취소권

乙이 甲에게 빌려준 10만원을 반환청구하기 위해서는 소비대차계약(제598조)이 유효하게 성립하고 있어야 한다. 이자 없는 소비대차계약은 편무계약이지만, 미성년자 甲이 10만원을 갚아야 하는 목적물반환의무를 부담하는 이상 권리만을 얻는 행위는 아니다. 따라서 소비대차계약에서도 법정대리인의 동의가 없으면 취소가 가능하다(제5조).

(2) 포괄적 동의의 해석

제5조에서 말하는 동의는 특정한 법률행위만을 대상으로 하는 것이 원칙이다(개별적 동의). 사안에서 甲의 부모는 소비대차계약에 대한 개별적인 동의를 하지 않았다. 그러나 제한된 범위에서 특정되어 있지

않은 포괄적인 동의를 하는 것도 가능하다. 우리 민법은 포괄적인 동의가 특별히 허용될 수 있는 경우에 "허락"이라는 표현을 쓰고 있다(제6조와 제8조). 포괄적인 동의를 한 경우에 동의의 범위는 해석을 통하여 확정해야 하나, 미성년자의 보호를 위하여 되도록 좁게 해석해야 한다.[1)]

사안에서 甲의 부모가 수학여행을 떠나는 것에 대해 동의하였다면, 이는 여행하는 동안에 체결하는 모든 법률행위로 넓게 해석해서는 안 된다. 오히려 여행목적과 관련된 모든 법률행위에 대하여 포괄적인 동의를 한 것으로 좁게 해석해야 한다. 따라서 돈을 잃어버려서 여행을 계속하기 위해서 소비대차계약을 체결하는 데에도 동의가 미친다고 볼 수 있다. 그러나 망원경을 사는 것은 여행을 제대로 하기 위한 목적과는 상관이 없으므로, 그 매매계약은 물론 그 전제가 되었던 甲과 乙 사이의 소비대차계약에도 수학여행에 대한 포괄적 동의가 미치지 못한다.

(3) 취소권의 행사

그러므로 소비대차계약은 취소할 수 있었는데, 부모가 10만원의 반환을 거부하는 것으로부터 취소권을 행사한 것으로 볼 수 있다(제142조). 따라서 소비대차계약은 소급적으로 무효가 되었다(제141조 본문).

II. 乙의 甲에 대한 부당이득반환청구권(제741조)

(1) 부당이득반환청구권의 성립

소비대차계약이 무효가 되었으므로 乙은 10만원을 법률상 원인 없이 지급하였다. 따라서 乙은 甲에게 부당이득반환청구권을 행사할 수 있다(급부부당이득).

---

1) 같은 취지로 이은영, 168면.

(2) 부당이득의 반환범위

반환범위와 관련하여 제748조에 대한 특칙으로 제141조 단서에 의하여 무능력자는 선·악의 구별 없이 무조건 선의로 취급되어 현존이익만 반환하면 된다.[2] 현존이익은 취소할 수 있는 의사표시에 의하여 얻은 사실상의 이익이 그대로 남아 있는 것 또는 변형되어 남아 있는 것을 말한다. 따라서 무능력자가 받은 금전을 사용하여 물건을 산 경우에는 그 물건이 현존이익이고 유흥비로 탕진한 경우에는 현존이익이 없다. 생활비, 교육비 등 필요비로 금전을 사용한 경우에는 다른 재산의 소비를 면한 것이므로 결국 그 받은 금전이 변형되어 남아 있는 것으로 해석된다(지출의 절약). 甲이 10만원으로 망원경을 샀으므로 甲은 망원경이라는 한도에서 현존이익이 있다.

(3) 부당이득의 반환방법

그러면 이 경우 10만원으로 산 망원경을 반환해야 하는가? 아니면 그에 해당하는 금전적 가치인 4만원을 반환해야 하는가? 원칙적으로 甲이 취득한 이득은 10만원의 금전이었으므로 금전이 대체성을 가지고 있는 한 금전으로 반환을 해야 할 것이다(원물반환 및 가액반환—제747조 제1항). 그러나 미성년자 보호를 위해서는 금전으로 산 물건을 직접 반환하는 것도 가능하다고 해석해야 한다.[3] 따라서 甲은 원래 얻은 10만원의 이익을 통하여 구입한 망원경을 반환하면 된다. 결론적으로 甲의 부모는 10만원을 乙에게 지급할 필요는 없지만, 망원경은 乙에게 반환해야 한다.

---

2) 다수설에 따르면 제141조 단서의 특칙은 무능력을 이유로 취소한 경우에만 적용된다.

3) 우리 해석론도 미성년자의 현존이익을 해석하면서 "취소되는 행위에 의하여 사실상 얻은 이득이 그대로 있거나 또는 그것이 형태를 바꾸어서 남아 있는 한, 그것만을 반환하면 된다"고 보고 있다(곽윤직·김재형, 394면).

8. 재산의 범위를 정한 처분이 허락된 재산

사 례

17세인 甲은 용돈을 모아서 원하던 게임기를 A 인터넷 쇼핑몰에서 샀다. 집으로 게임기가 배달된 지 1달이 지난 후 甲이 게임을 하고 있는 것을 발견한 甲의 부모는 게임기를 돌려주고 다시 매매대금을 반환받고 싶어한다. 가능한가?

【변형 1】 甲이 매달 용돈으로 지급하기 위해서 10개월 할부로 게임기를 구입한 후 아직 할부금을 전부 지급하지 않은 경우는?

【변형 2】 甲이 교재구입비로 게임기를 구입한 경우는?

【변형 3】 甲이 게임을 하다가 싫증을 느껴서 게임기를 친구 乙에게 싸게 판 경우 게임기를 돌려받을 수 있는가?

甲의 A에 대한 부당이득반환청구권(제741조)

甲이 A에게 기지급한 매매대금에 대해 부당이득을 이유로 반환청구하기 위해서는 甲과 A 사이에 체결된 매매계약을 취소할 수 있어 법률상의 원인인 매매계약이 효력을 상실해야 한다. 甲은 매매계약에 기하여 권리뿐만 아니라, 의무도 부담하므로 매매계약이 확정적으로 유효하려면 법정대리인인 부모의 동의를 얻었어야 한다(제5조).

甲의 부모가 甲과 A 사이에 체결된 매매계약에 대하여 직접 동의를 하거나 게임기를 사라고 용돈을 준 경우에는 구체적인 동의가 있다. 사안에서는 이와 같은 구체적인 동의는 없는 것으로 보인다. 그러나 甲이 매매대금으로 지급한 용돈은 부모가 임의로 처분할 수 있도록 동의하였다. 즉 용돈을 쓰라고 甲의 부모가 준 것은 용돈으로 정해진 범위 내에서 법률행위를 특정하지 않고 미성년자의 마음대로 용돈을 사용할 수 있다는 의미를 갖는다. 따라서 용돈은 처분이 허락된 재산에 해당하고, 미성년자 甲은 이 금액의 처분을 자유롭게 할 수 있다는 포괄적 동의인 "허락"을 받은 것이다(제6조). 다만 이 허락은 용돈으로 하는 처분행위에만 미치므로 용돈을 지급하기 위해서 체결된 의무부담행위(채권행위)에는 미치지 않는다.[1] 따라서 미성년자가 처분이 허락된 재산으로 이행을 하기 전에는 채권행위인 매매계약을 취소할 수 있으나, 이행이 이루어지면 채권행위에 동의가 없더라도 더 이상 취소할 수 없게 된다(즉 하자가 치유된다). 사안에서 甲은 처분이 허락된 재산인 용돈을 모아서 게임기를 사는 데 사용하였으므로(처분행위) 매매계약은 더 이상 취소할 수 없다. 매매계약이 유효한 이상 매매대금을 돌려받을 수 없다.

【변형 1】   甲이 매달 용돈으로 할부금을 지급하기로 하였기 때문에 甲은 처분이 허락된 범위 내에서 새로이 채무를 부담하였다. 이러한 경우에 법정대리인의 동의가 별도로 필요하지 않다는 견해가 있다.[2] 그러나 甲의 할부계약에 대한 동의는 없었으므로 甲이 처분이 허락된 재산인 용돈으로 할부금을 지급해야 제6조에 의하여 할부계약은 확정적으로 유효하게 된다. 그런데 甲은 아직 할부금을 지급하지 않았으므로 할부계약을 취소하여 게임기를 돌려주고 매매대금을 반환받을 수 있다.[3]

【변형 2】   교재구입비는 처분이 허락된 재산이기는 하지만 그 사용목적이 정해져 있다. 따라서 사용목적을 벗어나서 처분행위를 한

---

[1] 제6조는 의무부담행위와 처분행위를 구분하는 입장에서 해석해야 한다(같은 입장으로 고상룡, 124면). 이에 반하여 "재산의 처분에 관련한 법률행위"로서 처분행위와 관련되는 채무부담행위도 포함된다는 견해가 있다(이은영, 170면; 강태성, 142면). 그러나 이는 구분해서 보아야 한다. 예를 들어 자전거를 사라고 10만원을 주는 경우에는 자전거 거래를 목적으로 하는 의무부담행위인 매매계약에 대한 동의가 있을 뿐만 아니라, 그로부터 발생하는 채무변제로 10만원을 지급하라는 처분행위에도 동의가 미친다. 그러나 특별한 제한 없이 10만원을 주는 경우에는 10만원의 처분에 대하여만 허락이 있는 것이다(이에 관하여 자세한 것은 이기수·이병준, "민법 제6조의 의미와 법적 성질," 경영법률 제7집, 1997, 239면 이하 참조).

[2] 김주수, 112면; 이영준, 870면.

[3] 같은 입장으로 백태승, 377면.

경우에 미성년자의 법률행위를 취소할 수 있는지가 문제된다. 이에 대해 다수설은 사용목적을 정하여 처분이 허락된 재산도 제6조의 적용을 받는다고 한다. 즉 이 견해에 따르면 미성년자가 사용목적을 벗어나는 법률행위를 하더라도 법정대리인은 취소권을 행사할 수 없다. 그리고 사용목적은 주관적인 것이어서 미성년자와 거래하는 제3자가 알기 곤란하고, 외부에서 전혀 알 수 없는, 사용목적에 맞게 처분하지 않았다는 이유로 미성년자의 행위를 사후에 취소하면 거래의 안전이 크게 위협받는다고 한다.4) 다수설에 따를 경우 법정대리인인 甲의 부모가 취소권을 행사할 수 없으므로 계약은 확정적으로 유효하다.

재산의 범위만 정하여 임의로 처분할 수 있는 허락을 준 제6조의 경우와 사용목적을 정하여 재산의 처분을 허락하는 경우에는 허락의 의미가 다르다.5) 제6조의 허락은 처분이 허락된 재산의 범위에서 미성년자가 자유롭게 거래생활을 할 수 있는 책임공간을 형성해 준다. 그러나 사용목적이라는 제한을 가한 허락은 재산의 처분에 대한 자유영역을 설정한 것이 아니다. 미성년자는 그 사용목적에 제한되며 사용목적과 다르게 그 재산을 처분한 경우에는 그 처분행위는 취소할 수 있다고 보아야 한다. 법정대리인의 동의 내지 허락의 내용은 항상 주관적일 수밖에 없다. 그러므로 사용목적의 설정이 주관적이어서 거래안전을 해치기 때문에 사용목적을 벗어난 처분행위도 확정적으로 유효하다는 다수설의 입장은 타당하지 않다.6) 사용목적을 벗어나서 재산을 처분한

---

4) 곽윤직·김재형, 116면; 이은영, 171면. 이에 반하여 사용목적이 특정되어 처분이 허락된 재산을 유해한 목적에까지 무조건 유효하게 하는 것은 문제의 여지가 있다는 견해가 있다(김상용·전경운, 158면). 즉 처분이 허락된 재산의 금액의 다소, 미성년자의 출입이 금지된 장소의 출입, 미성년자가 취득한 물건의 종류 등 제반요소를 고려하여 사용목적도 처분행위의 유효성 판단에 고려해야 된다고 한다. 이 견해에 따르면 甲이 컴퓨터와 같은 필수품 구입에 등록금의 일부를 사용한 경우에는 법정대리인의 취소권이 인정될 수 없으나, 술값으로 쓴 경우에는 법정대리인에게 취소권이 인정된다.

5) 이처럼 구민법에서는 법정대리인이 사용목적을 정하여 처분을 허락한 경우와 사용목적을 정하지 않고 범위만을 정하여 처분을 허락한 경우로 나누고, 사용목적을 정한 경우에는 목적범위 안에서 임의로 처분할 수 있는 것으로 하였다(구민법 제5조). 그러나 현행민법은 사용목적을 정한 경우에 관한 규정을 현재 다수설에서 주장하는 입법취지에 따라 삭제하였다[민법안심의록(상), 8면].

것은 법정대리인이 한 허락의 범위를 벗어났으므로 법정대리인은 해당 행위를 취소할 수 있다고 보아야 한다(제5조). 따라서 취소가 가능하기 때문에 甲의 부모는 취소권을 행사하여 매매대금을 돌려받을 수 있다.

　　【변형 3】　甲이 乙에게 용돈으로 구입한 게임기를 판 것은 처분이 허락된 재산으로 취득한 재산을 다시 처분한 것에 해당한다. 이와 같이 법정대리인이 재산의 처분을 허락한 경우 어디까지 허락이 있는 것으로 보느냐 하는 의사표시 해석의 문제로 귀결된다. 일반적으로 용돈을 주어서 재산의 처분을 허락했다면 용돈으로 구입한 것의 처분에도 허락이 미치는 것으로 해석된다.[7] 다만 용돈으로 구입한 대체물의 가격이 처분이 허락된 재산의 범위를 초과하는 경우(예컨대 용돈으로 구입한 복권으로 거액의 당첨금을 받은 경우)에는 법정대리인의 동의를 받아야 할 것이다. 사안에서는 아직 용돈의 범위 내에서 별도의 동의 없이도 확정적으로 유효한 매매계약이 성립하였으므로 게임기를 돌려받을 수 없다.

---

6) 같은 입장으로 지원림, 민법강의, 76면.
7) 같은 입장으로 민법주해(I)/양삼승, 283면; 김상용 · 전경운, 158면.

9. 피한정후견인의 법률행위의 취소

사 례

정신적 장애가 있어 금족령이 내려진 甲은 가족 몰래 집에서 나와 乙의 택시를 타고 서울역으로 갔다. 서울역에서 甲이 택시비를 지급하지 못하자, 乙은 甲과 함께 경찰서로 갔다. 신원조회결과 甲은 한정후견심판을 받은 것으로 드러났다. 甲이 매우 정상적으로 행동하였기 때문에 乙은 甲이 한정후견심판을 받은 것을 알 수가 없었다. 甲의 한정후견인은 택시비를 지급하려고 하지 않는다. 이때 乙은 甲에게 무엇을 청구할 수 있는가?

乙의 甲에 대한 보수지급청구권(제664조)

(1) 보수지급청구권의 성립

甲이 택시를 타고 乙이 승차를 거부하지 않음으로써 甲과 乙 사이에 운송을 목적으로 하는 도급계약이 체결되었다. 그리고 甲이 원하는 대로 서울역까지 운송을 해 주었으므로 乙에게는 보수지급청구권이 발생하였다.

(2) 취소권의 성립

그러나 甲이 피한정후견인이므로 甲의 한정후견인은 甲의 법률행위가 (1) 가정법원에서 정한 범위에서 동의가 필요한 행위에 포함되고, (2) 한정후견인의 동의 없이 한 행위인 경우에 그 법률행위를 취소할 수 있다(제13조 제1항, 제4항 본문). 다만 일용품의 구입 등 일상생활에 필요하고 그 대가가 과도하지 아니한 법률행위에 대하여는 한정후견인의 동의 없이도 유효한 법률행위를 할 수 있다(제13조 제4항 단서). 본 사안

의 경우 택시를 타는 행위는 과도하지 않은 범위에서 일상생활에 필요
한 행위라고 보이므로, 한정후견인의 동의 없이도 할 수 있는 행위인 것
으로 보인다. 결국 甲은 완전히 유효한 법률행위를 한 것이므로 한정후
견인의 취소권 행사는 인정될 수 없다. 따라서 乙이 택시비지급을 요구
하는 것은 정당하다.

10. 피성년후견인의 법률행위로 인한 취소와 무효의 경합

사 례 甲은 정신병으로 인하여 성년후견심판을 받은 친구 乙이 불쌍하여 치료비 1천만원을 주기 위해서 정신병원에 찾아갔다. 정신병원의 면회실에 나타난 乙은 甲을 알아보지 못하고 헛소리를 하였으나, 甲은 1시간 정도 친구의 얼굴을 바라보다가 1천만원을 입금한 통장과 도장을 乙에게 주었다. 그 뒤 乙의 가족과 다툰 甲은 1천만원을 돌려받고 싶어 한다. 가능한가?

甲의 乙에 대한 부당이득반환청구권(제741조)

甲이 乙에게 1천만원의 반환을 청구하기 위해서는 甲과 乙 사이에 체결된 증여계약이 무효이어야 한다. 사안에서 乙은 성년후견심판을 받은 피성년후견인이고(제9조), 증여계약을 체결할 때 자신의 행위를 제대로 평가할 수 있는 능력이 없었으므로 이로 인하여 증여계약의 효력이 영향을 받을 수 있다.

(1) 피성년후견인의 취소권과 그 행사

피성년후견인의 법률행위는 취소할 수 있다(제10조 제1항). 따라서 행위능력이 제한된 미성년자와 달리 피성년후견인이 그 법정대리인의 동의를 얻지 않고 한 법률행위는 물론, 동의를 얻어서 한 법률행위도 취소할 수 있다. 다만 일용품의 구입 등 일상생활에 필요하고 그 대가가 과도하지 아니한 경우에는 성년후견인이 취소할 수 없다(제10조 제4항).

이와 관련하여 제5조와 동일하게 피성년후견인이 권리만을 얻거나 의무만을 면하는 법률행위를 한 경우에 무능력을 이유로 취소할 수 없다고 해석하는 것이 타당하다는 견해가 있다.[1] 이 견해에 따르면 본 사안에서 피성년후견인 乙은 증여계약을 통하여 권리만을 얻기 때문에 취소할 수 없게 된다. 그러나 제10조 제1항에서 제5조와는 달리 이러한 내용을 명문의 규정으로 두고 있지 않기 때문에 취소할 수 없다고 보아야 한다. 또한 이 사건에서 취소권은 피성년후견인이나 법정대리인이 행사할 수 있으므로(제140조), 상대방인 甲은 취소를 주장할 수 없을 것이다. 사안에서 乙 또는 乙의 법정대리인이 취소권을 행사한 사정이 없으므로 甲은 乙이 성년후견심판을 받은 것을 이유로 무효를 주장할 수 없다.

(2) 의사무능력을 이유로 한 무효

乙은 甲을 알아보지 못하고 헛소리를 하는 상태에서 증여를 받았으므로 행위의 의미를 판단할 수 있는 의사능력이 없었다. 우리 민법은 의사능력에 관한 명문의 규정이 없지만, 학설과 판례는 의사능력이 없는 자의 행위를 무효로 보고 있다.[2] 의사능력이 없는 상태에서 승낙의 의사표시를 하였다면 이는 무효이고, 그에 따라 증여계약도 당연히 무효로 된다. 또한 미성년자·피한정후견인·피성년후견인의 경우에도 행위능력규정에 따른 취소를 주장할 수 있는 것과 별도로 의사능력이 없다는 이유로 무효를 주장할 수 있다고 본다(무효와 취소의 이중효).[3] 따라서 피성년후견인이 심신상실 중 증여를 받았다면 의사능력이 없으므로 피성년후견인이 한 증여계약의 무효도 주장할 수 있다.

원칙적으로 무효는 절대적이므로 당사자의 다른 행위나 절차를 요하지 않고 효력이 발생하며 모든 사람에 대하여 무효의 효력이 미친다.

---

1) 강태성, 165면.
2) 대법원 2002.10.11. 선고, 2001다10113 판결: 의사능력이란 자신의 행위의 의미나 결과를 정상적인 인식력과 예기력을 바탕으로 합리적으로 판단할 수 있는 정신적 능력 내지 지능을 말하는 것으로서, 의사능력의 유무는 구체적인 법률행위와 관련하여 개별적으로 판단되어야 할 것이다.
3) 이은영, 158면.

따라서 원칙적으로 무효는 누구든지 주장할 수 있고 또 누구에 대하여 서든지 주장할 수 있다. 그러므로 의사능력이 없는 자와 거래한 상대방도 무효를 주장할 수 있다. 따라서 원칙적으로 乙의 심신상실(의사무능력)을 이유로 증여자 甲이 이해관계인으로서 증여의 무효를 주장할 수 있다. 이에 반하여 의사무능력자 측에서 무효를 주장하기 전에는 거래 상대방이 먼저 무효를 주장하지 못한다고 해석해야 한다는 견해가 있다.[4] 즉 하나의 행위에 무효와 취소의 효력의 경합을 인정하는 것은 오로지 의사무능력자의 이익을 위하여 인정하는 것이므로 피성년후견인인 乙이 취소를 주장하지 않는 때에 상대방 甲이 무효를 주장한다거나, 또는 乙이 무효를 주장하지 않는 경우에 甲이 이에 앞서 그 무효를 주장한다는 것은 의사무능력자인 乙의 이익을 부당하게 해하게 된다고 보는 것이다. 이 견해에 따르면 甲은 乙 측의 무효 주장과는 별도로 무효를 주장하지 못한다.

의사무능력제도는 물론 의사무능력자를 보호하기 위한 차원도 있으나, 판단능력이 결여된 상태의 의사표시는 행위자에게 의사표시의 주관적 구성요소가 결여된 상태에 해당하기 때문에 무효로 보는 것이다. 따라서 편면적 무효로 보는 견해는 지나치게 의사무능력자를 보호하는 것이기 때문에 절대적 무효설이 타당하다. 따라서 甲은 乙의 의사무능력을 주장하여 돈을 돌려받을 수 있다.

---

4) 편면적 무효설: 김주수, 117면.

11. 제한능력자의 상대방의 확답을 촉구할 권리

> **사 례**
>
> 17세인 甲은 대리점 A에서 핸드폰을 샀다. 대리점 직원 乙은 서류를 검토하던 중 甲이 미성년자라는 사실을 발견하고, 甲 부모의 동의를 얻기 위해서 甲의 집으로 전화를 걸었다. 아무도 전화를 받지 않아서 전화응답기에 한 달 이내에 계약을 취소할지의 여부를 결정해서 알려달라고 요구하였다. 甲의 부모는 응답기에서 메시지를 듣자마자 甲에게 핸드폰을 돌려주었으면 좋겠다고 말하였으나, 乙에게는 특별한 조치를 취하지 않았다. 한 달이 지난 다음 甲이 핸드폰을 계속 사용하고 있는 것을 발견한 甲의 부모는 위 매매계약을 취소하려고 한다. 가능한가?

(1) 취소권의 성립

甲이 체결한 매매계약은 권리뿐만 아니라, 의무도 甲에게 발생시키고 법정대리인인 부모의 동의도 없었기 때문에 甲의 부모는 甲이 미성년자라는 이유로 매매계약을 취소할 수 있다(제5조).

(2) 취소권의 배제

다만 사안에서 대리점 직원 乙이 자동응답기에 한 달 이내에 계약을 취소할지의 여부를 알려달라고 하는 확답의 촉구를 하였기 때문에, 설정된 유예기간 동안에 확답을 발하지 않으면 미성년자의 법률행위를 추인한 것으로 되고 그 결과 취소권이 배제될 수 있다(제15조 제2항). 이를 위해서는 (1) 대리점 직원 乙이 한 확답을 촉구하는 방법이 적절해야 하고, (2) 법정대리인이 취소의 의사표시를 하지 않았어야 한다.

확답의 촉구가 인정되기 위해서는 취소할 수 있는 행위를 적시하고, 1개월 이상의 유예기간을 정하여 추인여부의 확답을 요구해야 한다. 사안에서 취소의 대상이 된 매매계약을 언급하였고, 유예기간도 한달로 설정하였다. 또한 확답 촉구의 상대방은 능력자로서, 취소나 추인을 할 수 있는 자만이 될 수 있다. 따라서 제한능력자가 능력자로 된 후에는 제한능력자가 확답 촉구의 상대방이 되나, 제한능력자인 상태에서는 법정대리인에게만 확답의 촉구를 할 수 있다(제15조 제1항 및 제2항). 사안에서 甲이 아직 미성년자이므로 확답 촉구의 상대방은 법정대리인이다. 乙이 비록 전화응답기에 확답 촉구의 의사표시를 하였지만, 이러한 의사표시는 甲의 부모의 지배권 내에 있으며 일반적으로 요지할 수 있는 상태에 있었으므로(그리고 실제로 甲의 부모가 이 내용을 청취하였음) 최고의 의사표시는 적절한 방법으로 법정대리인인 甲의 부모에게 행사되었다.

　확답의 촉구가 인정되기 위해서는 다음으로 법정대리인이 취소의 의사표시를 유예기간인 1개월 안에 행사하지 않았어야 한다. 사안에서 甲의 부모는 대리점 측의 최고의 의사표시를 수령한 즉시 甲에게만 핸드폰을 돌려주었으면 좋겠다고 말하였다. 이로부터 甲의 부모가 취소권을 행사하려는 의사를 갖고 있다는 것을 알 수 있다. 그러나 취소의 의사표시가 효력을 발생하기 위해서는 상대방에 대하여 취소권을 행사해야 한다(제142조). 사안에서 甲의 부모가 甲에게 취소의 의사를 표시한 것만으로는 아직 상대방에게 취소의 의사표시가 도달하기 위한 모든 행위를 다 하였다고 볼 수 없다. 즉 의사표시의 통지가 없었다(제111조 제1항). 따라서 유예기간 중에는 취소의 의사표시가 없었으므로 확답을 하지 않은 것이 된다.

　유예기간 중에 확답을 발하지 않은 경우에 있어서 특별한 절차를 필요로 하는 경우에는 그 절차를 밟지 않으면 취소한 것으로 보나(제15조 제3항), 그 밖의 경우에는 추인한 것으로 된다(제15조 제2항). 핸드폰을 목적으로 하는 매매계약은 특별한 절차가 필요한 사항이 아니므로 甲이 체결한 매매계약을 추인한 것으로 된다. 따라서 甲의 부모는 취소권을 더 이상 행사하지 못한다.

12. 제한능력자의 속임수

고등학교 졸업식에 참석한 후, 甲은 방학 중 아르바이트로 모은 돈으로 오토바이를 타고 여행을 떠나기 위해서 A대리점에 갔다. A대리점 직원 乙은 甲이 양복을 입고 있어서 미성년자가 아니라고 생각하였으나, 얼굴이 어려서 甲에게 미성년자인지 물어 보았다. 甲은 특별히 긍정도 부정도 하지 않고 못 들은 척하고 있었으나, 乙은 미성년자가 아닌 것으로 생각하고 더 이상 물어보지 않았다. 甲이 오토바이를 5일 동안 30만원에 빌려서 집에 도착하자, 甲의 부모는 기차를 타고 여행을 다녀오는 것이 좋다고 하면서 오토바이를 돌려주고 30만원을 받아오라고 한다. 가능한가?

【변형】 甲이 피성년후견인이고 성년후견인의 동의서를 위조하여 乙에게 보여준 경우는?

(1) 취소권의 성립

甲이 체결한 임대차계약(제618조)은 권리뿐만 아니라, 의무도 甲에게 발생시키고 법정대리인인 부모의 동의도 없었기 때문에 甲이 미성년자라는 이유로 임대차계약을 취소할 수 있다(제5조). 甲이 아르바이트를 하는 데에 동의를 얻었더라도, 아르바이트로 번 돈을 처분하는 데에 당연히 그 동의의 효력이 미치는 것이 아니므로 이를 처분이 허락된 재산(제6조)으로 볼 수도 없다.

(2) 취소권의 배제

다만 제한능력자가 속임수를 사용하여 상대방으로 하여금 능력자로 믿게 하거나 법정대리인의 동의가 있는 것으로 믿게 한 경우에는 취소권이 배제된다(제17조). 사안에서 양복을 입고 甲이 계약을 체결하기 위해서 대리점으로 들어갔기 때문에 대리점 직원 乙은 甲이 미성년자가 아닐 수 있다는 생각을 갖게 되었고, 다시 한 번 확인하기 위해서 乙이 甲에게 물어 보았으나 甲은 침묵을 지켰다. 이를 통하여 乙은 甲이 능력자라고 믿게 되었다. 그런데 이와 같은 甲의 침묵행위가 제한능력자의 법률행위에 대한 취소권을 배제시키는 '속임수'에 해당하는지가 문제된다.

다수의 학설은 제한능력자의 속임수는 적극적일 필요는 없으며 상대방을 착오에 빠뜨려 법률행위를 하도록 하면 된다고 한다. 따라서 단순한 침묵 등 부작위를 포함한 소극적인 기망수단도 속임수에 포함된다고 한다.[1] 사안에서처럼 미성년자인지가 불확실한 상황에서 미성년자가 아니냐는 물음에 답하지 않은 미성년자의 침묵행위도 상대방으로 하여금 성년자라고 믿게 하는 계기가 되었다고 할 수 있다. 이 견해에 따르면 甲의 침묵행위는 '속임수'에 해당하여, 취소권은 배제된다. 반면에 판례와 일부 학설은 제17조에서의 속임수는 무능력자가 상대방으로 하여금 능력자임을 믿게 하기 위하여 적극적으로 기망수단(예: 주민등록증 위조, 동의서 위조 등)을 쓴 것을 말하고 단순히 자기가 능력자라 칭한 것만으로는 속임수를 사용한 것이라 할 수 없다고 한다.[2] 이 견해에 따르면 사례에서 미성년자 甲은 단순히 제한능력자임을 말하지 아니하였을 뿐 적극적으로 기망수단을 쓴 것은 아니므로 '속임수'에 해당하지 않게 된다.

소극적인 기망행위까지 속임수로 보는 견해는 거래안전의 보호를 위해서 속임수의 범위를 보다 넓게 인정하려는 것이다. 그러나 제한능력자보호제도는 기본적으로 거래안전을 해치면서까지 제한능력자를 보호하려는 데 그 목적이 있고, 제17조에서 제한능력자의 속임수로 취소권을 배제하는 것은 거래안전을 보호하기 위한 예외에 해당한다. 이와 같은 예외조항에서 사용된 개념을 넓게 해석하여 그 적용범위를 확

---

1) 곽윤직·김재형, 138-139면; 이영준, 881면 등.
2) 대법원 1971.12.14. 선고, 71다2045 판결; 이은영, 184면 등.

장하는 것은 타당하지 않으며, 제한능력자보호제도에서 해석의 방향은 기본적으로 제한능력자보호라는 취지에 맞게 해석되어야 한다. 따라서 속임수의 개념을 좁게 해석하여 적극적인 기망수단만 포함된다고 해석하는 견해가 타당하다. 그러므로 소극적인 침묵행위만 한 甲은 속임수를 사용한 것이 아니므로 취소권을 행사하여 임대료 30만원을 반환받을 수 있다.

【변형】   피성년후견인인 甲의 법률행위는 언제든지 취소할 수 있다(제10조 제1항). 따라서 성년후견인의 동의를 얻고 한 행위라도 취소할 수 있다. 다만 甲이 성년후견인의 동의서를 위조하여 속임수를 사용하였기 때문에 속임수를 이유로 취소권이 배제될 수 있는지가 문제된다. 제한능력자의 속임수에 의하여 취소권이 배제될 수 있는 경우는 속임수를 사용하여 능력자로 믿게 한 경우와 법정대리인의 동의가 있는 것처럼 믿게 한 경우이다. 그런데 피성년후견인의 경우에는 속임수로 성년후견인의 동의가 있는 것으로 믿게 한 경우에도 취소권이 배제되지 않는다(제17조 제2항). 왜냐하면 피성년후견인은 성년후견인의 동의를 얻어서 법률행위를 하더라도 그 법률행위를 취소할 수 있기 때문이다. 따라서 본 사안에서 甲이 성년후견인의 동의서를 위조하여 동의가 있는 것으로 믿게 하였더라도 취소권이 배제되지 않는다.[3] 따라서 甲은 매매계약을 취소하여 임대료 30만원을 반환받을 수 있다.

---

3) 피성년후견인의 취소권이 배제되기 위해서는 피성년후견인이 자기가 능력자임을 믿게 하는 속임수를 사용했어야 한다. 예를 들어 피성년후견인이 미성년자 또는 피한정후견인이라고 말하면서 법정대리인의 동의서를 제시하여 법률행위를 한 때에 인정된다. 사안에서는 甲이 자신이 특별히 미성년자 또는 피한정후견인이라고 밝히지 않았으므로 자기를 능력자라고 믿게 하는 속임수가 있었다고 보기도 어렵다.

Ⅲ. 부재와 실종

13. 부재자의 재산관리

> 사례
>
> 정년퇴임 기념으로 해외여행을 떠난 甲이 돌아올 시기가 지났음에도 불구하고 아무 연락도 없이 귀국하지 않았다. 甲의 유일한 재산인 건물 X에 대하여 이해관계가 있는 乙의 청구로 법원은 재산관리인 丙을 선임하였다. 丙은 법원의 허가를 얻어 건물 X를 丁에게 매도하고 소유권이전등기를 마쳤다. 매도 당시에 이미 甲이 귀국한 상태였다면, 甲은 丁에 대하여 건물의 반환을 청구할 수 있는가?

甲의 丁에 대한 건물반환청구권(제213조, 제741조)

甲이 丁에게 건물의 반환을 청구할 수 있기 위해서는 丙이 丁과 체결한 매매계약(제563조) 및 소유권이전을 목적으로 하는 물권적 합의(제186조)가 甲에 대하여 효력을 갖지 않아서 丁이 소유권을 취득하지 못했거나, 丙이 법률상 원인 없이 건물의 소유권을 행사하고 있어야 한다. 사안에서 丙은 부재자 甲의 재산관리를 위하여 선임된 법정대리인이므로 丙이 한 위의 대리행위의 효력이 甲에 대하여 생기지 않아야 한다.

丙이 한 대리행위의 효력이 甲에게 미치기 위해서는 대리인은 그 권한 내에서 본인을 위한 것임을 표시하여 의사표시를 했어야 한다(제114조 제1항). 사안에서 丙이 위의 대리행위를 하였을 때 대리권이 존재하였는지 그리고 만일 존재한다면 그 대리행위가 대리권의 범위 내에서 행한 것인지가 문제된다. 丙은 부재자의 재산관리인으로서 이해관계인 乙의 청구에 의하여 법원에 의하여 선임되어(제22조 제1항 전단) 대리권을 갖게 되었다. 부재자의 재산관리는 재산관리가 불필요하게 된 때에 종료한다. 따라서 甲이 귀국한 상태여서 더 이상의 재산관리가 필요 없는 상황이었다고 볼 수 있다. 그러나 이 경우에도 丙이 재산관리인으로서의 지위를 상실하기 위해서는 가정법원이 본인 또는 이해관계인의 청구에 의하여 선임결정을 취소하여야 한다(제22조 제2항). 매매계약을 체결할 당시 가정법원의 취소선고를 받지 않은 상태이므로 丙은 재산관리인이었고, 따라서 여전히 대리권도 갖고 있었다.

다음으로 丙이 한 대리행위가 대리권의 범위 내이어야 한다. 부재자의 재산관리인은 부재자 재산에 관하여 자유롭게 관리행위를 할 수 있으나(제118조), 처분행위 등 관리행위 이상의 행위를 하는 경우에는 가정법원의 허가를 얻어야 한다(제25조). 丙이 체결한 매매계약은 재산의 처분행위로서 제118조의 범위를 넘어섰으므로 법원의 허가를 얻었어야 했다. 사안에서 丙은 법원의 허가를 얻어 적법하게 X건물을 丁에게 처분하였다. 대리행위가 효력을 갖기 위한 모든 요건이 충족되었으므로 丙이 한 매매계약 및 소유권 이전을 위한 물권적 합의 등 모든 대리행위의 효력이 甲에 대하여 생긴다. 따라서 丁은 정당한 소유자가 되므로, 甲은 丁에게 건물의 반환을 청구할 수 없다.

14. 실종선고와 그 취소

사례

(1) 2003년 3월 선원 甲은 항해 도중 선박이 충돌하여 실종되었다. 이에 아내 乙은 2004년 5월 남편 甲의 실종선고를 신청하여 가정법원에서 2006년 3월에 실종선고가 확정되었다. 이 경우 실종선고의 효력은 언제 발생하는가?

(2) 실종선고가 확정된 후 乙은 甲의 재산인 아파트 X와 현금 5천만원을 상속하였다. 그런데 남편 甲은 기적적으로 구출되어 살아 있었으나, 乙은 이러한 사실을 모르고 있었다. 乙은 현금 5천만원을 전부 유흥비로 사용하였고 그것이 부족하여 아파트 X를 A에게 매도하고 작은 원룸을 임차해서 살고 있었다. 그런데 남편 甲이 돌아와서 그의 청구로 실종선고가 법원에 의하여 취소되었다. 취소 당시에 乙이 상속재산 중에서 가지고 있던 것은 원룸의 임차보증금 2천만원과 현금 5천만원이라면 甲은 乙에게 무엇을 요구할 수 있는가?

(3) 앞 사안의 경우 甲은 A에게 아파트 X의 반환을 청구할 수 있는가?

Ⅰ. 실종선고의 효력발생시기

실종선고가 확정되면 실종선고를 받은 자는 실종기간이 만료한 때에 사망한 것으로 본다(제28조). 보통실종의 경우 생존을 증명할 수 있는 최종시로부터 5년이 경과해야 하나(제27조 제1항), 본 사안에서처럼 선박 충돌로 실종이 된 경우에는 특별실종기간인 1년이 적용된다(제27조 제2항). 선박실종의 경우 선박이 침몰한 때부터 기산하므로 2003년 3월로부터 1년이 지난 2004년 3월에 甲이 사망한 것으로 간주하는 실종선고의 효력이 발생한다.

Ⅱ. 실종선고의 취소와 甲의 乙에 대한 반환청구권(제741조)

(1) 반환청구권의 성립

실종선고가 취소된 경우 실종선고로 생긴 상속 등 법률관계는 모두 소급하여 무효로 된다(제29조 제1항, 제141조 본문). 즉 실종자가 살아 있다는 이유로 취소된 경우에는 그의 가족관계와 재산관계는 선고 전의 상태로 돌아가게 된다. 따라서 실종선고를 직접 원인으로 하여 재산을 취득한 자는 그 법률상 원인을 상실하였으므로 이를 반환하여야 한다.

이 반환청구권이 인정되기 위해서, 즉 甲이 乙로부터 실종선고를 통하여 얻은 이득을 반환받기 위해서는 실종선고가 취소되어야 한다. 이를 위해서는 (1) 실종자가 생존하고 있는 사실, 실종기간이 만료된 때와 다른 시기에 사망한 사실 혹은 실종기간의 기산점 이후의 어떤 시점에 생존하고 있었던 사실 가운데 하나가 증명되어야 하고, (2) 본인, 이해관계인 또는 검사의 청구에 의하여 법원의 취소선고가 있어야 한다. 사안에서 실종자 甲은 살아 있었고 본인의 청구로 실종선고가 법원에 의하여 취소되었다.

다음으로 乙은 실종선고로 재산을 상속받았으므로 실종선고를 직접 원인으로 하여 재산을 취득한 자에 해당한다. 따라서 甲은 乙에게 실종선고를 원인으로 취득한 재산의 반환을 청구할 수 있다(제741조).

(2) 반환청구권의 범위

실종선고를 직접원인으로 재산을 취득한 경우에 그 반환범위는 제29조 제2항에 따라 결정된다. 이에 따르면 취득자가 선의인 경우에는 그 받은 이익이 현존하는 한도에서 반환할 의무가 있고, 악의인 경우에는 그 받은 이익 및 그 이자를 반환하고 손해가 있으면 이를 배상해야 한다(제29조 제2항). 乙은 甲의 생존사실을 모른 상태였으므로 선의의 재산취득자에 해당한다. 따라서 甲은 乙에게 받은 이익이 현존하는 한도에서만 반환을 청구할 수 있다. 현존이익의 반환에서 재산이 원래대로 남아 있으면 그것을 반환하면 되고, 그 재산을 팔아 다른 물건을 샀거나 그 대금을 예금하고 있는 경우에는 그 변형된 형태로 반환하면 된다. 그러나 재산을 소비한 경우에는 남아 있는 나머지 재산만을 반환하면 된다(재산을 증가시킨 경우에는 증가된 재산은 반환할 필요가 없다). 상속재산 중 현금 5천만원은 유흥비로 사용하였으므로 현존하지 않는 것이 되어 반환하지 않아도 되며, 다만 아파트를 매도하여 현재 원룸 보증금 2천만원과 현금 5천만원을 가지고 있으므로 이는 현존하고 있는 이익에 해당한다. 따라서 甲은 乙에게 현존이익 7천만원을 반환하라고 청구할 수 있다.

Ⅲ. 甲의 A에 대한 소유물 반환청구권(제213조)

甲이 소유권에 기하여 점유자인 A에 대하여 아파트 X의 반환을 요구하기 위해서는 실종선고의 취소로 甲이 소유권을 취득하였어야 한다. 실종선고가 취소되면 실종선고로 인하여 생긴 법률관계는 소급하여 무효로 되므로 상속에 의한 소유권이전은 소급적으로 무효가 된다. 따라서 상속인 乙이 상속부동산을 제3자에게 처분한 경우는 무권리자의 처분행위가 되어 무효가 된다(부동산은 선의취득 불가). 그러나 실종선고의 취소는 실종선고 후 그 취소 전에 선의로 한 행위에는 효력을 미치지 않는다(제29조 제1항 단서). 따라서 이 요건을 갖춘 경우에는 취소의 소급효는 제한된다.

사안에서는 甲의 실종선고 후 그 취소 전에 乙이 상속받은 아파트를 A에게 매도하였다. 따라서 실종선고가 사실에 반한다는 사실을 모르고 선의로 한 행위에 해당하면 되는데, 제29조 제1항 단서에 의하여 보호되는 선의의 행위자가 누구를 말하는가에 대하여 양 당사자의 선의를 요한다는 견해,[1] 재산행위와 가족행위로 나누어 재산행위의 경우

---

1) 곽윤직 · 김재형, 152면; 이영준, 897면 등.

에는 일방 당사자의 선의로 족하고 가족행위의 경우 양 당사자의 선의
를 요한다는 견해[2]와 전득자만 선의이면 된다는 견해[3]가 대립하고 있
다. 본 사안에서는 양 당사자 모두 甲이 살아 있다는 사실을 모르고 있
는 선의이므로 어느 견해를 따르든 간에 선의로 한 행위가 된다. 따라
서 乙과 A 사이에 이루어진 매매계약과 물권적 합의는 실종선고 취소
에 의하여 영향을 받지 않는다. 그러므로 甲은 A에 대하여 아파트의 반
환을 청구할 수 없다.

---

2) 김용한, 142면.
3) 이은영, 205면.

Ⅳ. 법　인

15. 법인의 권리능력과 행위능력

> **사 례**
>
> 달리기광(狂)인 甲은 사단법인 한국마라톤협회에 토지를 증여하고 싶었다. 이에 甲은 한국마라톤협회 회장인 乙에게 토지를 기증하겠다는 의사를 전달하였다.
> (1) 이 경우 한국마라톤협회는 토지의 소유권을 취득할 수 있는가?
> (2) 乙은 한국마라톤협회 명의로 승낙할 수 있는가?

(1) 법인의 권리능력

사단법인 한국마라톤협회가 甲의 토지소유권을 취득하기 위해서는 권리능력을 가져야 한다. 그렇지 않으면 한국마라톤협회 구성원 전체의 명의로 모든 행위를 할 수밖에 없다.

사단법인이 권리능력을 갖기 위해서는 법인으로서 성립하고 있어야 한다. 한국마라톤협회가 비영리 사단법인으로서 성립하기 위해서는 주무관청의 허가를 받아 그 주된 사무소의 소재지에서 설립등기를 해야 한다(제32조, 제33조). 사단법인이라는 표현에서 한국마라톤협회가 이미 이와 같은 사단법인의 설립요건을 모두 갖춘 것으로 보인다. 법인으로 설립되면 법인은 법률의 규정에 좇아 정관으로 정한 목적의 범위 내에서 권리와 의무의 주체가 된다(제34조). 따라서 법인은 자연인과 다르게 제한된 범위에서 권리능력을 취득한다.

법인은 성질상 자연인만이 취득할 수 있는 권리의무(예: 생명권·인지청구권·친권 등)를 취득할 수 없고 법률에 의하여 권리능력이 제한되는 경우도 있다(예: 청산법인의 권리능력은 청산의 목적범위 내로 제한). 그밖에 정관으로 정한 목적에 의해서 제한을 받게 된다. 그런데 학설과 판례는 모두 '목적의 범위 내'라는 의미를 넓게 해석하고 있다. 다수설은 목적에 반하지 않는 범위 내에서 권리능력을 누릴 수 있다고 보고 있다.[1] 이에 반하여 소수설[2]과 판례[3]는 법률이나 정관에 명시된 목적 자체에 국한되는 것이 아니라, 그 목적을 수행하는 데 있어 직접·간접적으로 필요한 행위는 모두 포함된다고 보고 있다. 특히 판례는 법인의 목적수행에 필요한지의 여부를 행위자의 주관적, 구체적 의사가 아니라, 행위의 객관적 성질에 따라 판단하고 있다.[4]

사안에서 토지를 증여받는 행위와 소유권 취득은 모두 재산적 권리이므로 정관에 정해놓은 목적의 범위의 제한을 받는지만이 문제된다. 한국마라톤협회가 甲으로부터 토지를 증여받은 것은 협회의 재정을 공고히 하고 사업자금을 마련하기 위해서 받은 것으로 볼 수 있기 때문에 특별한 사정이 없는 한 목적의 범위 외의 행위라고 볼 수 없다. 따라서 사단법인 한국마라톤협회의 명의로 토지의 소유권을 취득할 수 있다.

(2) 법인의 행위능력

乙이 한국마라톤협회 명의로 토지를 증여받는 승낙의 의사표시를 유효하게 하기 위해서는 乙은 협회의 대표기관으로서 대표권이 있고 그 행위가 법인의 목적범위 내에서 한 것이어야 한다.[5]

---

1) 곽윤직·김재형, 182면.
2) 김증한·김학동, 205면.
3) 대법원 2001.9.21. 선고, 2000그98 결정; 대법원 2007.1.26. 선고, 2004도1632 판결.
4) 대법원 1999.10.8. 선고, 98다2488 판결.
5) 법인의 대표기관이 법인의 목적범위를 벗어난 행위를 한 경우에 그 행위의 효력이 법인에 미칠 수 없다(대법원 1965.7.6. 선고, 65다854 판결).

乙은 회장으로서 협회를 대외적으로 대표하고 대내적으로 협회의 업무를 집행하는 이사의 지위를 갖고 있으므로 대표권을 갖고 있고, 위에서 살펴본 바와 같이 토지를 증여받는 행위는 협회의 목적범위 내에 있다. 따라서 乙은 협회명의로 승낙의 의사표시를 할 수 있다.

16. 권리능력 없는 사단

> **사 례**
>
> (1) 종교단체 A는 甲을 종교상 대표로 하고 헌장 및 종원의 의견을 모으기 위한 의결방법을 정하였다. 甲은 A 명의로 기증된 토지를 등기하려고 한다. 가능한가?
> (2) 甲이 갑작스럽게 사망한 후 종파의 대립으로 인하여 甲의 후임이 정해지지 않아서 A의 사업이 마비되는 상태에 이르렀다. 이에 종원 乙은 변호사 丙을 임시적인 종교대표로 선임해 줄 것을 법원에 신청하였다. 가능한가?

(1) 권리능력 없는 사단의 권리능력

A 명의로 등기를 하기 위해서는 A가 권리능력을 가져야 한다. 그러나 사단이 권리능력을 갖기 위해서는 설립등기를 해야 하는데(제33조), A는 법인등기를 하지 않았기 때문에 아직 법인이 아니다. A는 그 구성원의 교체와 상관없이 존속하고, 장기적인 목적을 가지고 있으며 종교단체를 위하여 행동하는 특별한 기관을 가진 인적 결합체로서 사단이다. 그런데 권리능력 없는 사단은 법인등기만을 하지 않았을 뿐 사단법인의 실질을 갖추고 있으므로 그 법률관계에 대하여 어떠한 법률규정을 적용할 것인지가 문제된다.

우리 민법은 이에 관하여 명문의 규정이 없다. 그리고 입법례에 따라서는 조합에 관한 규정을 준용하는 경우도 있으나, 우리 민법은 권리능력 없는 사단의 소유관계를 총유로 규정하고 있어서(제275조 제1항) 합유인 조합과 기본적으로 법률관계가 다르다는 것을 보여주고 있다. 이에 따라 학설과 판례는 사단의 실체·성립, 사원자격의 득실, 대표의 방법, 총회의 운영, 해산사유와 같은 법률관계에 관하여는 사단법인에 관한 규정 중 법인격을 전제로 한 사항을 제외하고 모두 권리능력 없는 사단에 유추적용하고 있다.[1] 또한 법률의 규정에 의하여 예외적으로 권리능력 없는 사단법인에게 권리능력을 인정하는 경우가 있다. 예를 들어 부동산등기법에서 종중, 문중 기타 대표자나 관리인이 있는 법인 아닌 사단이나 재단에 속하는 부동산의 등기에 관하여서는 그 사단 또는 재단을 등기권리자 또는 등기의무자로 한다고 규정하고 있다(동법 제26조 제1항). 따라서 A 명의로 등기하기 위해서는 A가 대표자가 있는 법인 아닌 사단이어야 한다.

　권리능력 없는 사단으로 인정되기 위해서는 사단의 실체를 가져야 하므로 (1) 대표자와 총회 등 사단으로서의 조직을 갖출 것, (2) 구성원의 변경과 관계없이 존속할 것, (3) 성문의 규약은 아니더라도 사단법인의 정관에 상응하는 것이 있을 것 등의 요건이 충족되어야 한다. A는 대표자로 甲을 선임하였고 의결절차 등을 담은 헌장을 만들었으므로 구성원의 변경과 관계없이 존속할 수 있는 사단으로서의 조직과 실체를 갖고 있다. 따라서 A는 권리능력 없는 사단이므로 대표자 甲은 A 명의로 기증된 토지를 등기할 수 있다.

(2) 임시이사의 선임

　乙이 丙을 임시적인 종교대표로 선임해 줄 것을 법원에 신청한 것은 丙을 제63조의 임시이사로 선임해 줄 것을 신청한 것이다. 이에 따르면 이사가 없거나 결원이 있는 경우에 이로 인하여 손해가 생길 염려가 있는 때에는 법원은 이해관계인이나 검사의 청구에 의하여 임시이사를 선임하여야 한다. 임시이사 선임에 관한 제63조는 법인의 조직과 활동에 관한 것으로서 법인격을 전제로 하는 조항은 아니므로 법인 아닌 사단이나 재단에도 유추적용할 수 있다.[2]

---

1) 대법원 2006.4.20. 선고, 2004다37775 전원합의체 판결; 곽윤직·김재형, 165면.
2) 대법원 2009.11.19. 선고, 2008마699 전원합의체 결정. 이에 대하여 자세한 것은 이원범, "임시이사선임에 관한 민법 제63조가 법인 아닌 사단에 유추적용되는지 여부와 종교단체에서의 제한 가능성," 사법 제11호, 2010, 233면 이하 참조.

임시이사의 선임을 신청할 수 있는 "이해관계인"이라 함은 임시이사가 선임되는 것에 관하여 법률상의 이해관계가 있는 자로서 그 법인의 다른 이사, 사원 및 채권자 등을 포함하므로 종원 乙은 신청할 수 있는 지위에 있다. 그 밖에 임시이사의 선임요건으로 정하고 있는 "이사가 없거나 결원이 있는 경우"라 함은 이사가 전혀 없거나 정관에서 정한 인원수에 부족이 있는 경우를 말하고, "이로 인하여 손해가 생길 염려가 있는 때"라 함은 통상의 이사선임절차에 따라 이사가 선임되기를 기다린다면 법인이나 제3자에게 손해가 생길 우려가 있는 것을 의미한다. 甲의 사망으로 종교대표가 새로 선임되지 못한 상태이고, 종파의 대립으로 사업이 마비된 상태에서 쉽게 새로운 종교대표가 선임되기는 어려운 상황이므로 임시이사 선임의 모든 요건은 충족되었다고 볼 수 있다.

하지만 종교단체의 경우에는 헌법상 보장된 종교의 자유를 바탕으로 하는 조직과 운영에 관한 자율성이 최대한 보장되어야 하므로 선임될 임시이사의 선임자격이나 그 구체적 권한 내지 직무내용을 제한해야 한다. 丙과 같은 비신도를 임시이사로 선임하는 경우에는 그 직무범위나 권한을 비종교적 영역 내에서 선임의 필요성에 상응한 최소한의 범위로 제한해야 한다.

17. 분열된 교회와 교회재산의 귀속관계

사 례 A교회에 속해 있던 일부 교인들은 A교회로부터 탈퇴하고 새로운 B교회를 만들기로 결의하였고 남아 있는 A교회 교인들의 동의 없이 서류를 위조하여 A교회 명의로 되어 있던 교회건물 및 대지를 B교회 명의로 이전등기하고 건물과 대지를 사용하고 있다. 이 경우 A교회는 B교회에 대하여 교회건물과 대지의 사용을 금지할 수 있는가?[1]

A교회의 B교회에 대한 소유물반환청구권(제213조)

A교회가 B교회에 대하여 교회건물과 대지의 사용의 금지를 청구할 수 있기 위해서는 A교회가 교회건물 및 대지에 대한 소유자이어야 하고, B교회가 무효인 등기이전을 바탕으로 하여 점유권원 없이 교회건물과 대지를 점유하고 있어야 한다. 교회는 비법인사단이므로 교회재산은 그 교인들의 총유에 속한다.[2] 본 사안에서는 A교회에 속해 있던 일부 교인들이 탈퇴하여 새로운 B교회를 만들었는데, 이 경우 종전 교회재단에 대한 소유권이 어떠한 방식으로 누구에게 귀속되는지가 문제된다.

교인들의 집단적인 탈퇴로 인한 교회분열의 경우 종전의 판례에 의하면 종전의 교회재산은 분열당시의 각 교회의 구성원에게 총유의 형태로 귀속된다고 보았다.[3] 이 입장에 따르면 교회건물과 대지는 각 교회 구성원의 총유로 귀속되어 있으므로 A교회는 B교회에 대하여 교회재산의 사용과 수익을 금지할 수 없다(제276조 제2항 참조). 판례의 이

---

1) 대법원 2006. 4. 20. 선고, 2004다37775 전원합의체 판결 변형.
2) 대법원 1980. 12. 9. 선고, 80다2045 판결.
3) 대법원 1993. 1. 19. 선고, 91다1226 전원합의체 판결.

러한 결과는 분열해 나간 교회에도 기존 교회재산에 대한 권리를 인정하여 사실상 교회분열을 조장한다는 비판을 받았다.[4]

대법원은 입장을 변경하여 기존의 '교회분열'이론을 부정하고, 일부 교인들의 탈퇴로 인한 종전의 교회재산은 기존 교회에 소속된 잔존교인들의 총유의 형태로 귀속된다고 판시하였다.[5] 이 입장에 따르면 일부 교인들이 교회를 탈퇴하여 A교회 교인으로서의 지위를 상실하게 되면, 종전 A교회의 총유재산의 관리처분에 관한 의결에 참가할 수 있는 지위나 그 재산에 대한 사용·수익권을 상실하게 된다(제277조). 종전교회는 잔존교인들을 구성원으로 하여 실체의 동일성을 유지하며 존속하고, 종전교회의 재산은 그 교회에 소속된 잔존교인들의 총유로 귀속됨이 원칙이다. 다만 교단에서의 탈퇴 내지 소속 교단의 변경은 사단법인의 정관변경에 준하는 절차를 거쳐야 하는데, 의결권을 가진 교인 2/3 이상의 찬성에 의한 결의를 통하여 소속교단을 탈퇴하거나 다른 교단으로 변경한 경우에 종전교회의 실체는 이와 같은 교단을 탈퇴한 교회로서 존속하게 된다.

본 사안에서 A교회에 속해 있던 일부 교인들이 탈퇴하여 새로운 B교회를 만들었으나, 종전교회의 소속교단의 탈퇴 또는 변경을 가져오는 절차를 거치지 않았으므로 교회의 건물과 대지는 분열 당시의 교회의 총유가 아니고, 기존 교회인 A교회의 잔류교인들의 총유로 보아야 한다. B교회가 A교회 교인들의 동의 없이 서류를 위조하여 이전등기를 한 것은 무효이고, 무효인 등기를 기초로 B교회는 건물과 대지에 대한 사용·수익권이 없는 상태에서 점유하고 있다. 따라서 A교회는 B교회에 대하여 제213조에 기해 교회건물과 대지의 사용을 금지할 수 있다.

---

4) 또한 현행 민법에서는 사단법인의 구성원의 탈퇴나 사단법인의 해산은 인정하지만 구성원들이 2개의 법인으로 나뉘어 각각 독립한 법인으로 존속하는 식의 사단법인의 분열은 인정하지 않고 있다. 사단법인의 분열이 인정되지 않는 한 이와 유사한 성질을 가지는 권리능력 없는 사단에 대하여 법적인 분열을 인정하는 것은 논리적으로 타당하지 않다는 비판이 많이 제기되었다. 교회를 권리능력 없는 사단으로 보는 이상 그 재산귀속에 관한 법리도 사단법인과 동일하게 적용하는 것이 타당하다.

5) 대법원 2006.4.20. 선고, 2004다37775 전원합의체 판결.

18. 재단법인의 설립과 출연재산의 귀속시기

사 례

어렵게 공부하여 힘들게 성공한 사업가 甲은 자신의 고향 후배들의 학업에 조금이나마 도움이 되기 위한 목적으로 A장학재단을 법인으로 설립하고자 한다.

(1) 이러한 경우에 甲은 무엇을 해야 하는가?

(2) 甲은 A장학재단을 설립하기 위하여 자신의 토지 X를 출연하였고 A재단법인은 그 후 설립등기를 마쳤으나, 甲은 토지 X를 A재단법인에 이전등기하지 못하고 사망하였다. 그 후 甲의 단독상속인 乙은 토지 X의 출연사실을 알고서도 자신의 빚을 변제하기 위해서, 이러한 사실을 모르고 있는 丙에게 토지 X를 팔고 소유권이전등기를 경료해 주었다. 이 경우 토지 X의 소유자는 누구인가?[1]

(1) 재단법인의 설립

甲이 재단법인을 설립하기 위해서는 (1) 정관을 작성하고, (2) 재단의 기초가 될 재산을 출연하고, (3) 주무관청으로부터 법인설립의 허가를 받아, (4) 법인설립의 등기를 경료해야 한다. 정관을 통하여 법인의 근본규칙을 정하여야 하며, 그 내용을 서면으로 작성하고 기명날인하여야 한다(제43조). 재단법인의 정관에 반드시 기재되어야 할 필요적 기재사항은 목적, 명칭, 사무소의 소재지, 자산에 관한 규정, 이사의 임면에 관한 사항이다. 재산의 출연은 재단법인의 설립행위의 본질적인 요소이므로(제43조 전단), 설립자인 甲은 일정한 재산을 반드시 출연해야 한다. 출연하는 재산은 금전·채권·물권 기타 재산권이다.

또한 재단법인이 설립하려면 주무관청의 허가가 필요하며, 법인설

---

1) 대법원 1979.12.11. 선고, 78다481, 482 전원합의체 판결 변형.

립의 허가가 있는 때에는 3주 이내에 주된 사무소의 소재지에서 설립등 기를 해야 한다(제49조 제1항).

(2) 출연재산의 귀속시기

사안에서 甲이 토지 X의 소유자이었고, 그 후 A재단법인에 토지 X 를 출연하는 출연행위를 하였다. 그런데 출연행위 당시에 재단법인이 설립되지 않아서 소유권이전등기를 하지 못하였고 재단법인이 설립한 후에는 甲이 사망하여 소유권이전등기를 하지 못하였다. 그런데 재단 법인이 설립된 경우의 출연재산의 귀속시기에 관하여 제48조 제1항에 서는 "생전처분으로 재단법인을 설립하는 때에는 출연재산은 법인이 성립된 때로부터 법인의 재산이 된다"고 규정하고 있다. 본 규정에 의 하여 재단법인이 설립등기를 한 때 바로 토지 X의 소유자가 된다면(제 187조) 상속인 乙이 丙에게 소유권을 이전한 것은 무권리자가 처분행위 를 한 것으로 효력이 없을 것이다. 그에 반하여 재단법인이 소유권을 취득하기 위하여 토지 X의 이전등기가 필요하다고 한다면(제186조) 甲 의 사망으로 인하여 乙이 소유권을 취득하고 소유자로부터 소유권을 이전받은 丙이 현재 소유자가 될 것이다. 이와 관련하여 출연재산이 부 동산인 경우에 제186조가 적용되느냐, 아니면 제187조가 적용되느냐에 대하여 견해가 대립하고 있다.

제186조 적용설은 출연행위는 법률행위이기 때문에 등기를 갖춘 경우에 비로소 소유권이 귀속한다는 견해이다.[2] 따라서 이 견해에 따 르면 재단법인 성립시에는 이전등기청구권만이 귀속되며, 현실적으로 이전등기를 경료한 때 비로소 소유권을 취득하지만 제48조 제1항에 의 하여 귀속시기가 법인이 성립한 때로 소급한다. 이 견해에 의하면 A재 단법인은 아직 소유권이전등기를 하지 않았으므로 매도 당시의 소유자 는 乙이 되고, 따라서 丙은 유효한 소유권을 취득하게 된다.

반면 제187조를 적용해야 한다는 견해에 의하면 제48조는 제187

---

2) 백태승, 121면 이하; 이은영, 266면.

조의 이른바 '기타 법률의 규정'에 해당하기 때문에 출연재산의 등기와 같은 공시방법이 없어도 법인의 성립시에 당연히 출연재산이 법인에게 귀속된다.[3] 이에 의하면 A재단법인이 성립함으로써 소유권을 취득하므로 丙은 유효하게 소유권을 취득하지 못한다.

　　종래 판례는 재단법인의 재산귀속에 대하여 제187조 적용설의 태도를 취하여 왔으나, 출연재산이 부동산인 경우에는 대내·대외관계를 분리하여 재산출연자와 법인 사이에는 법인의 성립 외에 등기를 필요로 하는 것은 아니지만, 제3자에 대한 관계에 있어서 출연행위는 법률행위이므로 법인성립 외에 등기를 필요로 한다고 전원합의체판결에 의하여 입장을 변경하였다.[4] 이에 의하면 A재단법인은 甲 및 그 포괄승계인 乙과의 관계에서는 X토지에 대한 소유권을 취득하였으나, 제3자인 丙에게는 대항할 수 없으므로 丙이 소유자가 된다.

---

3) 곽윤직·김재형, 177면; 고상룡, 198면.
4) 대법원 1979.12.11. 선고, 78다481, 482 전원합의체 판결.

19. 법인의 불법행위책임

> **사례**
>
> 사립학교법인 A의 이사장 甲은 운동장으로 사용되고 있는 법인 명의의 토지의 일부를 3억원에 파는 매매계약을 乙과 체결하고 계약금으로 1억원을 乙로부터 지급받았다. 돈이 궁한 甲은 이 돈을 갖고 해외로 도주하였다. 이 경우 乙은 사립학교법인 A에 대하여 손해배상을 청구할 수 있는가? (다만 사립학교법 제28조 제2항에 따르면 학교교육에 직접 사용되는 학교법인의 재산 중 대통령령이 정하는 것은 이를 매도하거나 담보로 제공할 수 없다).

乙의 A에 대한 불법행위로 인한 손해배상청구권(제35조 제1항 제1문)

운동장으로 사용되고 있는 토지 일부는 학교교육에 직접 사용되는 학교법인의 재산으로서 처분이 금지되어 있다(사립학교법 제28조 제2항 및 사립학교법 시행령 제12조 제1항 제3호). 따라서 대리권을 갖고 있는 이사장 甲이 乙과 체결한 매매계약은 강행규정에 위반한 것으로 무효이다. 乙이 사립학교법인 A에 대하여 매매계약에 기하여는 아무것도 청구할 수 없지만, 법인의 불법행위책임을 물을 수 있는 여지가 있다(제35조 제1항 제1문). 이것이 가능하기 위해서는 이사 기타 대표자가 그 직무에 관하여 타인에게 손해를 발생시켰어야 한다.

우선 대표기관의 행위가 있어야 하는데, 대표기관은 이사, 임시이사(제63조), 특별대리인(제64조), 청산인(제82조, 제83조) 등을 말한다. 이사장 甲도 이사 중에서 선임된 자이므로 이사로서 학교법인의 대표기관이다. 다음으로 가해행위의 직무관련성이 있어야 한다. 판례와 학설은 외형이론에 따라 직무행위 및 그와 관련된 행위 외에 객관적으로 보았을 때 직무수행이라고 볼 수 있는 행위도 직무관련성을 갖는다고 보고 있다. 따라서 비록 대표자의 사익(私益)을 도모하기 위한 것이거나 법령에 위반된 것이라도 외형상 기관의 직무행위로 인정될 수 있으면 직무관련성이 인정된다.[1] 甲이 자신의 개인적인 이익을 위하여 매매계약을 체결하였다 하더라도 행위의 객관적 성질은 A 법인의 대표기관의 직무에 속하는 것으로 볼 수 있다. 그 밖에 대표기관의 행위가 불법행위책임의 요건(제750조)을 충족해야 한다. 즉 (1) 대표기관의 행위로 피해자가 손해를 입었을 것, (2) 대표기관의 고의 또는 과실이 있을 것, (3) 가해행위가 위법한 행위일 것, (4) 가해행위와 손해 사이에 인과관계가 있을 것 등이 요구된다. 이사장 甲이 무효인 매매계약을 체결하고 계약금을 갖고 도주함으로써 1억원의 손해를 乙에게 의도적 발생시켰기 때문에 제750조의 요건도 모두 충족되었다.

　　제35조 제1항의 요건이 모두 충족되었으므로 乙은 대표기관의 불법행위를 이유로 법인 A에 대하여 손해배상을 청구할 수 있다. 다만 乙이 매매계약을 체결하면서 사립학교법이 정하는 규정내용을 살펴보지 않은 점에 과실이 있다면 과실상계의 법리(제763조, 제396조)에 의하여 손해배상액이 감액될 수 있다.

---

[1] 대법원 1969.8.26. 선고, 68다2320 판결; 대법원 2004.2.27. 선고, 2003다15280 판결.

20. 이사의 대표권 제한

> **사 례**
>
> 대표권의 남용이 잦아지자 사단법인 A는 그 정관으로서 부동산의 매각은 총회의 결의를 거쳐야 한다는 취지에서 대표권을 제한하였으나, 등기는 하지 않았다. 이사 甲은 업무집행비를 마련하기 위해서 총회의 결의를 거치지 않고 사단법인의 토지를 사단법인 A를 대표하여 乙에게 매도하였다. 대표권이 제한되어 있다는 사실을 乙이 알고 있는 경우 甲이 한 매도행위가 사단법인 A에게 효력이 있는가?

이사 甲이 한 대표행위가 효력을 갖기 위해서는 甲이 한 대표행위가 법인의 목적범위 내의 행위이어야 하고 정관에서 정한 행사요건이 있다면 이를 따라야 한다. 법인의 목적범위는 정관으로 정한 목적 이외에 객관적으로 판단할 때 그 목적수행에 직접·간접적으로 필요한 행위도 포함된다.[1] 사안에서 업무집행비를 마련하기 위해서 甲이 매매계약을 乙과 체결하였기 때문에 이는 법인의 목적범위 내라고 보인다. 다만 법인의 목적범위 내의 행위에 대하여도 정관에 별도의 규정을 두어서 대표행위의 방법과 절차 등을 제한할 수 있다(제59조 제1항 단서). 이 경우 대표권의 제한은 정관에 기재하지 않으면 그 효력이 없고(제41조), 이를 등기하지 않으면 제3자에게 대항할 수 없다(제60조). 사안에서 부동산의 매각은 총회의 결의를 거쳐야 한다는 제한을 정관에 두었으므로 대표권의 행사상 일정한 제한이 가해졌다. 甲의 매도행위는 이 절차를 따르지 않았기 때문에 효력이 없으나, 이와 같은 제한을 등기하지 않았기 때문에 제3자에게 대항할 수 없다.

제60조의 법문상 제3자의 범위에 대하여 특별한 제한을 두지 않기

---

1) 대법원 1999.10.8. 선고, 98다2488 판결.

때문에 제3자의 범위를 선의의 제3자에 한정할 것인가 또는 악의의 제3자도 제3자의 범위에 포함시킬 것인가에 대하여 견해가 대립하고 있다. 악의의 제3자는 보호받을 이익이 없다는 이유로 제3자의 범위를 선의의 제3자로 한정해야 한다는 견해2)와 제3자에게 대항하기 위해서는 등기하라는 입법자의 의사를 중시하여 악의의 제3자에게도 대항할 수 없다는 견해3)가 있다. 사안에서 乙은 대표권이 제한되었다는 사실을 알고 있었으므로 어느 견해를 취하느냐에 따라 결과가 다르게 된다. 즉 제3자의 범위를 선의의 제3자로 한정해야 한다는 견해에 따르면 악의의 乙은 보호를 받지 못하므로 절차상의 하자로 인하여 매매계약이 효력이 없다는 사실을 乙에게 주장할 수 있다. 반면에 보호대상에 악의의 제3자도 포함된다는 견해에 따르면 절차상의 하자로 인하여 매매계약이 효력이 없다는 사실을 乙에게 주장할 수 없다.

　　등기를 촉구하는 의미에서 입법자가 제3자에 대한 대항요건으로 등기를 규정하고 있는 것은 사실이다. 그러나 등기가 없는 경우에 악의의 제3자에게도 대항할 수 없다고 한다면, 이는 현저하게 정의관념에 반하는 결과가 된다. 따라서 등기가 없는 상태라도 대표권의 제한과 관련하여서는 선의의 제3자에게만 대항할 수 없다고 보아야 한다. 즉 행사상의 절차를 거치라는 정관의 규정은 등기가 되어 있지 않더라도 악의의 제3자에게 대항할 수 있으므로 사단법인 A는 악의인 乙에게 甲의 대표행위가 효력이 없다고 주장할 수 있다.

---

2) 곽윤직·김재형, 194면; 이은영, 278면.
3) 고상룡, 222면; 양창수, 민법연구 제1권, 123면. 대법원 1992.2.14. 선고, 91다24564 판결: 법인의 정관에 법인 대표권의 제한에 관한 규정이 있으나 그와 같은 취지가 등기되어 있지 않다면 법인은 그와 같은 정관의 규정에 대하여 선의냐 악의냐에 관계없이 제3자에 대하여 대항할 수 없다.

21. 청산법인의 재산귀속

사 례

1950년 3월 20일 甲은 재단법인 A장학회를 설립하여 X토지를 출연하였다. 그런데 A장학회의 법인설립허가가 취소되어 1976년 3월 11일 해산등기를 하고 청산절차를 밟게 되었다. 1987년 12월 17일 "해산 시 잔여재산은 甲에게 귀속한다"는 정관규정에 따라 X토지를 甲명의로 소유권이전등기를 마치고 1988년 4월 11일 청산종결등기를 경료하였다. 그런데 A장학회의 정관에는 "재산의 취득, 처분, 법인의 해산에 관한 결정은 이사회(청산인회)에서 심의·의결한다"는 규정이 있어 이러한 심의·의결을 거치지 않고 한 甲에 대한 X토지의 소유권 이전은 무효라는 주장이 제기되었다. 정당한가?1)

　甲이 X토지의 소유권을 유효하게 취득하기 위해서는 A장학회의 잔여재산인 X토지가 정당한 방식에 의하여 귀속권리자에게 인도되었어야 한다. 사안에서 A장학회의 정관에는 해산 시 잔여재산이 甲에게 귀속한다고 규정되어 있었으나, '재산의 처분'은 이사회와 청산인회의 심의·의결사항으로 하고 있다. 따라서 이러한 심의·의결을 거치지 않고 행한 잔여재산의 인도가 유효한지가 문제된다.

　민법은 비영리법인의 특성을 고려하여 잔여재산을 구성원에게 분배할 수 없도록 하였고, 일정한 방식에 의하여 잔여재산의 귀속을 정하도록 하고 있다. 첫째, 정관으로 지정한 자에게 귀속되는 것이 원칙이다(제80조 제1항). 둘째, 정관에 이러한 규정이 없으면 이사 또는 청산인이 주무관청의 허가를 얻어 그 법인의 목적과 유사한 목적을 위하여 처분할 수 있다(제80조 제2항). 셋째, 앞의 두 가지 방법에 의하지 않으면 국고에 귀속하게 된다(제80조 제3항). 잔여재산의 귀속에 관한 제80조는

---

1) 대법원 2000.12.8. 선고, 98두5279 판결 변형.

제3자의 이해관계에 중대한 영향을 미치는 청산절차에 관한 규정이기 때문에 강행규정이다. 따라서 잔여재산의 귀속권리자가 정관으로 지정되어 있는 경우 이에 위반하여 달리 처분하는 것은 청산의 목적범위를 벗어나는 것으로서 무효이다.[2]

　　사안에서 A장학회의 정관에는 "해산 시 잔여재산은 甲에게 귀속한다"고 규정되어 있으므로 이에 위반하여 달리 처분하는 것은 청산의 목적범위를 벗어난 것으로 무효이다. 정관규정에서 법인의 재산처분은 이사회(청산인회)의 심의·의결에 의한다는 규정이 있을지라도 해산 후 잔여재산이전의무는 청산인회의 심의·의결로 좌우되는 사안이 아니다. 다시 말하면 청산인의 대표권은 정관에 규정된 취지에 따라 행사되고, 대내적인 업무집행에 있어서도 정관에 따라 청산법인의 목적범위 내에서만 권리의무를 가진다. 따라서 해산 시 잔여재산의 인도에 관하여는 이사회(청산인회)의 의결로써 정관의 규정과 달리 처분할 수 없음이 명백하다. 그런데 정관에 의하여 잔여재산의 귀속권리자가 정해졌다면, 이 방식에 의하여 잔여재산이 인도되어야 하는 것이다. 따라서 甲은 정당한 방식에 의하여 X토지의 소유권을 유효하게 취득하였으므로 소유권 취득이 무효라는 주장은 정당하지 않다.

---

2) 대법원 2000.12.8. 선고, 98두5279 판결.

제2장 권리의 객체

22. 부동산과 동산

 사 례

20년간의 회사생활을 마감한 甲은 퇴직금으로 음식점을 차리기로 결정하고 건물을 신축하였다.

(1) 신축 후 건물에 대한 등기가 이루어지지 않은 경우 甲은 건물의 소유권을 취득하는가?

(2) 甲은 건강에 문제가 생겨서 건물을 乙에게 매도하기로 하는 계약을 체결하였다. 乙은 甲에게 매매대금을 지불하고 甲으로부터 건물의 열쇠를 인도받아 건물을 사용하고 있다. 이 경우 乙은 건물소유권을 취득하였는가?

I . 건물소유권의 원시취득

우리 민법상 물건은 유체물 및 전기 기타 관리할 수 있는 자연력을 말하는데(제98조), 건물은 유체물에 해당하기 때문에 물건이다. 신축 건물의 경우 독립성을 가지게 되는 시점에 건축주가 소유권을 원시취득한다. 독립성의 취득 여부는 거래관념에 의하여 판단해야 하며 판례는 최소한의 기둥과 지붕 그리고 주벽이 갖추어지면 된다고 한다.[1] 사안에서 건물이 완공된 것이므로 甲은 건물의 소유권을 취득하였다.

Ⅱ. 건물소유권의 이전을 위한 요건

건물에 대한 소유자가 바뀌기 위해서는, 즉 乙이 건물의 소유자가 되기 위해서는 소유권을 甲으로부터 이전받아야 한다. 소유권의 이전 (물권의 변동)이 있기 위해서는 소유권을 이전한다는 당사자의 합의(물권적 합의)만으로는 부족하고 그 밖에 공시방법을 갖추어야 한다. 우리 민법은 "부동산에 관한 법률행위로 인한 물권의 득실변경은 등기하여야 그 효력이 생긴다"(제186조)고 하여 부동산 물권변동에 있어 등기를 공시방법으로 인정하고 있고, 동산에 관하여는 "그 동산을 인도하여야 효력이 생긴다"(제188조 제1항)고 하여 인도를 공시방법으로 인정하고 있다. 사안에서 乙은 甲과 건물에 대한 매매계약을 체결하고, 건물을 인도받아 사용하고 있지만 아직 자신의 명의로 소유권이전등기를 하지는 않은 상태에 있다. 따라서 건물이 동산이라면 乙은 이미 소유권을 취득하였지만, 부동산이라면 등기하지 않았기 때문에 아직 소유권을 취득하지 못하였다.

여기서 동산과 부동산의 구분의 문제가 제기된다. 부동산이란 토지 및 그 정착물을 말하며, 부동산 이외의 물건이 동산이다(제99조). 토지의 정착물이란 토지에 고정되어 쉽게 움직일 수 없는 물건으로서 고정된 상태로 사용하는 것이 그 물건의 성질에 합당한 것을 말한다. 여기에는 건물, 나무, 터널, 다리, 돌담, 도로의 포장 등이 속한다. 사안에서 소유권의 객체인 건물은 토지의 정착물로서 부동산이다. 그러므로 乙은 건물의 등기가 이전되어야만 건물의 소유권을 취득하나, 아직 이 건물은 보존등기조차 이루어지지 않았고 부동산물권변동을 위한 등기의 이전(제186조)도 이루어지지 않았다. 따라서 여전히 甲이 건물의 소유자이다.

---

1) 대법원 2001.1.16. 선고, 2000다51872 판결.

23. 주물과 종물

사 례   주유소를 경영하던 甲은 주유소 건물을 乙에게 팔고 乙에게 건물의 소유
권을 이전등기하였다. 그런데 甲은 점포를 정리하는 과정에서 주유소의 주
유기를 분리하여 가져가려고 한다. 乙은 주유기도 같이 매도한 것이라고
주장하며 이를 저지하려고 한다. 乙이 저지하는 것이 가능한가?

乙의 甲에 대한 소유물 방해배제청구권(제214조)

乙이 甲을 저지하기 위해서는 주유기에 대한 소유권을 취득했어야
한다. 주유기의 처분에 관하여는 당사자 사이의 특별한 합의가 없었다.
따라서 주유소 건물의 처분으로 乙이 주유기에 대한 소유권을 함께 취
득했어야 한다. 그러기 위해서는 주유기는 주유소 건물의 종물이어야
한다. 종물은 주물의 처분에 따르기 때문이다(제100조 제2항).

물건의 소유자가 그 물건의 상용에 공하기 위하여 자기소유인 다
른 물건을 이에 부속시킨 경우에 그 물건을 종물이라고 한다(제100조 제
1항). 따라서 종물이 되기 위한 요건으로 (1) 주물 및 종물 모두 독립한
물건일 것, (2) 종물이 주물의 경제적 효용을 높이는 작용을 할 것, (3)
종물이 주물에 부속된다고 인정될 만한 장소적 관계에 있을 것, (4) 주
물과 종물이 동일한 소유자에게 속할 것1) 등이 요구된다. 주유소 건물
과 주유기는 모두 독립한 물건으로서 甲의 소유에 속하였고, 같은 주유
소에서 사용되었기 때문에 주유기가 주유소 건물에 부속되어 있다는

---

1) 제100조는 종물에 관하여 '자기 소유인 다른 물건'이라고 규정하고 있어 종물이 주물
소유자의 소유물인 것을 전제로 하고 있지만, 종물이 타인의 소유라고 하더라도 그 타
인의 권리를 해하지 아니하는 범위에서 제100조가 적용된다는 것이 통설의 입장이다.

장소적 관련성도 인정된다. 또한 주유기는 기름저장탱크에 연결되어 기름을 수요자에게 공급하는 기구로서 주유소 영업을 위한 건물이 있는 토지의 지상에 설치되어 있고 그 주유기가 설치된 건물은 주유소 영업을 위한 건물로 건축되어 있다. 따라서 주유기는 계속해서 주유소 건물 자체의 경제적 효용을 다하게 하는 작용을 하고 있으므로, 주유소 건물의 상용에 공하기 위하여 부속시킨 종물에 해당한다.[2] 주물인 주유소 건물의 처분으로 종물인 주유기에 대한 소유권도 乙에게 이전되었으므로 乙은 주유기를 분리하려는 甲을 저지할 수 있다.

---

[2] 대법원 1995.6.29. 선고, 94다6345 판결.

24. 원물과 과실

> **사 례**
>
> 음식점을 경영하는 甲은 인접한 乙의 토지를 자신의 것으로 생각하고 주차장으로 사용하고 있었다. 이때 甲은 乙의 토지에 사과나무가 있어서 사과를 따서 먹었다. 나중에 그 토지가 乙의 토지로 밝혀졌다면, 乙은 甲에게 토지의 반환과 함께 토지의 사용이익과 사과를 반환청구할 수 있는가?

乙의 甲에 대한 과실의 반환청구권(제201조, 제741조)

　　乙이 甲으로부터 반환받고 싶어하는 대상은 토지와 그 토지로부터 발생한 수익이다. 이와 같이 물건으로부터 발생하는 수익을 과실이라고 하며 과실을 발생하게 하는 물건을 원물이라고 한다. 사안에서 원물은 토지이며 과실은 토지의 사용이익과 사과이다. 여기서 과실을 또다시 나눌 수 있다. 물건의 용법에 의하여 취득하는 산출물을 천연과실이라고 한다(제101조 제1항). '물건의 용법에 의하여'란 원물의 경제적 용도에 따라 수취하는 과실을 말한다. 따라서 토지에 부합되어 있는 사과나무에서 수취한 사과는 사과나무의 경제적 용도에 따라 얻은 천연과실에 해당한다. 그리고 물건의 사용대가로 받은 금전 기타의 물건을 법정과실이라고 한다(제101조 제2항). 법정과실에는 가옥사용의 대가인 집세, 토지사용의 대가인 지료, 금전사용의 대가인 이자 등이 속한다. 물건을 무단으로 사용하여 얻은 이익은 엄밀하게 말하면 법정과실에 속하지 않으나, 물건을 무단으로 사용하면 사용료 내지 임대료 등에 상당하는 비용을 면하기 때문에 판례와 학설은 그에 해당하는 이득을 법정과실에 준하여 다루고 있다. 따라서 토지의 사용이익에는 법정과실에 관한 규정이 적용된다. 법정과실은 수취할 권리의 존속기간 일수의 비율로 취득하기 때문에(제102조 제2항) 甲은 토지를 사용한 기간 동안 면

한 임대료를 사용이익으로 얻었다.

　사안에서 원물을 소유자 乙이 반환청구할 수 있다는 점에서는 문제가 없다(제213조, 제741조). 그러나 문제는 과실을 반환청구할 수 있느냐이다. 천연과실은 원물로부터 분리되기 전에는 원물의 구성부분에 지나지 않으나, 분리와 동시에 독립한 물건이 된다. 이때 천연과실은 수취할 권리자에게 귀속한다(제102조 제1항). 과실수취권은 원칙적으로 원물의 소유자가 갖지만(제211조), 예외적으로 지상권자(제279조), 전세권자(제303조), 유치권자(제323조) 등도 과실수취권을 가질 수 있다. 사안에서 甲은 과실수취권을 갖지 않았으나, 자신을 토지 및 그에 부합된 사과나무의 소유자라고 생각하고 있었으므로 자신은 과실수취권을 갖고 있다고 믿었다. 이와 같이 자신에게 과실수취권이 있다고 믿은 선의의 점유자는 원물로부터 생긴 과실 및 원물의 이용으로 얻은 수익을 제201조 제1항에 의하여 반환하지 않아도 된다.[1] 따라서 선의인 甲은 사과와 임대료 상당의 사용이익을 반환할 필요가 없다.[2] 그러나 물론 토지는 반환해야 한다.

---

[1] 대법원 1981.9.22. 선고, 81다233 판결.

[2] 선의의 점유자라도 본권에 관한 소에서 패소하면 그 소가 제기된 때부터 악의의 점유자로 보게 된다(제197조 제2항). 여기서 '소가 제기된 때'란 구체적으로 소장 부본이 피고에게 송달된 때를 의미한다(대법원 2016.12.29. 선고 2016다242273 판결).

25. 법률행위와 사실행위

정신병을 앓고 있어 의사무능력 상태에 있는 甲은 집 옆에 있는 乙의 쌀가마를 자신의 것으로 착각하여 쑥떡을 만들었다. 쌀가마가 없어져서 찾던 乙은 이 사실을 알게 되어 甲에게 떡을 달라고 요구하였다. 이에 甲의 아내는 甲이 노동력을 투여하였으므로 쌀값만 보상을 하고 떡을 돌려줄 수는 없다고 주장한다. 그에 반하여 乙은 甲이 의사무능력자이므로 가공에 의하여 떡의 소유권을 취득하지 못하였다고 주장한다. 누구의 주장이 타당한가?

乙의 甲에 대한 소유물반환청구권(제213조)

(1) 가공에 의한 소유권 귀속

乙이 甲에 대하여 떡을 인도하라고 요구할 수 있기 위해서는 자신 소유의 쌀로 만들어진 떡에 대하여 소유자이어야 한다. 그런데 사안에서 甲이 乙의 쌀을 재료로 사용하여 떡이라는 새로운 물건을 만듦으로써 가공이 일어났다. 가공의 경우 원칙적으로 가공된 물건의 소유권은 원재료의 소유자에게 속하지만, 가공으로 인한 가액의 증가가 원재료의 가액보다 현저히 다액인 때에는 가공자의 소유에 속하게 된다(제259조 제1항). 사안에서 甲이 투여한 노력과 재료까지 생각해 본다면 가공으로 인한 가액의 증가가 현저하므로 이 규정에 의하여 甲은 떡의 소유자가 되었다.

(2) 사실행위에 대한 의사무능력제도의 적용여부

乙이 주장하는 것처럼 의사무능력이 가공에 의한 소유권취득에 영향을 미치기 위해서는 가공이 법률행위이어야 한다. 법률행위라고 함은 일정한 법률효과의 발생을 목적으로 하는 하나 이상의 의사표시를 불가결의 구성요소로 하는, 법률적으로 의미 있는 행위를 말한다. 즉, 법률행위를 통하여 당사자는 일정한 법률효과의 발생을 원하는 의사를 표시하고 법률효과의 내용은 의사표시의 내용에 의하여 정해진다. 이와 같이 당사자의 의사를 근거로 한 법률행위의 경우에는 행위자에게 의사를 형성할 수 있는 의사능력이 존재해야만 유효할 수 있다.

가공에 의한 소유권취득은 행위자의 의사와 상관없이 제259조 제1항이라는 법률규정에 의하여 정해진다. 가공은 타인의 물건에 변경을 가하는 행위만 있으면 되고, 가공을 통하여 소유권을 취득하는 자가 가공을 통하여 소유권을 취득하려는 의사가 있었는지는 요건이 아니다. 이와 같이 의사를 표시하는 행위가 아니면서 행위자의 의사와 상관 없이 법률이 일정한 법률효과를 부여하는 모든 법률적으로 의미 있는 행위를 사실행위라고 한다. 사실행위의 경우 사실행위가 요건이 된 법률규정에 의하여 법률효과가 발생하며, 이때 당사자가 이러한 법률효과를 발생시킬 의사를 갖고 있었는지는 중요하지 않다는 점에서 사실행위는 법률행위와 다르다. 사실행위의 경우 의사를 표명하는 행위가 없으므로 사실행위에 대하여는 법률행위의 규정을 직접 적용하거나 유추적용할 수 없다.[1]

사실행위가 유효하기 위해서는 의사능력이 요구되지 않으므로 사안에서 의사무능력자인 甲은 乙의 쌀을 가공하여 쑥떡에 대한 소유권을 취득하였다. 그러므로 甲의 아내의 주장이 타당하다.

---

1) 다만 의사적 요소가 강한 사실행위에 대하여는 유추적용이 가능할 수 있다는 견해로 이영준, 171면.

26. 준법률행위

사 례　미성년자 甲은 법정대리인의 동의 없이 乙과 매매계약을 체결하였다. 甲이 성년이 되자 乙의 대리인 丙은 乙의 명의로 甲에게 1개월을 정하여 매매계약의 추인여부의 확답을 최고하였다. 아무런 대답 없이 두 달이 지난 후 乙이 甲에게 매매대금의 지급을 청구하자, 甲은 乙이 직접 최고를 한 적이 없다는 이유로 매매계약의 취소를 주장한다. 가능한가?

乙의 甲에 대한 매매대금지급청구권(제563조, 제568조 제1항)

(1) 취소권의 성립과 그 소멸

미성년자 甲이 법정대리인의 동의 없이 쌍무계약인 매매계약을 체결하였으므로 이 매매계약은 취소할 수 있다(제5조 제1항). 그런데 乙의 대리인 丙이 한 추인여부의 최고로 인하여 취소권이 소멸하였는지가 문제된다. 왜냐하면 무능력자의 상대방은 무능력자가 능력자가 된 후에 이에 대하여 1월 이상의 기간을 정하여 그 취소할 수 있는 행위의 추인여부의 확답을 최고할 수 있고 능력자로 된 자가 이 기간 내에 확답을 발하지 아니한 때에는 그 행위를 추인하는 것으로 보기 때문이다(제15조 제1항). 사안에서 미성년자인 甲이 성년이 된 후 1개월의 기간을 정하여 최고를 하였고, 그 기간 내에 확답을 발하지 않았다.

(2) 최고에 대한 대리규정의 적용여부

다만 매매계약의 상대방인 乙이 아니라 乙의 대리인 丙이 최고를 하였기 때문에 최고의 효력이 발생하였는지가 문제가 된다. 대리인 丙

이 한 최고의 효력이 乙에게 귀속되기 위해서는 대리에 관한 규정이 적용되어야 한다. 그런데 대리제도는 원칙적으로 법률행위에 대해서만 인정된다. 丙이 한 최고를 통하여 丙은 甲에게 1개월의 기간을 정하여 추인할지의 여부를 알려줄 것을 요구하는 의사를 통지하였다. 이와 같은 의사의 통지는 제15조 제1항의 법률요건이 되어 추인이라는 법률효과를 가져온다. 그러나 추인이라는 법률효과는 丙이 한 최고가 의욕한 법률효과는 아니다. 丙은 최고를 통하여 추인이 되는 것을 원한 것이 아니라, 추인여부의 확답을 받으려고 한 것이다. 따라서 추인이라는 법률효과는 丙이 원하였기 때문에 발생한 것이 아니라 최고를 요건으로 하는 제15조 제1항의 법률규정이 충족되었기 때문에 발생한 것이다. 따라서 최고는 법률행위가 아니며 법적으로 의미 있는 행위를 통하여 일정한 의사를 표시하는 것이기는 하지만, 그 의사는 이 행위가 요건이 되는 법률규정에서 규정하고 있는 법률효과와는 상관이 없으며 이러한 행위를 준법률행위라고 한다. 따라서 대리에 관한 규정이 이와 같은 준법률행위에 직접 적용될 수 없으나 유추적용될 수 있는지가 문제된다.

준법률행위는 의사, 관념, 감정 등을 통지 내지 표시하는 것이므로 사실행위보다는 법률행위에 더 가깝다. 왜냐하면 발생하게 되는 법률효과가 간접적으로나마 의사를 표시하는 행위에 의존하고 있기 때문이다. 따라서 법률행위에 관한 규정들이 그 보호목적에 합당하다면 유추적용될 수 있다. 준법률행위라도 대리인을 통하여 행사될 필요성이 있으므로 대리에 관한 규정은 준법률행위에 유추적용될 수 있다.[1]

대리에 관한 규정이 유추적용되므로 대리인 丙이 乙을 위하여 한 최고는 乙에게 효력을 발생하였다(제114조 제1항 유추적용). 그에 따른 추인의 효과가 제15조 제1항에 의하여 발생하였으므로 甲은 취소권을 더 이상 행사할 수 없다.

---

1) 관념의 통지인 채권양도의 통지에 대리에 관한 규정의 유추적용을 인정한 판례로 대법원 1997.6.27. 선고, 95다40977 판결.

Ⅱ. 의사표시의 구성요소

27. 묵시적인 표시행위

사 례

A회사에서 운영하는 주차장 입구 표지판에는 "주차료—시간당 3천원"이라고 표기되어 있었다. 하지만 甲은 유료주차장이라는 사실을 모른 채 A회사의 주차장에 자동차를 세웠다. 1시간 후에 甲이 주차장에서 나가려고 할 때 甲은 A회사에 주차료를 지급해야 하는가?

A회사의 甲에 대한 임대료청구권(제618조)

A회사가 甲에게 주차료의 지급을 청구하기 위해서는 A회사와 甲 사이에 임대차계약이 유효하게 성립했어야 한다.[1] 이를 위해서는 청약과 승낙의 의사표시가 있어야 하고, 청약의 의사표시와 승낙의 의사표시가 일치해야 한다. A회사가 주차장 입구에 설치한 표지판은 아직 청약의 유인에 불과하므로 이에 응하여 甲이 청약을 했는지가 문제된다. 甲의 명시적인 청약의 의사표시는 없었으나, 자동차를 주차장에 세우는 것이 임대차계약을 체결하겠다는 청약의 의사표시를 묵시적으로 표시한 것으로 볼 수 있는지가 문제된다.

---

1) 차량의 감시·보호가 주된 내용인 경우에는 임치계약의 성질이 있으며 거래관계의 구체적 사정에 따라 임치, 주차장소의 임대차 또는 양자의 혼합계약이 성립될 수 있다[주석민법 채권각칙(4)/안법영, 497면 이하 참조].

　　의사표시라 함은 일정한 법률효과의 발생을 목적으로 하는 의사를 표시하는 행위를 말한다. 따라서 의사표시가 존재하기 위해서는 실제로 의사를 외부로 표시하는 표시행위가 요구된다. 표시행위는 보통 언어 · 문자로 행하여지지만 머리를 끄덕거리거나 손을 드는 등의 일정한 거동에 의하는 경우도 있다.2) 의사표시는 표시행위의 모습에 따라 명시적 의사표시(언어 · 문자 등으로 명시적으로 표시되는 것)와 묵시적 의사표시(일정한 행위로부터 간접적으로 특정의 의사를 미루어 짐작할 수 있는 것, 추단적 의사표시)로 구분할 수 있다.3)

　　사안에서 甲이 주차장에 차를 세운 것은 임대차계약을 체결하겠다는 묵시적 의사표시를 한 것으로 볼 수 있다. 이에 응하여 주차시설을 사용할 수 있도록 장소를 제공한 것이 A회사의 묵시적 의사표시에 의한 승낙이라고 볼 수 있다. 따라서 청약과 승낙이 존재하였다. 또한 청약과 승낙의 의사표시는 모두 표지판에 기재된 조건으로 계약을 체결하겠다는 내용으로 해석될 수 있다. 그러므로 A회사는 甲에게 1시간 주차료에 해당하는 3000원을 청구할 수 있다.4)

---

2) 최근에 이와 관련하여 자동화된 의사표시 및 전자적 의사표시가 논의되고 있다. 자동화된 의사표시는 현금자동지급기, 자동판매기 등의 기계설비에 의하여 의사표시가 이루어지는 경우를 말한다. 이 경우에도 결국 정보입력 등을 사람이 함으로써 기계가 이에 따라 의사표시를 하게 되기 때문에 자동화된 의사표시도 통상의 의사표시와 동일하다고 볼 수 있다.

3) 이와 같은 구별의 실익이 없다는 견해(곽윤직 · 김재형, 258면)가 있는 반면, 구별의 실익을 인정하는 견해(이영준, 111면; 이은영, 454면)도 있다.

4) 주차장을 이용하면서 이용자가 명시적으로 계약체결을 거부한 경우에 관하여 사실적 계약관계의 적용 여부 등에 관하여 자세한 것은 백태승, "사실적 계약관계론—독일의 주차장사례를 중심으로," 고시연구 1998.6, 80면 이하.

28. 행위의사

사 례

쇼핑몰 A에 입주하여 옷 가게를 운영하고 있는 甲은 임대기간이 끝나게 되었다. 재계약을 체결하려고 하자, 쇼핑몰 A측에서는 보증금을 3배 이상 올리려고 하였다. 이에 甲은 최근에 새로 지은 다른 쇼핑몰로 가게를 이전할 계획을 갖고 있었다. 그런데 쇼핑몰 A의 지시로 폭력배들이 동원되어 甲은 구타를 당하고, 결국 이러한 강압적인 분위기에서 보증금을 3배 이상 인상하기로 하는 계약서에 서명하였다.

(1) 이 경우 甲과 쇼핑몰 A 사이의 계약은 성립하였는가?

(2) 甲은 계약의 효력을 부정하기 위하여 무엇을 주장할 수 있는가?

(1) 임대차계약의 성립

임대차계약이 성립하기 위해서는 甲이 서명한 의사표시의 효력이 유효해야 한다. 계약서에 서명한 행위는 임대차계약을 체결하려는 의사를 표시한 것으로 볼 수 있기 때문에 의사표시의 객관적 요건은 성립하였다. 그러나 의사표시로서 성립하기 위해서는 필수적 주관적 요건으로서 표의자에게 행위의사가 있어야 한다.[1] 표의자에게 행위의사가 없는 경우에는 객관적으로 의사표시가 존재한다고 보이더라도 이 행위를 표의자의 행위로 볼 수 없으므로 의사표시는 성립하지 않으며 그로 인한 법률효과도 발생하지 않는다.

행위의사는 일정한 행위를 한다는 인식과 의사를 말하는데, 특히 직접적인 신체적인 강요에 의하여 의사결정의 자유가 완전히 박탈된

---

[1] 행위의사를 따로 구분할 필요 없이 표시행위 개념 속에서 함께 고찰하려는 견해가 있다(곽윤직·김재형, 257면). 그러나 의사표시가 의식 있는 거동이어야 한다는 측면에서 수면중의 행위나 강제에 의한 거동은(즉, 행위의사가 없는 경우) 의사표시가 성립할 수 없다고 보고 있기 때문에 행위의사를 인정하는 견해와 결론에 있어서는 같다.

상황에서 의사표시가 이루어져 단지 법률행위의 외형만이 만들어진 것에 불과한 경우에는 행위의사가 없다(예: 사람의 손을 잡고 물리적으로 서명하도록 강제하거나, 총을 겨누고 서명하지 않으면 죽이겠다고 위협하여 서명하게 한 경우). 따라서 이러한 상황에서 행한 의사표시의 효력은 무효이다.[2]

사안에서 甲이 서명을 하게 된 것은 직접적인 신체적 강요에 의해서가 아니라, 자신의 독자적인 결정에 의하여 이루어진 것이다. 서명할 당시에 의사결정의 자유가 완전히 박탈된 상황은 아니었고 의사결정의 자유가 제한되는 정도에 그쳤기 때문에, 간접적인 신체적 강요에 의하여 의사결정이 이루어졌다고 하더라도 의사표시가 성립하는 데는 문제가 없다. 甲은 자신이 행위를 한다는 의사를 갖고 있었을 뿐만 아니라, 법률적으로 의미 있는 행위를 한다는 표시의사까지 가지고 있었다. 따라서 (일단) 임대차계약은 성립하였다.

(2) 무효사유의 주장 내지 취소권의 행사

그러나 사안에서 甲은 보증금을 3배 이상 인상하였다는 측면에서 불공정한 법률행위를 이유로 임대차계약의 무효를 주장하거나(제104조), 강박에 의한 의사표시였다는 이유로 의사표시의 취소를 주장하여(제110조 제1항) 계약의 효력을 소멸시킬 수 있다.

---

2) 대법원 2003.5.13. 선고, 2002다73708, 73715 판결.

29. 표시의사

사 례 매매계약의 체결을 목적으로 하는 주문서를 비서가 甲의 책상 위에 놓았다. 그런데 甲은 동창회 하계등산대회의 참가신청서라고 생각하고 주문서에 서명을 하였다. 비서가 이 주문서를 발송하여 물건이 배달되었다면 甲은 매매대금을 지불해야 하는가?

甲에 대한 매매대금지급청구권(제563조, 제568조 제1항)

(1) 매매계약의 성립

甲에 대한 매매대금지급청구권이 발생하기 위해서는 주문서에 서명한 것이 구속력을 가져서 매매계약이 성립했어야 한다. 주문서에 서명한 것은 객관적으로 일정한 법률효과의 발생을 목적으로 하는 의사를 표시한 것으로 볼 수 있기 때문에 의사표시의 객관적 요건은 존재한다. 또한 서명을 할 때 甲에게는 행위한다는 의사는 있었다. 따라서 주문서의 송부와 물건이 배달되었다는 사실로부터 매매계약이 성립하였다고 볼 수 있다.

(2) 주문한 의사표시의 취소가능성

그러나 甲은 법률관계의 형성을 목적으로 하는 의사표시를 한다는 사실을 모르고 단순히 친목을 목적으로 하는 동창회에 참가신청을 하는 것으로 생각하고 서명을 하였다(동창회 참가신청을 하는 것으로는 특별한 법적인 의무가 발생하는 것이 아니다). 표시된 내용이 법적인 의미를 갖는다는 점, 즉 의사를 표시함으로써 법률생활에 참가한다는 점을 알고 이를 원하는 의사를 표시의사라고 한다. 결국 사안에서 甲은 표시의사가 없었다.

표시의사가 없는 상태에서 표의자가 행위하였으나, 객관적으로 보았을 때 이러한 의사가 있는 것으로 판단되는 경우에 그 법률효과에 관하여 견해의 대립이 있다. 주관설[1]은 자신의 행위로 법률효과를 발생시킨다는 표의자의 (주관적) 인식을 의사표시의 구성요소로 본다. 즉 표시의사가 없는 경우에는 사적 자치에서 요구되는 자기결정의 요소가 결여되어 있기 때문에 의사표시는 성립하지 않는다고 한다. 이에 반하여 다수설인 객관설[2]에 의하면 법률적으로 중요한 행위를 한다는 인식이 없는 경우에도 유효한 의사표시가 인정된다. 표의자가 자신의 법률관계를 자신의 의사표시를 통하여 형성할 수 있는 가능성만 존재하면 충분하다고 한다. 표시의사가 없는 경우에는 자기결정에 의한 법률관계를 형성할 수 있는 가능성은 있었으나, 제대로 의사표시를 하지 못하였기 때문에 그에 따른 책임을 표의자가 부담하는 것이 타당하다고 한다. 다만 객관설에서도 표의자는 표시상의 착오를 이유로 하여 의사표시를 취소(제109조)함으로써 의사표시의 구속으로부터 벗어날 수 있다.

객관설은 의사표시가 존재한다고 신뢰한 자를 보호하는 동시에 표시인식 없이 행위한 자에게도 해당 의사표시를 취소하지 않음으로써 그 의사표시의 효력을 유지할 수 있는 가능성을 남겨두기 때문에 타당하다고 볼 수 있다. 甲이 착오를 이유로 해서 의사표시를 취소함으로써 甲은 매매대금지급의무를 면할 수 있다.

---

1) 이영준, 126면. 이 견해는 표시의사를 의사표시의 요소로 인정하더라도 대부분의 경우 규범적 해석에 의하여 표시의사가 존재한다고 해석되므로 의사표시로서 일응 효력을 발생한다고 하고 있으므로, 결국 객관주의에 접근하고 있다.

2) 곽윤직 · 김재형, 259면; 백태승, 106면 이하; 이은영, 453면.

Ⅲ. 의사표시의 효력발생

30. 상대방 없는 의사표시의 통지

사 례

강아지를 잃어버린 甲은 아파트 단지에 사진을 첨부하면서 "다음과 같이 생긴 강아지를 찾아 주는 사람에게는 10만원을 드립니다"라고 쓰여진 전단을 붙였다. 乙은 위의 전단을 보지 못하였으나, 甲의 강아지를 찾아 甲에게 돌려주었다. 이 경우 乙은 甲에게 10만원을 요구할 수 있는가?

乙의 甲에 대한 보수청구권(제675조)

乙이 甲에게 10만원을 요구하기 위해서는 乙과 甲 사이에 현상광고계약이 성립했어야 한다. 이를 위해서는 광고자가 어느 행위를 한 자에게 일정한 보수를 지급할 의사를 표시했어야 한다(제675조). 즉 사안에서 甲이 강아지를 찾아 주는 사람에게 10만원을 지급한다고 전단을 붙일 때 甲에게는 의사표시의 객관적 · 주관적 요소가 있었으므로 의사표시의 효력이 발생했는지가 문제된다.

의사표시의 효력발생과 관련하여 우리 민법은 상대방 있는 의사표시(동의 · 채무면제 · 상계 · 추인 · 취소 · 해제 · 해지)는 그 통지가 상대방에 도달한 때부터 그 효력이 생긴다고 규정하고 있다(제111조 제1항). 상대방 없는 의사표시(유언 · 재단법인의 설립행위 · 권리의 포기)에 관해서는 명문의 규정이 없으나, 학설은 의사표시가 통지되면 효력을 발생한다고 해석하고 있다.[1] 상대방 없는 의사표시에서 통지가 인정되기 위해서는 의사가 종국적으로 표시되면 충분하나, 상대방 있는 의사표시에서는 의사표시의 표의자가 상대방에게 도달할 수 있도록 필요한 모든 행위를 하였을 것(예를 들면 상대방에게 표명되거나 전송될 것)이 추가로 충족되어야 한다.[2] 사안에서 현상광고를 한 甲의 의사표시는 특정한 자를 대상으로 하지 않고 불특정 다수인을 상대방으로 한 상대방 없는 의사표시이므로 의사가 종국적으로 표시되면 효력을 발생한다. 甲이 전단을 붙이는 것을 통해 의사를 종국적으로 표시했으므로 이러한 의사표시가 乙에게 도달하지 않아도 효력이 발생한다.

　乙은 이 현상광고에서 정한 행위, 즉 강아지를 찾아 주는 행위를 완료하였으므로 보수를 청구할 수 있다. 이때 乙이 현상광고가 있다는 사실을 모르고 광고에 정한 행위를 하였다는 것은 중요하지 않다(제677조).

---

1) 곽윤직 · 김재형, 327면.
2) Larenz/Wolf, § 24 (Rdn. 3).

31. 상대방 있는 의사표시의 통지와 일탈된 법률행위

사 례

甲은 통신판매회사 A의 카탈로그를 보고 자전거 주문서를 작성하였으나, 아직 주문을 할지는 결정하지 못하고 주문서를 책상 위에 놓아두었다. 甲의 비서는 甲이 주문서를 보내는 것을 잊어버린 줄 알고 주문서를 우편봉투에 넣어 A에게 발송하였다. 이 경우 甲과 A 사이에 계약이 성립하였는가?

甲과 A 사이에 계약이 체결되기 위해서는 청약과 승낙의 의사표시가 있어야 한다. 통신판매에서 카탈로그는 청약의 유인에 해당하기 때문에 甲이 주문서를 보내는 것이 청약의 의사표시에 해당한다. 청약의 의사표시는 상대방 있는 의사표시이므로 상대방에게 의사표시가 통지되어 도달해야 효력을 발생한다(제111조 제1항). 사안에서 과연 甲의 통지가 있었느냐가 문제된다.

(1) 甲에 의한 의사표시의 통지

상대방 있는 의사표시는 (1) 의사가 종국적으로 표시되고, (2) 표의자가 상대방에게 도달할 수 있도록 필요한 모든 행위를 하면 통지가 인정된다. 따라서 의사표시가 표의자의 인식과 의욕하에 통지되어 통상의 경우 표의자가 더 이상 노력함이 없이 의사표시가 수령자에게 도달할 수 있어야 한다. 대화자 사이에서 구두에 의한 의사표시는 상대방이 의사표시를 들을 수 있도록(요지할 수 있도록) 상대방을 향하여 말한 경우에 통지가 인정된다. 반면에 대화자 사이에 서면에 의하여 의사표시를 하는 경우에는 서면이 작성되었을 때가 아니라, 서면을 상대방에게 인도한 경우에 통지를 한 것으로 볼 수 있다. 격지자 사이에서 서면에 의한 의사표시를 하는 경우에도 서면을 작성하고 상대방에게 도달하기 위한 모든 과정을 완료한 때 통지가 인정된다.[1] 사안에서 甲은 아직 주 문서를 작성만 한 상태이고 우편봉투에 넣지도 않았기 때문에 의사가 종국적으로 표시되었다고 볼 수 없다. 따라서 甲의 행위에 의한 통지는 없었다.

(2) 甲의 비서에 의한 통지와 일탈된 법률행위의 효력

통지행위는 甲의 비서가 甲의 의사에 반하여 한 것이다. 이와 같이 통지의 의사 없이 당사자의 의사표시가 타인에 의하여 통지된 사안을 소위 '일탈된 법률행위'라고 한다.

일탈된 법률행위에 관하여 행위의사가 존재하지 않은 경우와 동일 하게 보아 행위자의 책임으로 돌아갈 수 있는 행위가 존재하지 않으므 로 의사표시로서 성립하지 않는다고 보는 견해가 있다.[2] 다만 표의자 가 후에 이를 알고 지체 없이 이의하지 않은 경우에는 그 의사표시의 통 지를 사후적으로 추인한 것으로 보아 흠결이 치유된다고 한다. 따라서 이 견해에 따르면 상대방이 그 편지를 받았더라도 아무런 효력을 갖지 않으며, 다만 甲은 지체 없이 A에게 통지할 의사 없이 편지가 보내졌다 는 사실을 알려야 한다. 이에 반하여 일탈된 법률행위는 비진의표시(제 107조)에 준하여 해결해야 한다는 견해도 있다.[3] 이 견해에 따르면 상 대방이 통지의 의사 없이 편지가 보내졌다는 사실을 알지 못하는 이상 유효하다.

기본적으로 일탈된 법률행위에서 표의자에게 통지를 하려는 의사 가 없다는 사실도 중요하지만, 이러한 사정을 모르는 수령자의 보호를 위해서는 일정한 경우에 의사표시는 유효하게 성립한다고 보아야 한 다. 따라서 표의자측에 잘못이 있다면 의사표시의 효력을 인정해야 하

---

1) Larenz/Wolf, § 24 (Rdn. 4).
2) 이은영, 556면; 이영준, 417면; 김상용 · 전경운, 534면; 백태승, 218면.
3) 곽윤직 · 김재형, 353면.

지만, 표의자측에 과실이 없는 경우(예를 들어 의사표시의 내용이 담긴 편지를 도둑이 훔친 경우)에는 의사표시의 통지는 없는 것으로 보아야 한다.[4] 사안에서 편지가 보내진 사정을 살펴보면, 책상 위에 서명해서 놓은 편지를 甲의 비서가 평상시처럼 업무의 일환으로 알아서 보낸 것으로 볼 수 있고 이러한 사정은 표의자 측 영역에서 발생하였다. 따라서 일단 甲의 의사표시는 성립하였다고 볼 수 있다. 그러나 이와 같이 통지의사가 없는 경우는 표의자가 자신의 의사를 표시하는 행위를 하였지만 아직 통지여부를 결정하지 못하였으므로 행위가 전혀 없었다고 볼 수 없고, 통지의사가 없었을 뿐이므로 이 경우는 표시의사가 없는 경우와 비슷하다. 즉 편지를 쓴 甲의 입장에서는 편지의 법률적 의미내용을 알고 있지만, 아직 법률적으로 의미 있는 행위를 할 의사가 없었던 것으로 볼 수 있다. 따라서 제109조를 유추적용하여 표의자는 착오로 인한 취소권만을 행사할 수 있으나, 취소권 행사를 하기 전에는 기본적으로 편지를 통한 청약의 의사표시는 유효하다. 사안에서 아직 취소권을 행사하지 않았으므로 계약은 일단 유효하게 성립하였다.

---

4) Larenz/Wolf, § 24 (Rdn. 5).

32. 격지자 사이의 의사표시의 도달

사 례

甲은 乙의 원룸을 임차하여 살고 있었다. 乙은 계약기간이 만료되어 계약을 해지하고 싶어서 甲에게 해지하겠다는 내용의 등기우편을 보냈다. 5월 1일 우편배달부 A는 등기우편을 배달하려고 하였으나, 甲이 집에 없어서 등기우편이 왔다는 쪽지만 우편함에 남겨 두고 등기우편은 원룸관리실에 맡겨 두었다. 甲은 쪽지를 그날 저녁에 보았으나, 잊고 있다가 5월 5일이 되어서야 우편물을 찾았다. 5월 3일까지 해지를 했어야 했다면 기간 내에 해지가 된 것인가?

계약의 해지는 상대방 있는 의사표시이므로 상대방에게 도달된 때 효력을 발생한다(제111조 제1항). 우리 민법은 상대방이 격지자이냐 또는 대화자이냐를 구별하고 있지 않으므로 이러한 구분을 할 필요없이 제111조 제1항을 항상 적용해야 한다는 입장이 다수의 견해를 차지하고 있다. 격지자 사이의 의사표시에서 도달이란 사회통념상 채무자가 통지내용을 알 수 있는 객관적인 상태에 놓여졌다고 인정되는 상태라고 해석되므로, 채무자가 이를 현실적으로 수령하였다거나 그 통지의 내용을 알 필요까지는 없다.[1] 따라서 의사표시의 도달은 (1) '상대방 영역의 진입' 외에 (2) '상대방이 인식할 수 있는 상태에 있을 것'을 요건으로 한다.[2] 예를 들어 수령사자에 대한 전달, 우편함을 살펴보거나 자동

---

[1] 대법원 1983.8.23. 선고, 82다카439 판결; 대법원 1997.11.25. 선고, 97다31281 판결; 대법원 2010.4.15. 선고 2010다57 판결.

[2] 이에 반하여 의사표시의 도달은 의사표시가 상대방의 영역에 진입하는 것만으로 충분하고, 다만 상대방이 의사표시의 내용을 알 수 있었는가의 여부는 '기한 내에 도착하였는가의 문제'로 보아야 한다고 주장하는 견해가 있다(이영준, 476면; 이은영, 558면). 이 견해는 의사표시의 효력발생 시점을 결정하는 '도달'은 객관적으로 명확하게 판단할 수 있어야 하므로 '상대방의 영역 내의 진입'을 기준으로 하는 것이 타당하다고 한다.

응답기를 확인할 것으로 기대가능한 시간 내에 우편함 속으로 투입되거나 자동응답기에서 녹음되었다면 의사표시가 도달한 것으로 인정된다.

　본 사안에서는 우편배달부가 수취인을 만나지 못해서 등기우편이 왔으니 찾아가라는 통지서를 남긴 경우 언제 도달을 인정할 수 있는지가 문제된다. 이 경우 우편물을 찾아서 우편물의 내용을 인식하느냐의 여부는 수령자에게만 달려 있는 문제이기 때문에 도달이 있다고 보는 견해가 있다.3) 그러나 등기우편을 원룸관리실에 맡긴 경우에는 아직 등기우편이 상대방 영역으로 진입하였다고 볼 수 없다. 상대방은 자신의 지배영역으로 가져올 수 있는 가능성만 갖고 있기 때문이다. 또한 통지서를 통하여 수령자는 아직 발송자와 등기우편의 내용을 확인할 수 있는 방법도 없다. 그러나 일반적인 사정하에서 기대가능한 시점에 수령자가 등기우편을 찾아가지 않으면 그 시점부터 등기우편이 도달한 것으로 취급하는 것이 정당하다.4) 통상 등기우편은 중요한 내용을 담고 있는 것이 일반적이고, 우체국이 아니라 관리실에 맡겼기 때문에 甲은 이를 쉽게 찾아갈 수 있었다. 그러므로 늦어도 하루 내지 이틀 정도의 시간이 지난 후에는 등기우편물의 내용을 확인했어야 했다. 따라서 해지의 의사표시는 늦어도 5월 3일에는 이미 도달한 것으로 볼 수 있으므로 해지의 의사표시는 효력을 발생하여 기간 내에 해지가 이루어진 것이다.

---

3) 이영준, 477면; 이은영, 558면.
4) Larenz/Wolf, § 24 (Rdn. 24).

33. 대화자 사이의 의사표시의 도달

> **사 례**
>
> 甲은 휴가철을 맞아 가족과 함께 여행을 가기 위해서 A콘도에 예약을 하였다. 이때 甲은 전화상으로 7월 16일로 예약을 해달라고 부탁하였고 접수직원은 순간적인 통신두절로 인해 날짜를 정확히 듣지 못하였으나, 추가로 확인하지 않고 19일이라고 들은 것으로 판단하여 접수가 잘 되었다는 응답을 하였다. 甲이 가족과 함께 7월 16일에 콘도에 도착해 보니, A콘도는 빈 방이 없다고 한다. 접수직원이 잘못 들어서 甲의 이름으로는 7월 19일로 예약이 되어 있었다. 이 경우 계약은 7월 16일로 체결되었는가?

甲이 전화상으로 예약한 것은 청약에 해당한다. 甲이 한 청약의 의사표시의 통지내용은 "7월 16일"이었다. 본 사안에서 접수직원이 "7월 19일"로 잘못 들은 경우에 이 청약의 의사표시가 "7월 16일"로 도달했는지가 문제된다.

전화로 인한 의사표시는 대화자 사이의 의사표시로 본다. 격지자·대화자의 구별은 거리상의 개념이 아니라, 시간상의 개념이기 때문이다. 대화자 사이의 의사표시에서도 격지자 사이의 의사표시에서와 마찬가지로 도달로 의사표시의 효력이 발생하는지에 관하여 학설이 대립하고 있다. 서면에 의한 의사표시(유체적 의사표시)에서는 격지자 사이의 의사표시에서 적용되었던 원리가 그대로 적용된다. 이때는 수령자의 지배범위 내로 의사표시가 진입하면 되기 때문에 상대방에게 서면이 전달되면 도달이 인정된다. 그러나 구두에 의한 의사표시(무체적 의사표시)에 관해서는 학설이 대립하고 있다.

다수의 견해는 제111조 제1항이 적용된다는 측면에서 대화자 사이의 의사표시에서도 동일하게 상대방이 실제 인식하지 않더라도 인식할 수 있는 상태에 있으면 도달이 인정될 수 있다고 본다.[1] 즉 상대방이 듣기 어려운 사정이 있거나 제대로 듣지 않아서 실제 인식하지 못하였더라도 표의자가 그 원인을 제공하지 않았고 또 통상의 경우 인식할 수 있는 상태에 있다고 인정되면 도달한 것으로 보고 있다. 따라서 이 견해에 따르면 사안에서 甲은 제대로 "7월 16일"이라고 통지하였으므로 통상의 경우에는 제대로 된 내용으로 인식할 수 있는 상태에 있었기 때문에 도달한 것으로 된다. 이에 반하여 대화자 사이의 의사표시는 상대방이 음향을 "물리적으로 인식(요지)"한 때 의사표시의 효력발생을 인정할 수 있다는 견해가 있다.[2] 이 견해에 따르면 음향에 따라 인식하지 아니함으로써 발생하는 불이익은 표의자가 부담하게 된다. 그러나 의사표시의 상대방이 정확하게 의사표시의 내용을 이해할 필요는 없다. 잘못 이해한 것은 착오의 문제이기 때문이다. 다만 상대방이 귀를 막고 듣지 않거나 또는 수화기로부터 귀를 멀리하는 등의 사유로 인식하지 못한 경우에는 예외적으로 의사표시가 효력을 발생한 것으로 취급해야 한다고 보고 있다. 이 견해에 따르면 사안에서 상대방이 일부러 듣지 않으려고 한 예외적인 사정이 존재하지 않았고 정상적인 상황에서 의사표시의 내용을 제대로 듣지 못하였기 때문에 도달은 없는 것이 된다.

　기본적으로 대화자 사이에서 행해진 구두에 의한 의사표시가 효력을 발생하기 위해서는 상대방이 제대로 통지된 내용을 들어야만 상대방의 지배영역으로 의사표시가 진입한 것으로 보아야 한다. 왜냐하면 서면에 의한 의사표시와 달리 구두에 의한 의사표시는 내용을 추후에 다시 확인할 수 있는 방법이 없기 때문이다. 다만 의사전달에서 모든 위험을 표의자에게 돌리는 것은 타당하지 않으며 표의자가 정확하게 표현을 하였고 정상적인 사정을 기초로 해서 보았을 때 소리를 제대로 들었다고 믿을 수 있는 사정이 있었다면, 상대방이 실제로 제대로 듣지 못하였더라도 도달을 인정해야 할 것이다.[3] 이러한 경우에는 오히려 상대방이 다시 의사표시의 내용을 되묻는 책무를 부담하며, 상대방이 이러한 책무를 다하지 않았다면 그 불이익은 상대방이 부담해야 할 것

---

1) 백태승, 223면.
2) 이영준, 480면.
3) Larenz/Wolf, § 24 (Rdn. 29 ff.).

이다.[4)]

　　콘도예약에서와 같이 전화예약을 받는 경우에는 상대방이 제대로 듣지 못하여 확인을 하지 않는 한 표의자는 상대방이 예약내용을 모두 올바르게 들었다고 기대하게 된다. 따라서 A콘도의 접수직원이 제대로 듣지 못하였다면 예약내용을 확인할 책무가 있으며, 이러한 책무를 사안에서 A콘도의 접수직원이 이행하지 않았으므로 "7월 16일"의 내용으로 의사표시의 효력이 발생한 것으로 보아야 한다. 다만 A콘도는 착오를 이유로 해서 의사표시를 취소할 수 있다(제109조 제1항).

---

　4) 이에 관하여 자세한 것은 이병준, "대화자 사이의 무체적 의사표시의 효력 발생," 재산법연구 24권 1호, 2007, 1면 이하 참고.

34. 전달자를 통한 의사표시의 도달

사 례

김치공장 사장 甲은 배추농장 사장 乙에게 대량의 배추를 시장가격에 주문하는 주문서를 보냈다. 그 후 다른 배추농장으로부터 유기농 배추를 같은 값으로 판다는 제안을 받자 甲은 乙에게 한 주문을 철회하기로 결정하였다. 다음 날 아침 乙의 배추농장에 전화를 걸었는데 청소부 丙이 전화를 받았고, 丙으로부터 사무가 시작되면 사장 乙에게 철회의 의사를 전달하겠다는 약속을 받았다. 그런데 丙은 그 소식을 전하는 것을 잊고 다음 날에 비로소 사장 乙에게 철회의 의사를 전하였다. 그러나 사장 乙은 전날에 이미 편지를 받고 곧바로 주문에 승낙하는 편지를 보낸 상태였다. 甲은 주문한 배추를 사야 하는가?

의사표시는 발신 후 그 도달 전에 이를 철회하여 그 효력발생을 막을 수 있다. 즉 甲이 한 청약철회의 의사표시가 청약의 의사표시 이전에 또는 청약과 동시에 상대방에게 도달하면, 청약의 효력은 발생하지 않는다. 사안에서는 철회의 의사표시의 도달시점이 언제인지가 문제된다. 도달시점은 전달자인 청소부 丙이 의사표시를 수령할 수 있는 권한이 있는 수령사자인가, 아니면 수령권한이 없는 표의자 甲의 표시사자인가에 따라 결정된다. 수령사자인 경우에 의사표시는 수령사자에게 도달한 때에 효력이 발생하며, 수령사자에 의하여 잘못 전달될 위험은 수령자가 부담한다. 반면에 표시사자인 경우에는 수령자에게 의사표시가 전달된 때에 도달이 인정되고, 표시사자에 의하여 잘못 전달될 위험은 표의자가 부담한다. 그러므로 수령사자인 경우에는 丙이 전화를 받은 때에 철회의 의사표시의 효력이 발생하고, 표시사자인 경우에는 의사표시의 상대방인 사장 乙에게 전달한 때에 효력이 발생한다.

수령사자가 되기 위해서는 수령권한이 있을 것이 요구된다. 의사표시의 상대방에 의하여 수령사자로 선임되었거나, 거래통념상 그 의사표시의 수령사자로 인정할 수 있는 경우에 수령권한이 인정된다. 본 사안에서 청소부 丙이 乙에 의하여 수령사자로 선임된 사실이 없으므로 거래통념상 철회의 의사표시를 수령할 수 있는 권한이 있는지를 검토해야 한다. 청소부 丙은 배추농장의 직원이지만, 업무의 성질상 영업에 관한 사항과는 관련이 없다. 또한 단순한 편지와 같은 서면에 의한 의사표시의 전달에서는 수령권한이 인정될 수 있으나, 전화를 통한 구두에 의한 의사표시에서는 전달이 잘못될 가능성이 크기 때문에 수령권한을 인정함에 있어서 더 엄격하게 판단해야 한다. 일반적으로 계약 체결과 관련된 구두에 의한 의사표시에서 비서와 그 외의 사무직원 등은 수령권한이 인정될 수 있으나, 청소부는 수령권한이 인정될 수 없다. 따라서 청소부라고 밝힌 자는 수령사자가 아니라 표시사자에 불과하다.

　　본 사안에서 청소부 丙은 수령권한이 없는 甲의 표시사자에 해당하므로 다음날 丙이 乙에게 철회의 의사를 전달한 때에 철회의 의사표시가 효력을 발생하였다. 철회의 의사표시는 명백히 주문서보다 늦게 도달하였으므로 청약의 효력이 발생하는 것을 막지 못한다. 청약에 상응하는 乙의 승낙이 있었으므로 매매계약은 성립하였고 甲은 주문한 배추를 살 의무를 부담한다.

Ⅳ. 법률행위의 해석

35. 상대방 있는 의사표시의 해석(객관적 해석)

> **사 례**
>
> 결혼 10주년을 맞이한 甲은 아내에게 특별한 선물을 할 계획이었는데, 마침 전자우편함을 열어보니 A호텔의 광고메일이 도착해 있었다. 그것은 주말 패키지로 스위트룸을 20만원에 사용할 수 있다는 내용이었다. 甲은 특급호텔에서 아내와 결혼기념일을 보내면 낭만적일 것이라고 생각하고, 곧바로 전자우편을 통해 연결된 호텔의 예약페이지에 가서 예약을 마쳤으나, 예약페이지에는 가격에 관한 내용은 없었다. 甲이 결혼기념일을 A호텔에서 잘 보내고 프론트에서 계산을 하려고 보니, A호텔에서는 20만원은 직원의 실수로 잘못 입력된 것이고 실제로는 객실료가 40만원이기 때문에 40만원을 달라고 요구한다. 甲은 어떠한 금액을 객실료로 지불해야 하는가?
>
> 【변형】 예약페이지에 패키지 가격이 40만원이라고 기재되어 있었으나, 甲이 주의 깊게 보지 않아 20만원이라고 생각하고 계약을 체결한 경우는?

A의 甲에 대한 차임지급청구권(제618조)

A와 甲 사이에는 스위트룸의 일시사용을 목적으로 하는 임대차계약이 체결되었다. 이때 차임이 20만원인가 아니면 40만원인가는 계약을 체결할 때 당사자들이 한 의사표시의 해석을 통하여 확정해야 한다.

의사표시의 해석에 있어서 다양한 이해관계가 대립하고 있다. 표의자는 자신이 의도한 대로 의사표시의 내용이 확정되었으면 하고, 상대방은 자신이 이해한 내용이 표준이 되기를 원할 것이다. 그에 반하여 거래안전의 측면에서는 객관적으로 이해할 수 있는 내용이 표준이 되어야 할 것이다. 이와 같이 의사표시와 관련한 다양한 이해관계의 조절이 필요하고, 이로 인하여 해석의 목표 및 해석의 수단과 관련한 해석원칙이 각각 결정된다.

계약의 체결을 목적으로 하는 甲과 A의 의사표시는 모두 상대방 있는 의사표시에 해당한다. 상대방 있는 의사표시에서는 표의자가 의사표시를 통하여 의도한 주관적인 의사를 강하게 내세울 수 없다. 왜냐하면 상대방의 신뢰를 보호해야 하기 때문이다. 따라서 의사표시의 내용이 표의자가 의도한 내용과 객관적으로 다른 의미로 표시되었다면, 상대방이 표의자가 실제로 의도한 내용을 모르는 한도에서는 객관적인 의미로 의사표시의 내용이 확정된다. 따라서 상대방 있는 의사표시에서 해석의 목적은 "당사자의 내심의 의사가 어떤지에 관계없이 당사자가 그 표시행위에 부여한 객관적인 의미를 명백하게 확정하는 것"에 있다.[1] 그리고 해석수단은 표시행위에 사용된 문구뿐만 아니라, 이와 관련된 모든 정황이 포함된다.

사안에서 (A호텔의 광고메일은 청약의 유인에 불과하고) 甲이 예약페이지에서 한 청약의 의사표시는 상대방 있는 의사표시이기 때문에 A가 실제로 의도한 내용, 甲이 실제로 이해한 내용 모두가 의사표시의 표준이 되는 것이 아니라 객관적인 의미가 의사표시의 내용을 결정한다. 甲이 예약을 할 때에는 객실료에 대하여 별도로 언급한 바가 없었지만, 그 예약은 A의 광고메일로 연결된 예약페이지를 통하여 이루어졌기 때문에 광고메일을 기초로 그 의미내용을 확정해야 한다. A의 광고메일에는 객실료가 20만원으로 정해져 있었기 때문에, 당사자가 표시행위에 부여한 객관적 의미내용은 객실료 20만원이다. 따라서 A와 甲 사이에 체결된 임대차계약에 기하여 A는 20만원만을 객실료로 요구할 수 있다 [다만 A는 착오를 이유로 해서 취소할 수 있는지가 문제될 수 있으나(제109조 제1항), A측에 중과실이 있기 때문에 착오를 이유로 의사표시를 취소할 수 없다].

---

1) 대법원 1999.11.26. 선고, 99다43486 판결.

　　【변형】　이 경우에는 甲이 한 예약내용에 40만원으로 기재되어 있으므로 甲이 한 의사표시의 내용은 객실료 40만원이다(A호텔의 광고메일은 청약의 유인에 불과하므로 이 경우에는 의사표시의 내용의 전제가 되지 못한다. 다만 A호텔에서 광고메일을 통하여 甲의 착오를 유발하였으므로 甲은 착오를 이유로 취소할 수 있다).

36. 잘못된 문구와 의사표시의 해석
(오표시무해의 원칙)

사례

甲은 10년간 국가 소유인 A 토지를 점유하고 그 지상에 건물을 짓고 사용하고 있었다. 그런데 甲은 A 토지를 국가로부터 매수하는 과정에서 잘못하여 인접하여 있던 B 토지의 지번을 신청서에 기재하여 매수신청을 하게 되었으나, B 토지의 지번에도 불구하고 국가도 甲이 A 토지에 대하여 매수신청을 하는 것으로 생각하고 매매계약을 체결하고 B 토지를 甲 명의로 소유권이전등기를 하였다.[1] 이 경우
(1) 매매계약은 어느 토지에 대하여 성립하였는가?
(2) 甲은 어느 토지에 대한 소유권을 취득하였는가?

(1) 매매계약의 성립

매매계약이 성립하기 위해서 당사자 사이의 합의를 통하여 매매목적물이 확정되어야 한다. 문제는 사안에서 甲이 10년간 점유·사용해 오던 A 토지에 대하여 국가에 매수신청을 하려고 하였으나 잘못하여 인접한 B 토지의 지번을 매수신청서에 기재하였고, B 토지의 지번으로 매매계약이 체결되고 등기도 B 토지의 지번으로 이루어졌다는 점이다. 이때 국가도 A 토지에 대한 매매인줄 알고 계약을 체결한 경우 당사자의 법률행위를 어떻게 해석할지가 문제된다.

무엇이 매매계약의 목적물이 되었는지는 의사표시의 해석을 통하여 확정해야 한다. 계약에서 사용한 문구의 의미로만 본다면 B 토지가 매매목적물인 것으로 보이나, 계약을 체결하게 된 전체의 정황을 살펴본다면 A 토지가 매매계약의 대상이 되었고 국가도 A 토지를 팔려고

---

1) 대법원 1993.10.26. 선고, 93다2629, 2636(병합) 판결 변형.

했음을 알 수 있다. 이와 같이 상대방 있는 의사표시에서 표의자가 표시행위를 잘못하였음에도 불구하고 상대방이 그 표시가 잘못되었음을 알고, 나아가 표의자의 진의가 무엇인지도 알았을 경우, 즉 당사자 사이에 진정한 의사의 합치가 있다고 볼 수 있는 경우에는 당사자가 원한 대로 의사표시의 내용이 확정된다(Falsa demonstratio non nocet의 원칙, 오표시 무해의 원칙). 이 경우 표시행위를 통하여 이루려고 했던 본래의 목적인 의사의 전달은 달성되었다고 볼 수 있다. 잘못된 표시에도 불구하고 표의자가 의도한 진정한 내용을 상대방이 이해하였고, 그러한 내용으로 법률행위를 하려고 하였으면 잘못 표시된 내용을 강제할 필요가 없다.[2] 이때에는 당사자들이 실제로 이해한 내용을 의사표시의 내용으로 확정하면 충분하다. 따라서 비록 양 당사자가 신청서 및 계약서 등에 B 토지의 지번으로 잘못 기재를 하였더라도 당사자가 본래 의도한 A 토지에 대한 매매계약이 성립하였다.

(2) 토지소유권의 변동

甲이 A 또는 B 토지의 소유권을 취득하기 위해서는 A 또는 B 토지를 목적으로 한 물권적 합의와 등기가 있어야 한다(제186조). 당사자 사이에 모두 A 토지의 소유권을 이전하려는 의사가 있었으므로 물권변동을 목적으로 하는 물권적 의사표시의 합치로 성립하는 물권적 합의도 A 토지에 대하여 유효하게 이루어졌다고 볼 수 있다.

다만 등기의 경우에도 물권적 합의처럼 객관적으로 드러나지 않은 사정을 기초로 해서 의사표시의 내용을 확정할 수 있는지가 문제된다. 하지만 부동산등기의 경우 해당 부동산의 등기부에 등기가 이루어져야 한다는 사실을 고려하면 본 사안은 등기의 해석문제라기보다는 어느 부동산의 등기부에 우선 등기가 이루어졌는지를 먼저 살펴보아야 한다. 본 사안에서는 B 토지 등기부에 소유권이전등기가 이루어졌다. 그러므로 A 토지의 등기는 없는 것이고, B 토지에 대한 등기는 물권행위

---

2) Larenz/Wolf, § 28 (Rdn. 31).

와 등기가 일치하지 않는 원인무효의 등기가 되어 그 효력이 없다.[3] 결국 甲은 A 토지에 대한 매매계약을 유효하게 체결하였지만, 아직 공시방법인 등기를 갖추지 못하였으므로 A 토지에 대한 소유권을 취득하지는 못하였다.

---

3) 대법원 1993.10.26. 선고, 93다2629, 2636(병합) 판결.

37. 유언의 해석(주관적 해석)

사 례

학자이자 수집가인 甲은 유언을 남기고 사망하였다. 유언서에는 법과대학생인 손자 乙에게 "보석"을 주고 싶다는 내용이 있었다. 그런데 유언을 집행하는 甲의 자녀들은 평소 甲이 "보석"으로 칭하였던 법학서적을 乙에게 주려고 한다. 甲은 실제 오랜 여행을 통하여 수집한 보석이 있는데, 이 보석을 甲이 평소 "보물"로 칭했다고 한다. 이에 대하여 乙은 甲의 평소 언어습관을 모르는 이상 객관적인 의미내용대로 수집품인 보석을 받고 싶어한다. 누구의 주장이 타당한가?

乙의 甲의 상속인에 대한 유증이행청구권

본 사안에서와 같은 특정적 유증의 경우 포괄적 유증의 경우와 달리 유증물은 상속재산으로서 일단 상속인에게 귀속되며, 수증자는 상속인에 대하여 유증의 이행을 청구할 수 있다.[1] 특정유증의 대상이 된 특정물이 법학서적인지, 아니면 보석인지는 유언의 해석을 통하여 확정해야 한다.

유언은 그 효력을 발생하기 위하여 상대방에게 도달하지 않아도 되는 상대방 없는 의사표시에 해당한다. 상대방 없는 의사표시의 경우 상대방의 신뢰를 보호한다든가 거래의 안전을 기한다는 등의 고려는 전혀 필요가 없다.[2] 왜냐하면 유언자는 유언에 구속되지 않기 때문이다. 즉 유언자는 유언 또는 생전행위로써 유언을 철회할 수 있다(제1108조). 따라서 유언의 해석은 모든 자료를 참작하여 유언자가 실제로 갖고 있던 진정한 의사를 밝히는 것을 목적으로 한다. 유언자의 진의를 탐구

---

[1] 김주수 · 김상용, 친족상속법, 제18판, 2022, 820면.
[2] 이은영, 424면; 고상룡, 380면.

하려고 할 때 표의자가 이미 생존해 있지 않으므로 진의를 알 수 없는 경우가 많다.3) 유언의 해석자료로서 관습·임의법규·조리 등은 물론 유언 이외의 문서, 예컨대 일기·초고·수증자와의 특수관계·유언자의 재산상태 등이 있다.4) 여기에는 유언자의 언어습관도 포함되므로 유언자가 통상의 언어사용과 다른 언어습관을 가지고 있었다면 이 언어습관을 상대방이 모르고 있었더라도 이를 고려해야 한다. 甲의 유언의 해석에 따르면 甲은 평소 자신이 갖고 있었던 언어습관 대로 "보석"으로 칭하였던 법학서적을 乙에게 주고 싶어했던 것으로 보인다. 특히 법학공부를 하고 있는 乙의 사정을 생각하면 "보물"로 칭하였던 보석보다는 법학서적을 乙에게 주려고 했다고 해석된다. 즉 甲이 가지고 있던 평소의 언어습관 및 乙의 사정을 기초로 해석하면 甲이 乙에게 법학서적을 남기려고 했음을 알 수 있다.

하지만 유언은 일정한 방식을 갖추어야만 하는 요식행위에 해당한다. 요식행위의 해석과 관련하여 요식행위에서는 적어도 표의자의 진의가 객관적으로 표시행위 내에 시사되어야 한다는 견해가 있다.5) 이 견해에 따른다면 본 사안의 경우에는 보석이라는 표현을 통하여 법학서적을 남기려는 사실이 충분히 표현되었는지 문제된다. 그에 반하여 요식행위를 정하고 있는 규정의 목적에 따라 서면 이외의 다른 사정도 함께 고려할 수 있다는 견해가 있다.6) 즉 방식을 요구하는 목적이 경솔한 법률행위로부터 당사자를 보호하기 위한 경우에는(예를 들면 증여의 경우) 의사표시의 구체적인 내용이 반드시 서면에 시사될 필요가 없다고 한다. 반면에 방식을 요구하는 목적이 제3자의 이익보호를 위한 것인 때에는 서면에 시사된 내용만이 해석의 대상이 된다고 한다. 본 사안에서 유언은 유증을 받은 자뿐만 아니라 제3자인 상속인의 이해관계

---

3) 이러한 경우 유언자가 전혀 예상하지 않았던 사정변경이 발생한다면, 유언자가 가졌을 가상적 의사를 기초로 판단할 수밖에 없다. 따라서 유언자가 그러한 사정을 알았더라면 그 사정에 따라 유언을 고쳤을 것이 유언의 문언상 또는 유언 이외의 사유로부터 명백한 경우라면 이에 따라 해석해야 할 것이다(고상룡, 380면).

4) 김용한, 친족상속법, 보정판, 2003, 388면.

5) 독일 판례의 입장(Andeutungstheorie) – BGH NJW 1987, 2437 (2438).

6) 주석민법 총칙(2)/김형배, 386면 이하; Larenz/Wolf, § 28 (Rdn. 83 ff.).

와도 깊은 관련을 갖는다. 이 견해에 따르더라도 유언에 드러난 표현을 기초로 유언의 내용을 확정해야 한다.

　　본 사안의 경우 甲이 자신의 평소의 언어습관대로 법학서적을 '보석'이라고 표현하였으므로 甲의 진의가 충분히 유언에 표시되었다고 볼 수 있다. 따라서 乙은 甲의 상속인에게 보석을 청구할 수 없고 법학서적을 청구할 수 있다.

38. 계약의 보충해석

사례 甲과 乙은 서로 다른 소도시에서 각각 중국집을 운영하고 있었는데, 계약을 통하여 식당을 바꾸기로 하였다. 그런데 식당을 맞바꾼 후 6개월이 지나기 전에 甲은 예전에 장사를 했던 동네로 다시 돌아와서 乙이 운영하고 있는 중국집 옆에 다시 중국집을 개업하였다. 이와 같은 사정을 예상하지 못하였으므로 계약에는 이러한 상황에 대한 명문의 규정이 없었다. 그럼에도 불구하고 乙은 甲의 개업을 막을 수 있는가?

甲과 乙 사이에 체결된 교환계약(제596조)에서는 한 당사자가 다시 예전의 영업지로 돌아왔을 때 상대방의 개업을 금지할 수 있는지에 관한 내용은 없었다. 계약 당사자의 의사표시의 일치로 확정된 계약내용이 계약과 관련된 모든 사항을 규정하고 있는 것은 아니다. 이와 같이 계약의 내용이 불충분하게 규정된 경우 계약의 보충해석을 통하여 흠결된 내용을 채울 수 있다.[1] 보충될 계약내용이 명시적으로 표명되지 않았을 뿐 당사자들이 원했던 바가 있다면 그에 따르면 된다.[2] 문제는 당사자들이 해당 내용에 관하여 전혀 생각했던 적이 없어서 당사자들이 원하는 바를 의사표시의 해석을 통하여 도출하지 못하는 경우에 발생한다. 이때 두 가지 방법을 통하여 보충내용을 도출할 수 있는데, 하나는 임의규정의 적용이고 다른 하나는 당사자의 가상적 의사에 의한 계약의 보충 해석이다. 당사자의 의사표시를 보충함에 있어서 임의규정이 우선적으로 고려된다(제105조 참조). 임의규정은 당사자들 사이의

---

1) 보충적 해석은 법률행위의 성립이 자연적·규범적 해석을 통하여 긍정된 후에 개시된다.

2) 이 경우에는 흠결조차 없는 것이며 묵시적 의사표시의 해석을 통하여 내용이 확정된 것이다.

전형적인 이해관계를 고려한 규정이므로 구체적인 가상적 의사에 항상 우선권을 준다면 이 규정내용이 무의미해지기 때문이다. 그러나 임의규정이 구체적인 상황에 적용될 수 없다면 보충해석에 기하여 당사자의 가상적인 의사를 표준으로 계약내용을 보충해야 한다. 보충해석은 당사자의 실제의사를 확정하는 것이 아니라 법률행위 당시 및 보충해석을 할 당시의 사정, 신의성실의 원칙, 거래관행 등에 의하여 인정되는 당사자의 가상적 의사, 즉 규정하지 않은 계약내용을 실제로 당사자들이 고려했을 때 당사자들이 합리적으로 규정하였을 의사를 밝히는 것이다.3)

　　사안에서 乙이 원하는 내용을 담은 법률규정은 없다.4) 따라서 계약의 보충해석에 의하여 해결할 수밖에 없다. 甲과 乙이 식당을 바꾸는 교환계약을 체결하였을 때는 식당 시설뿐만 아니라, 단골고객을 포함한 기존의 고객도 상대방에게 확보해 준다는 의미가 담겨져 있다. 이러한 계약의 목적을 달성하기 위해서는 상대방이 일정한 기간동안 다시 이전의 영업지에 돌아와서 같은 영업을 하는 것을 막을 필요가 있다. 그러므로 만약 양 당사자가 계약체결 당시에 이러한 사정을 생각하였다면, 일정한 기간동안 상대방이 다시 이전의 영업지로 돌아와서 개업을 하는 것을 금지하는 내용에 대해 합의하였을 것이다. 따라서 계약의 보충해석에 의하여 乙은 甲에게 개업을 하지 말 것을 요구할 수 있다.

---

3) 이영준, 308면; 이은영, 428면; 대법원 2006.11.23. 선고, 2005다13288 판결.
4) 상법상의 영업양도의 경우에는 영업양도인의 경업금지의무(상법 제41조)가 있다.

39. 예문해석

사 례

甲은 乙 소유의 건물 및 토지를 매입하였는데, 매매계약이 이루어진 후 실제평수가 계약서상의 토지평수보다 작다는 것을 알게 되었다. 그런데 甲과 乙은 계약체결을 할 때 부동문자로 인쇄된 계약서를 사용하였는데, 계약서 제4조에 "면적이나 대금총액에 착오가 있는 때는 등기부상의 면적과 평당가격으로 재정산한다"는 문구가 기재되어 있었다. 그러나 실제로 甲과 乙 사이에 매매대금은 토지의 실제평수를 기준으로 계산한 것도 아니었고, 기재된 평수와 실제평수가 다르더라도 대금을 다시 정산하지 않기로 하는 구두의 합의가 있었다. 이 경우 甲은 乙에게 평수부족에 따른 대금일부의 반환을 청구할 수 있는가?

甲의 乙에 대한 부당이득반환청구권(제741조)

甲이 乙에게 매매대금의 일부를 부당이득을 이유로 반환청구하기 위해서는(제741조) 甲과 乙 사이에 체결된 매매계약이 계약서 제4조의 내용대로 체결되었어야 한다.[1] 즉 계약서에 기재된 면적과 실제의 면적에 차이가 나면 재정산을 할 수 있어야 한다. 그런데 이와 반대로 당사자가 구두로 합의한 내용에 의하면 실제평수는 중요하지 않으므로 평수가 차이가 나더라도 다시 정산하지 않기로 하였다. 이 경우 무엇이 계약의 내용이 되었는지에 관한 법률행위의 해석의 문제가 발생한다.

이에 대하여 계약서 제4조는 "부동문자로 인쇄된 예문에 지나지 않아 당사자 사이의 진정한 합의내용이 될 수 없다"고 보는 판례의 입장이 있다.[2] 이는 소위 예문해석이라고 하는데, 계약조항이 당사자 일

---

[1] 수량지정매매에서의 담보책임(제574조)도 검토해야 하나, 논점을 제한하기 위해서 배제하였다.

방에게 매우 불리한 경우에 판례가 흔히 예문해석이라는 이름으로 당사자 사이의 이해관계를 공평하게 조정하려고 하는 수단으로 활용되고 있다. 그에 따라 부당한 약관조항은 "예문"에 불과하여 당사자를 구속할 수 없으므로 그의 존재를 무시할 수 있다. 예문은 조리 또는 신의성실의 원칙에 반하므로 구속력이 없다고 새기는 견해3)도 판례와 같은 입장이라고 볼 수 있다.

그러나 법률행위의 해석은 법률행위의 내용이 명확하지 않은 경우 이를 확정하기 위해서 사용되는 것이므로, 계약의 조항이 명료한 경우에는 조항이 아무리 당사자 일방에게 불리하더라도 해석이라는 이름 아래 그 조항을 무시하거나 수정할 수 없다. 다만 해당 조항이 제103조 기타의 무효사유에 해당하는 경우에는 그 규정이 무효로 되어 법률행위의 내용이 되지 않을 수 있다.4) 또한 계약서의 규정내용과 다른 합의를 계약당사자들이 개별적으로 하였다면 실제의 의사에 부합하는 개별약정이 계약서에 기재된 내용보다 우선하게 된다.5)

본 사안에서도 계약서에 기재된 내용과 다른 합의를 甲과 乙이 하였으므로 구두로 합의한 내용이 우선한다. 따라서 실제평수가 계약서에 기재된 평수와 차이가 나더라도 다시 정산을 하지 않기로 합의하였기 때문에 甲은 乙에게 매매대금의 일부를 부당이득을 이유로 반환청구하지 못한다.

---

2) 대법원 1979.11.27. 선고, 79다1141 판결; 대법원 1997.11.28. 선고 97다36231 판결.

3) 곽윤직 · 김재형, 303면.

4) 그 밖에 약관의 규제에 관한 법률 제6조에 따라 신의성실의 원칙에 반하여 공정을 잃은 약관조항은 무효가 된다.

5) 손지열, "일반거래약관과 예문해석," 민사판례연구 Ⅲ, 59면 이하 참조.

V. 법률행위의 내용

40. 법률행위의 내용의 확정성

> **사 례**
>
> 甲은 乙에게 참치 1톤을 주문하였으나, 주문이 이루어진 항구에서는 인도 시의 시장가격으로 매매대금을 정하는 관습이 있었으므로 매매대금에 관하여 구체적인 합의가 없었다. 乙이 甲에게 참치 1톤을 배달하면서 관습에 따라 인도 시의 시장가격으로 매매대금을 요구하자, 甲은 너무 비싸다고 거절하면서 매매대금에 관한 명시적 합의가 없었던 이상 다른 참치어선의 참치를 사겠다고 한다. 가능한가?

乙의 甲에 대한 매매대금지급청구권(제563조, 제568조 제1항)

乙이 甲에게 매매대금의 지급을 청구하기 위해서는 매매계약이 성립하였어야 한다. 계약이 성립하기 위해서는 당사자의 의사표시가 일치하고 계약 내용의 '중요한 점'에 관하여 의사표시의 합치가 있어야 한다.[1] 즉 계약의 중요요소가 되는 내용(본질적 구성부분)이 의사표시의 합치를 통하여 확정되어야 한다. 이러한 점이 확정되어 있지 않다면 계약이 성립하지 않는다. 그리고 이러한 부분에 합의가 이루어지지 않으면 사적 자치의 원칙상 계약당사자는 언제든지 계약체결을 거절할 수 있고 계약이 체결되었다고 생각하였더라도 언제든지 계약의 성립을 부정

---

1) 대법원 2003.4.11. 선고, 2001다53059 판결.

할 수 있다. 매매계약에서는 매매목적물 및 매매대금이 본질적 구성부분에 속한다. 그러나 이 내용은 법률행위의 성립당시에 확정될 필요는 없고, 사후에라도 구체적으로 확정할 수 있는 방법과 기준이 정해져 있으면 된다. 이러한 확정방법은 당사자의 의사뿐만 아니라, 주위정황 내지 거래상의 관습에 의하여 정해질 수 있다.

사안에서 甲과 乙은 매매대금에 관하여 명시적으로 합의한 바가 없다. 따라서 매매대금이 확정되지 않은 상태라고 한다면 매매계약은 아직 성립하지 않은 것이고, 매매대금에 관한 합의가 추후에 이루어지지 않는다면 甲은 매매계약의 효력을 언제든지 부정할 수 있다. 그러나 만약 특별한 합의가 없는 경우에 시장가격으로 매매대금을 결정한다는 거래상의 관습이 있고 당사자가 이러한 관습을 전제로 계약을 체결한 경우에는 이 사실인 관습이 표준이 될 수 있다(제106조). 사실인 관습은 사회관행에 의하여 발생한 사회생활규범인 점에서는 관습법과 같으나 사회의 법적 확신이나 인식에 의하여 법적 규범으로서 승인된 정도에 이르지 못한 것을 말한다.[2] 사안에서 당사자가 매매대금에 관한 명시적 합의가 없더라도 인도 시의 시장가격으로 매매대금을 정한다는 사실인 관습이 존재하였고 이러한 관습을 전제로 계약을 체결하였기 때문에 확정가능성은 있었으므로 매매계약은 성립하였다. 따라서 甲은 인도 시의 시장가격으로 乙의 참치를 사야 한다.

---

2) 대법원 1983.6.14. 선고, 80다3231 판결.

41. 효력규정과 단속규정

 사 례 甲은 영업허가를 받지 않고 음식점을 경영하고 있었다. 공사장 일꾼들은 매일 甲의 음식점에 와서 외상으로 식사를 하고 월말에 월급을 받으면 정산을 하기로 하였다. 그런데 행정단속에 걸린 甲은 음식점을 닫을 수밖에 없는 사정에 놓이게 되었다. 甲은 떠나기 전에 공사장 일꾼들에게 식대를 받을 수 있는가?

甲의 매매대금지급청구권(제563조, 제568조 제1항)

甲이 공사장 일꾼들에게 음식값을 받을 수 있기 위해서는 甲과 일꾼들 사이에 체결된 매매계약이 유효해야 한다. 그런데 甲은 영업허가를 받은 상태에서 음식점을 경영했어야 하는데, 식품위생법 제37조를 위반하여 무허가로 음식점을 경영하였다. 이와 같이 甲이 행정법상의 단속규정을 위반한 상태에서 영업을 하면서 체결한 계약이 효력을 갖는지가 문제된다.

행정법상 단속규정은 일정한 행정목적을 실현하기 위하여 일정한 행위를 단속할 목적으로 설정된 것을 말한다. 단속규정은 다시 이에 위반하는 법률행위를 무효로 하는 효력규정과 법률행위를 무효로 하지는 않으나 처벌 등 불이익만을 주는 단순한 단속규정으로 나눌 수 있다.[1] 법규정에서 명시적으로 법률행위의 효력을 부정하는 경우에는 그 규정은 효력규정이나, 명시적으로 법률행위의 효력에 대해 규정하고 있는 바가 없을 때 효력규정과 단순한 단속규정의 구분문제가 발생한다. 효

---

[1] 단속규정과 강행규정 사이의 관계를 어떻게 이해할 것인지에 관하여 견해가 대립하고 있으나, 결과에 있어서 차이가 없으므로 자세한 논의는 하지 않는다.

력규정과 단순한 단속규정을 구분하는 일반원칙은 없으며 개개 법령의 취지 및 성질에 따라 판단해야 하나, 행정법상의 금지규정인 경우에는 원칙적으로 법률행위를 무효로 해석하지 않고 있다.[2]

식품위생법은 식품으로 인하여 위생상 발생할 수 있는 문제를 예방하고 식품영양의 질적 향상을 도모함으로써 국민보건의 증진에 이바지함을 목적으로 한다. 따라서 영업허가를 받도록 한 것은 음식점 영업을 하는 자에게 일정한 시설을 갖추도록 하고 위생에 문제가 생기지 않도록 감독하기 위함이다. 따라서 무허가로 음식점을 영업하였다고 하여 음식점을 경영하면서 체결한 계약의 사법상의 효력을 부인할 이유가 없다고 본다. 만약 사법상의 효력을 부인할 경우 거래 상대방과의 사이에서 법적 안정성을 심히 해하게 되는 부당한 결과를 초래할 뿐이다. 따라서 행정법규(내지 경찰법규)에 속하는 식품위생법상의 이 규정은 단순한 단속규정으로 보아야 한다. 단속규정 위반이 계약의 사법상의 효력에는 영향을 미치지 않으므로 甲은 공사장 일꾼들에게 식대를 청구할 수 있다.

---

2) 이은영, 390면 이하 참조.

42. 강행법규의 위반으로 인한 무효

사 례

부동산 중개업자 甲은 부동산 투기가 활발하게 이루어지는 지역에서 영업을 하고 있었다. 乙이 X 아파트를 사려고 하자 甲은 乙에게 부동산중개업법 등에서 정하고 있는 중개수수료를 초과한 150만원을 요구하였고, 乙은 이를 모르는 상태에서 계약을 체결하였다. 계약체결 이후에 乙이 법정 중개수수료가 100만원이라는 사실을 알았다면, 乙은 甲에게 중개수수료로 얼마를 지급하면 되는가?

【변형】 甲에게 공인중개사 자격이 없었던 경우는?

甲의 乙에 대한 보수지급청구권(제664조)

(1) 보수지금청구권의 성립

乙은 중개업자 甲과 중개수수료 150만원을 주기로 하는 중개계약을 체결하였다. 그리고 甲이 일을 완성하였으므로 바로 보수지급을 청구할 수 있다(제665조 제1항 단서).

(2) 강행법규 위반을 이유로 한 무효

乙이 중개계약을 통하여 중개수수료로 150만원을 지급할 의무가 발생하기 위해서는 중개계약이 유효해야 한다. 그런데 甲과 乙이 정한 중개수수료는 공인중재사법 제32조 제4항 등에서 정하고 있는 중개수수료의 한도를 넘었기 때문에 해당 규정을 위반하고 있다. 만약 공인중개사법의 규정이 강행규정이라면 이는 강행법규 위반이 되어 무효이다. 그렇지만 이 규정이 임의규정에 불과하다면 계약자유의 원칙이 적용되어 당사자는 법률규정과 다른 내용으로 법률행위를 할 수 있고 당사자들이 약속한 내용이 임의규정에 우선하게 된다(제105조). 강행규정은 선량한 풍속 기타 사회질서와 관련이 있는 규정이고 임의규정은 그렇지 않은 규정을 말한다. 따라서 공인중개사법 등에서 정하고 있는 중개수수료에 관한 규정이 강행규정인지의 여부에 따라 그 한도를 넘어서 합의한 중개수수료의 효력이 결정된다. 강행규정 내지 임의규정을 구분할 수 있는 일반적 표준은 없으며, 각 규정의 성질·규범목적 등을 고려하여 판단할 수밖에 없다.

중개수수료의 한도를 정하고 있는 공인중개사법의 규정을 위반하였을 때 이를 위반한 중개업자는 중개업등록의 취소 및 형사처벌을 받을 수 있다. 이 규정을 통하여 공인중개사법은 공인중개사의 업무 등에 관한 사항을 정하여 그 전문성을 제고하고 부동산중개업을 건전하게 육성하여 국민경제에 이바지함을 목적으로 하고 있다(동법 제1조). 위반행위에 대한 일반사회의 평가를 감안할 때 공인중개사법의 금지행위 위반은 투기적·탈법적 거래를 조장하여 부동산거래질서의 공정성을 해할 우려가 있고, 위반행위를 처벌하는 것만으로는 공인중개사법의 규정취지에 맞는 실효성 있는 결과를 가져올 수 없으며, 더 나아가 초과한 중개수수료 약정에 의한 경제적 이익이 중개업자에게 귀속되는 것을 방지할 필요가 있으므로 강행규정에 속하는 것으로 이해하여야 한다.[1] 따라서 그 한도액을 초과하는 부분은 무효가 된다.

(3) 일부무효

결국 乙이 甲과 약정한 150만원의 중개수수료는 강행법규 위반이므로 법정 중개수수료인 100만원을 초과하는 부분인 50만원은 무효가 된다(일부무효). 이처럼 법률행위의 일부무효가 법률행위의 전부를 무효로 만들지 않기 위해서는 (1) 법률행위의 내용이 분할할 수 있어야 하고, (2) 일부무효에도 불구하고 나머지 법률행위를 유효로 하려는 양 당

---

1) 대법원 2007.12.20. 선고, 2005다32159 전원합의체 판결.

사자의 가정적 의사가 있어야 한다(제137조). 사안의 경우 중개수수료를 유효한 법정 중개수수료인 100만원과 이를 넘어서 무효인 50만원으로 나눌 수 있고, 양 당사자는 무효부분이 없었더라도 중개계약을 체결하였을 것이라고 인정된다. 따라서 일부무효의 법리에 따라 법률행위의 전부가 무효로 되는 것이 아니라 해당 무효부분만 무효가 된다. 따라서 乙은 甲에게 100만원의 중개수수료만을 지급하면 된다.

【변형】 이 경우도 중개사무소 개설등록에 관한 공인중개사법에 관한 규정은 공인중개사 자격이 없는 자가 중개사무소 개설등록을 하지 않은 채 부동산중개업을 하는 경우, 형사적 제재만을 가하고 있다. 공인중개사법의 제정 목적 그리고 중개수수료 지급약정에 의한 경제적 이익이 귀속되는 것을 방지할 필요성 등을 고려하면 이 규정들은 해당 지급약정의 효력을 제한하는 강행법규에 해당한다.[2] 따라서 지급약정이 무효이므로 乙은 甲에게 중개수수료를 지급하지 않아도 된다.

---

2) 대법원 2010.12.23. 선고, 2008다75119 판결.

43. 선량한 풍속 기타 사회질서 위반으로 인한 무효

사 례

결혼한 甲은 우연한 기회에 알게 된 아르바이트생 乙과 사랑에 빠지게 되었고, 乙이 다니고 있는 대학교 근처에 오피스텔을 빌려서 살림을 차렸다. 이때 甲은 乙에게 장차 자신의 결혼생활을 끝내고 乙과 결혼할 것이라고 약속하였다. 몇 개월 후 사랑이 식은 甲은 乙에게 대학을 졸업할 때까지 생활비의 일부를 주겠으니, 모든 관계를 청산하자고 한다.

(1) 이 경우 乙은 결혼약속 위반으로 인한 손해배상을 청구할 수 있는가?

(2) 또한 甲으로부터 생활비를 받는 데 동의하고 생활비의 지급을 청구할 수 있는가?

I. 乙의 甲에 대한 손해배상청구권(제390조)

사안에서 乙이 甲에게 혼인예약 위반으로 인한 손해배상을 청구하기 위해서는 혼인예약이 유효하여야 한다. 그러나 乙이 유부남인 甲과 체결한 혼인예약이 선량한 풍속 기타 사회질서에 위반해서 무효가 된다면, 乙은 甲에게 그 예약 위반으로 인한 손해배상을 청구하지 못한다. 즉 甲과 乙의 혼인예약이 제103조에 위배되는지의 여부가 문제된다.

선량한 풍속 기타 사회질서에 위반하는 사항을 내용으로 하는 법률행위는 무효이다(제103조). 객관적 요건으로는 법률행위가 행위 당시의 사회생활의 평화와 질서를 유지하는 데 있어서 일반 국민이 반드시 지켜야 할 일반규범을 침해해야 한다. 그 밖에 주관적 요건으로는 행위자는 법률행위가 행위 당시에 선량한 풍속 기타 사회질서에 반한다는 사정을 인식하고 있어야 한다.[1] 사안에서 甲과 乙 사이의 혼인예약은

---

1) 이러한 것이 요건이 아니라고 보는 견해로 이은영, 364면.

일부일처제를 중심으로 하고 있는 혼인질서에 반하는 행위로써 부부 사이의 인륜을 해하는 경우에 해당한다.[2] 또한 甲과 乙 모두 혼인예약 당시 이미 甲이 유부남이라는 사정을 인식하고 있었으므로, 선량한 풍속 기타 사회질서에 반한다는 사정을 알고 있었다고 보여진다. 따라서 혼인예약은 무효이므로 乙은 甲에 대하여 혼인예약 위반에 따른 손해배상을 청구하지 못한다.

Ⅱ. 乙의 甲에 대한 생활비 청구권

甲은 乙에게 대학을 졸업할 때까지 생활비의 일부를 주겠으니, 모든 관계를 청산하자고 하는 청약을 하였다. 이처럼 甲이 불륜관계를 단절하면서 乙에게 생활비를 지급하겠다는 계약 역시 제103조를 위반하는 행위라면 乙이 이에 승낙하더라도 그 계약의 사법상의 효력은 무효이기 때문에 乙은 甲에게 생활비의 지급을 청구할 수 없을 것이다. 예를 들어 불륜관계를 유지 내지 강요하는 수단으로 재산적 이익을 제공하기로 약정을 하는 경우에는 선량한 풍속에 위반하는 행위로 볼 수 있다. 그러나 본 계약은 甲이 乙과의 부적절한 관계를 해소하기 위한 전제이다. 즉 甲은 乙이 그간 자기를 위해 바친 노력과 비용 등의 희생을 보상하고 또 乙의 어려운 생활에 대한 장래의 생활대책을 마련해 준다고 하는 뜻에서 돈의 지급을 약정한 것이다. 따라서 이 계약은 인륜에 반하는 행위, 즉 선량한 풍속 기타 사회질서에 위반하는 행위로 보기 어렵다.[3]

결국 乙은 甲에 대하여 혼인예약 위반으로 의한 손해배상을 청구하지는 못하지만, 생활비지급계약은 유효하므로 생활비를 받는 데 동의하고 생활비의 지급은 청구할 수 있다.

---

2) 판례도 이와 같은 입장이다(대법원 1967.10.6. 선고, 67다1134 판결; 대법원 1998.4. 10. 선고, 96므1434 판결).

3) 판례도 불륜관계를 단절하면서 그 첩의 생활비를 지급하거나 자녀의 양육비를 지급하는 계약은 유효하다고 하고 있다(대법원 1980.6.24. 선고, 80다458 판결).

44. 이중매매

사 례
> 甲은 자기 소유의 건물을 乙에게 매도하고 매매대금을 지급받고 건물의
> 열쇠를 乙에게 주었으나, 아직 소유권이전등기를 경료하지 않고 있었다.
> 이 사실을 안 丙은 부동산 값이 많이 오르자 적극적으로 甲에게 해당 부
> 동산을 자신에게 팔 것을 권유하였고, 甲도 이에 찬성하여 매매계약을 체
> 결하고 丙 앞으로 소유권이전등기를 경료하였다.
> (1) 이때 甲과 丙 사이에 이루어진 매매계약 등의 법률행위는 유효한가?
> (2) 이 경우 乙은 부동산의 소유권이전을 받을 수 있는가?

Ⅰ. 이중매매의 유효성

1. 매매계약의 유효성

甲은 乙에게 팔기로 한 부동산을 다시 丙에게 팔았고 소유권이전
등기를 해주었다(제186조). 이와 같이 동일한 목적물을 다시 파는 경우
에 이중매매가 되는데, 이는 원칙적으로 유효하다. 왜냐하면 매매계약
을 체결하였다고 하여 아직 부동산의 소유권이 제1매수인인 乙에게 이
전한 것이 아니고 매도인 甲은 단지 소유권을 이전해 주어야 할 채무만
부담하고 있기 때문이다. 사적 자치의 원칙상 매도인은 동일한 채무를
부담할 수 있다. 그러므로 제2의 매매계약도 유효하고 먼저 소유권이전
등기를 받은 매수인이 부동산의 소유권을 취득하게 된다.

그러나 이중매매는 무효가 되기도 한다. 이중매매가 정의관념에
반하여 제103조에 기하여 무효가 되기 위해서는 제2매수인이 매도인의
배임행위에 적극 가담했어야 한다. 따라서 첫째, 매도인의 배임행위가
있어야 하고, 둘째, 제2매수인이 이러한 배임행위에 적극 가담했어야

한다. 형법상의 배임죄가 성립하기 위해서는 단지 매매계약을 체결하고 계약금을 지불한 단계를 넘어서 제1매수인이 등기를 경료하지 않아 소유권은 취득하지 못하였지만, 중도금을 받는 등 매도인이 더 이상 임의로 계약을 해제할 수 없는 상태에 이르렀거나,[1] 매도인에게 대금을 지불하고 점유를 이전받아 '사실상 소유자'의 지위에 있어야 한다.[2] 본 사안에서 제1매수인 乙은 매매대금을 완납하고 건물의 열쇠를 받아 사용하고 있다고 보아야 하고, 단지 등기부상 명의이전만 받지 않은 사실상의 소유자라고 볼 수 있다. 이러한 관계에서 이중양도를 하는 경우에는 매도인이 배임죄에서 말하는 '타인의 사무를 처리하는 자'에 해당한다고 보아 매도인의 배임행위를 인정할 수 있다. 제2매수인이 적극적으로 가담한 것으로 인정되기 위해서는 매수인이 다른 사람(제1매수인)에게 매매목적물이 매도된 것을 안다는 것만으로는 부족하고, 적어도 그 매도사실을 알고도 매도를 요청하여 이중의 매매계약을 체결하였어야 한다.[3] 사안에서는 부동산 가격이 폭등하자 丙이 甲에게 자신에게 팔 것을 적극 권유하였으므로 제2매수인인 丙이 이중매매에 적극 가담한 것으로 볼 수 있다. 따라서 甲과 丙 사이의 매매계약은 무효이다.

2. 물권적 합의의 유효성

매매계약이 선량한 풍속 기타 사회질서에 반하더라도 이에 기하여 행해지는 물권적 합의는 중립적 법률행위로서 선량한 풍속 기타 사회질서에 반하는 것은 아니다.[4] 그러나 원인행위인 매매계약이 무효인 경우 물권적 합의도 그에 따라 무효가 된다는 유인성을 판례는 인정하고 있으므로 물권적 합의도 무효이다.

---

1) 대법원 2018.5.17. 선고, 2017도4027 전원합의체 판결.
2) 이은영, 377면.
3) 대법원 1997.7.25. 선고, 97다362 판결.
4) 이에 반하여 무효라는 견해로 이영준, 물권법, 81면.

Ⅱ. 乙의 채권자대위권(제404조) 및 소유권이전청구권(제563조, 제568조 제 1항)

甲과 丙 사이의 매매계약이 무효라고 한다면 乙이 부동산의 소유권을 취득할 수 있는 가능성이 존재하는지가 문제된다. 이와 관련하여 乙이 자신의 매매계약상의 재산권이전청구권을 보전하기 위하여 甲의 丙에 대한 소유물방해배제청구권(제214조)을 대위행사할 수 있다면 이 상태에서 다시 소유권이전청구를 행사하여 소유권을 취득할 수 있을 것이다. 다만 이와 관련하여 이중매매가 제2양수인인 丙이 양도인인 甲의 배임행위에 적극적으로 가담하여 무효라면 甲이 丙에게 부동산을 양도한 것은 불법원인급여(제746조)에 해당하기 때문에 甲은 丙에게 부당이득반환청구권은 물론 소유물방해배제청구권도 행사하지 못한다는 것이 판례의 입장이다.[5] 다만 판례는 제1양수인 乙을 보호하기 위해서 乙이 양도인 甲을 대위하여 제2양수인 丙에 대하여 소유권이전등기의 말소를 청구할 수 있도록 하고 있다.[6] 이러한 판례의 입장에 대한 비판적인 견해가 많으나, 제746조상의 불법원인이라는 항변이 불법을 저지른 자에 대한 인적 항변이라고 생각한다면 불법을 저지르지 않은 제1양수인 乙에 대하여는 제746조의 불법원인이라는 주장을 할 수 없다고 볼 수도 있을 것이다. 따라서 사안에서 乙은 甲의 丙에 대한 소유물방해배제청구권을 대위행사하여 등기이전을 받은 후 자신의 甲에 대한 소유권이전청구권을 행사하여 소유권을 이전받을 수 있다.

---

5) 대법원 1979.11.13. 선고, 79다483 전원합의체 판결.

6) 대법원 1983.4.26. 선고, 83다카57 판결. 그러나 부동산의 제1양수인 乙은 자신의 소유권등기이전청구권 보전을 위하여 양도인과 제3자 사이에서 이루어진 이중양도행위에 대하여 채권자취소권을 행사할 수 없다. 대법원 1999.4.27. 선고 98다56690 판결: 부동산을 양도받아 소유권이전등기청구권을 가지고 있는 자가 양도인이 제3자에게 이를 이중으로 양도하여 소유권이전등기를 경료하여 줌으로써 취득하는 부동산 가액 상당의 손해배상채권은 이중양도행위에 대한 사해행위취소권을 행사할 수 있는 피보전채권에 해당한다고 할 수 없다. 채권자취소권을 특정물에 대한 소유권이전등기청구권을 보전하기 위하여 행사하는 것은 허용되지 않는다.

45. 동기의 불법

사 례

甲은 乙과 도박을 하던 중 돈을 모두 잃었다. 그러자 甲은 乙에게 100만원을 빌려서 도박을 계속하였으나, 그날 밤 빌린 돈 100만원마저 모두 잃었다.
(1) 甲은 도박으로 잃은 돈을 乙로부터 돌려받을 수 있는가?
(2) 乙은 도박자금으로 빌려준 100만원을 甲으로부터 돌려받을 수 있는가?

Ⅰ. 甲의 乙에 대한 부당이득반환청구권(제741조)

사안에서 도박계약에 기하여 甲은 乙에게 상당한 돈을 잃었다. 이 돈을 부당이득을 이유로 반환받기 위해서는 위 도박계약이 무효이어야 한다. 도박계약과 같이 지나치게 사행성을 갖는 행위는 무효이다(제103조). 따라서 무효인 도박계약에 기하여 지급한 도박자금에 대해 부당이득을 이유로서 반환청구할 수 있는지가 문제되는데, 제741조의 요건은 충족되나 제746조의 '불법의 원인으로 인하여 재산을 급여한 경우'에 해당하여 甲은 乙에게 잃은 돈을 반환청구할 수 없다.

Ⅱ. 乙의 甲에 대한 청구권

1. 반환청구권(제598조)

사안에서 甲은 도박을 계속하기 위하여 乙에게 100만원을 빌리는 소비대차계약을 체결하였다. 소비대차계약 자체에는 법률상 아무런 문제가 없으나, 소비대차계약을 체결하게 된 동기 자체는 도박을 계속하기 위함이었다. 이처럼 법률행위 자체는 사회질서에 반하지 않으나 그 동기가 선량한 풍속 기타 사회질서에 위반하는 경우 그 법률행위를 무효로 할 것인지가 문제된다.

법률행위의 동기가 표시된 때에 한하여 그 표시된 동기는 법률행위의 내용을 이루고 반사회성 여부를 결정하는 표준이 된다는 견해(동기표시설)와 동기가 표시된 때에는 물론이고, 표시되지 않았더라도 그 상대방이 그 동기를 알았거나 알 수 있었을 때에는 그 법률행위가 무효로 된다는 견해(상대방인식설) 등이 대립한다. 판례는 "법률행위가 선량한 풍속 기타 사회질서에 위반한 사항을 그 내용으로 한 것이 아니고, 단지 법률행위의 연유·동기 혹은 수단으로 한 것에 불과한 것은 이로써 법률행위를 무효로 할 수 없으나,"[1] "표시되거나 상대방에게 알려진 법률행위의 동기가 반사회질서적인 경우를 포함한다"고 보고 있다.[2] 그러나 본 사안에서는 양 당사자 모두 도박을 계속하기 위해 100만원을 빌린다는 사실을 당연히 알고 있을 뿐만 아니라, 동기 자체가 표시되어 있으므로 어느 학설의 입장을 따르더라도 甲과 乙 사이의 금전 소비대차계약은 무효이다(제103조). 따라서 乙은 甲에게 소비대차계약에 기한 반환청구권을 행사할 수 없다.

2. 부당이득반환청구권(제741조)

결국 乙이 甲에게 빌려준 금전 100만원에 대해 부당이득을 이유로 반환청구할 수 있는지가 문제되는데, 이 경우도 제746조의 불법원인급여에 해당하여 그 반환을 청구할 수 없다. 따라서 甲은 乙에게서 빌린 100만원을 돌려주지 않아도 된다.

---

1) 대법원 1972.10.31. 선고, 72다1271, 1272 판결.
2) 대법원 1992.11.27. 선고, 92다7719 판결; 대법원 1996.4.26. 선고, 94다34432 판결.

46. 불공정한 법률행위와 제103조

사 례

70세가 된 할아버지 甲은 노인정에서 위로잔치가 열린다는 소식을 듣고 노인정에 갔다. 잔치가 벌어지고 있던 도중 乙이 나와서 이와 같은 잔치를 계속하기 위해서는 노인들이 물건을 사주어야 한다고 말하였다. 그리고 물건을 사지 않으면 안 된다는 분위기가 조성되어 노인들은 물건이 마음에 들지 않았지만, 물건을 모두 하나씩 乙로부터 사게 되었다. 甲도 중국산 도자기를 30만원에 사고 값을 지불하였다. 한 달 후에 우연한 사정으로 甲은 백화점에서 동일한 도자기를 발견하였는데, 이를 10만원에 팔고 있는 사실을 알게 되었다. 이 경우에 甲은 물건값을 돌려받을 수 있는가?

甲의 부당이득반환청구권(제741조)

甲이 물건값을 돌려받기 위해서는 甲이 30만원의 매매대금을 법률상 원인 없이 지급했어야 한다. 따라서 甲이 체결한 매매계약의 효력이 없어야 한다.[1]

1. 제104조 위반의 무효

매매계약은 불공정한 법률행위로서 무효일 수 있다(제104조). 불공정한 법률행위가 인정되기 위해서는 급부와 반대급부의 객관적 차이가 커서 현저한 불균형이 존재해야 한다. 이는 구체적인 사정을 기초로 판단해야 하나, 객관적 가치가 시장에서 형성되어 있는 물건의 매매에서는 엄격히 판단해야 한다. 사안에서 일반 시장가격보다 약간 비싸다고

---

1) 사안에서 계약서를 지급받지 못하였다면 방문판매법에 기하여 철회권을 행사하여 매매대금을 반환받을 수 있다(방문판매 등에 관한 법률 제8조 제1항, 제9조 제2항).

하는 백화점보다 3배를 더 많이 받았다고 한다면 현저한 불균형이 존재한다고 볼 수 있다.

그러나 불공정한 법률행위가 인정되기 위해서는 현저한 불균형이라는 객관적인 요건 이외에 주관적으로 그러한 균형을 잃은 거래가 피해당사자의 궁박, 경솔, 또는 무경험을 이용하여 이루어졌어야 한다. 여기서 궁박이라 함은 급박한 곤궁을 의미하는 것으로 경제적인 궁박상태, 정치적·물리적 궁박상태 및 정신적 궁박상태를 포함하는데,[2] 甲이 이러한 사정에 놓여있지는 않았다. 일반적인 거래생활에 대한 경험 및 지식의 결여를 '무경험'이라 하는데, 물건의 시장가격을 모르고 있었다는 것은 경험이 없는 상태라고 보기 어렵다. 그리고 시장가격을 조사하지 않고 물건을 산 사람은 보호할 필요가 없다. '경솔'이란 의사를 결정할 때에 그 구체적인 법률행위의 결과, 즉 급부와 반대급부의 관계를 일반 사람이 베푸는 고려를 하지 않고 판단한 심리상태를 말한다. 사안에서 물건을 사는 것으로 인한 법률효과를 충분히 고려하였다는 점에서 경솔하였다고 보여지지 않는다. 따라서 불공정한 법률행위의 요건은 충족되지 않았다.

2. 제103조 위반의 무효

불공정한 법률행위는 성질상 반사회적 질서행위의 하나이므로 제104조의 요건을 완전히 갖추고 있지 못한 경우에도 제103조에 위반하는 법률행위가 될 수 있다(유사불공정행위).[3] 즉 민법 제103조에 의하여 무효로 되는 반사회질서행위는 법률행위의 목적인 권리의무의 내용 자체는 반사회질서적인 것이 아니라고 하여도, 법률적으로 이를 강제하거나 법률행위에 반사회질서적인 조건 또는 금전적인 대가가 결부됨으로써 반사회질서적 성질을 띠게 되는 경우 및 표시되거나 상대방에게

---

2) 대법원 1974.2.26. 선고, 73다673 판결.
3) 이에 대하여 양 규정은 여러 가지 측면에서 서로 별개라는 주장이 있다. 제103조는 반사회성이라는 객관적 요건을 중시하지만 제104조는 주관적 요건도 요구한다는 등을 그 이유로 한다(고상룡, 349면).

알려진 법률행위의 동기가 반사회질서적인 경우를 포함한다.[4] 이에 따라 급부와 반대급부 사이에 현저한 불균형이 있고, 행위자는 행위 당시 해당 법률행위가 선량한 풍속 기타 사회질서에 반한다는 사정을 인식하고 있어야 한다. 이는 특히 행위자가 상대방의 어려운 사정을 의식적으로 이용하거나 상대방이 어려운 사정으로 인하여 쉽게 계약을 체결할 것이라는 것을 알고 있는 경우에 인정될 수 있다. 사안에서 乙은 甲을 포함한 노인들이 외롭다는 사정을 이용하여 보통보다 현저히 비싸게 물건을 팔려고 했던 것으로 보인다. 따라서 甲이 체결한 매매계약은 유사불공정행위로서 제103조에 의하여 무효이다. 甲은 법률상의 원인 없이 매매대금을 지급했으므로 부당이득반환청구권을 행사할 수 있다 (불법원인급여에 해당하나, 불법이 甲에게는 없고 상대방에게만 있으므로 제746조 단서가 적용되어 반환청구권을 행사할 수 있다).

---

4) 대법원 2000.2.11. 선고 99다56833 판결.

47. 불공정한 법률행위와 그 효과

사 례

甲은 乙 소유 대지 위에 있는 건물의 소유자로서 일부는 주거 목적으로, 일부는 복사집으로 사용하고 있었다. 乙이 건물을 철거하라는 소송을 제기하여 1심 및 2심에서 승소하였고 甲은 곧바로 상고하였다. 상고심의 선고 일자를 남겨 둔 상태에서 乙이 甲에게 그의 소유 위 건물을 매도하면 甲에게 이를 다시 임대하여 복사집으로 계속 사용할 수 있도록 해주겠다고 하였다. 패소확정이 두려운 甲은 매매가격을 시가의 1/3인 2억원으로 정하고 결국 건물에 대한 소유권을 乙에게 양도하였다. 이 경우 甲과 乙 사이의 법률관계는?[1]

건물을 목적으로 하는 매매계약이 甲과 乙 사이에 성립하였다. 사안에서 불공정한 법률행위가 성립하여 매매계약이 무효가 되면(제104조), 甲과 乙이 이미 이행한 급부를 반환받을 수 있는지가 문제된다.

1. 불공정한 법률행위의 성립

시가의 1/3을 매매대금으로 하였기 때문에 급부와 반대급부 사이에 현저한 불균형이 있다고 보인다. 더 나아가서 甲이 이미 1·2심에서 乙에게 패소하였으므로 건물철거소송의 패소확정에 의하여 건물을 철거당함으로써 생업을 중단하게 될 궁박한 상태에 놓여질 수 있다고 속단한 것은 매도인 甲의 경솔로 볼 수 있다. 폭리를 취한 자가 피해자의 궁박, 경솔, 무경험의 상태에 있음을 알고서 이를 이용하려는 의도가 필요한지에 관하여 학설 대립이 있으나,[2] 사안에서 매수인 乙은 甲이 패

---

1) 대법원 1973.5.22. 선고, 73다231 판결 변형.
2) 판례는 폭리행위에 대한 악의의 존재가 불공정한 법률행위의 성립요건이라고 보고 있다(대법원 2002.9.4. 선고, 2000다54406, 54413 판결). 이에 반하여 피해자의 사정에 편

소확정으로 궁박한 상태에 빠질 수 있음을 알고 이를 이용하려는 의도가 있었기 때문에 어느 견해에 따르든 간에 불공정한 법률행위의 요건은 성립하였다.

2. 불공정한 법률행위의 효과

불공정한 법률행위는 무효이므로(제104조) 계약의 내용을 이미 이행하였다면 당사자들이 급부를 반환해야 하는지에 관하여 문제된다. 그런데 이와 관련하여 불법원인이 폭리자에게만 있으므로 제746조 단서에 따라 피해자인 상대방은 반환청구권이 있으나, 폭리자는 반환청구권이 없다는 견해3)와 폭리자에게 한 급부는 무효로서 반환청구할 수 있지만 폭리행위의 상대방에게 한 급부는 유효로서 반환청구할 수 없다는 견해4)가 대립하고 있다. 설명의 방식은 다르지만, 폭리자는 전부 반환해야 하는 반면에 상대방은 전혀 반환할 필요가 없다는 점에서는 두 견해가 동일하다. 또한 불공정 법률행위에서는 제103조에서와 같이 절대무효 내지 전부무효의 법리가 적용되지 않고 제104조는 경제적 약자를 보호하는 법정책적 제도이므로 일부무효의 법리를 적용해야 한다는 견해가 있다.5) 이 견해에 따른다면 상대방은 반환할 필요가 없다는 점에서는 앞의 견해들과 결과가 동일하나, 폭리자가 폭리를 취한 만큼만 반환하면 된다는 점에서 다르다. 본 사안에서 일부무효의 법리가 적용되기 위해서는 법률행위가 가분이어야 하나, 본 사안의 건물은 불가분이므로 일부무효의 법리가 적용될 수 없다. 따라서 어느 견해를 취하더라도 甲은 乙에 대하여 건물 전부의 반환을 청구할 수 있으며(제213조 또는 제741조), 반면에 乙은 甲에 대한 매매대금의 반환을 청구할 수 없다.

승하거나 이용한다는 인식으로 충분하다는 견해가 있다(이영준, 231면; 고상룡, 355면). 이러한 인식도 필요 없다는 견해로 이은영, 417면.

3) 곽윤직 · 김재형, 294면.

4) 이영준, 279면.

5) 고상룡, 358면; 이은영, 418면.

Ⅵ. 의사표시의 불일치, 하자

48. 진의 아닌 의사표시

> **사 례**
>
> 甲은 대학졸업 후 A회사에 입사하여 헌신적으로 일하여 왔으나, 회사의 경영상태가 악화되어 정리해고 대상자에 자신이 포함될지도 모른다는 소식을 들었다. 甲은 직장을 그만두고 싶은 생각이 없었지만 해고를 당할 바에는 명예퇴직을 신청하는 것이 최선이라고 판단하여 사직서의 제출로 명예퇴직을 신청하였고, A회사에서는 이를 곧바로 수리하여 퇴직처리가 이루어졌다. 그런데 퇴직을 후회한 甲은 사직서를 제출한 것이 진정으로 바라지 않은 상태에서 이루어졌으므로 비진의표시에 해당하고, 이러한 사정을 A회사 측에서도 알았거나 알 수 있었음을 이유로 무효를 주장한다. 정당한가?[1)]
>
> **【변형】** 甲은 사직의 의사가 없었으나 A회사에서 甲으로 하여금 어쩔 수 없이 사직서를 작성하여 제출하도록 한 후 이를 수리한 경우는?

사안에서 甲은 A회사에 사직서를 제출함으로써 명예퇴직을 목적으로 하는 청약의 의사표시를 하였고, A회사는 이를 수리하여 승낙함으로써 근로관계를 종료시키는 근로계약의 합의해지가 성립하였다.

그런데 甲이 주장하는 것처럼 사직서를 제출하는 것이 진의 아닌의사 표시에 해당한다면 의사표시가 예외적으로 무효일 수 있다. 즉 진의 아닌 의사표시는 원칙적으로 표시된 대로 효력이 발생하나(제107조

---

1) 대법원 2003.4.25. 선고, 2002다11458 판결 변형.

제1항), 상대방이 표의자의 진의 아님을 알았거나 이를 알 수 있었을 경우의 진의 아닌 의사표시는 무효이다(제107조 제1항 단서).

진의 아닌 의사표시는 표의자가 표시된 내용이 내심의 의사 (진의)와 다른 의미로 이해된다는 것을 스스로 알면서 하는 의사표시를 말한다. 그런데 진의 아닌 의사표시에 있어서 '진의'란 특정한 내용의 의사표시를 하고자 하는 표의자의 생각을 말하는 것으로서 표의자가 진정으로 마음속에서 바라는 사항을 뜻하는 것은 아니다.2) 따라서 표의자가 의사표시의 내용을 진정으로 마음속에서 바라지 아니하였다고 하더라도 당시의 상황에서는 그것이 최선이라고 판단하여 그 의사표시를 하였을 경우에는 이를 내심의 효과의사가 결여된 진의 아닌 의사표시라고 할 수 없다.3)

사안에서 甲이 명예퇴직을 신청한다는 내용의 사직원을 제출한 것은 진정으로 마음속에서 명예퇴직을 바란 것은 아니다. 하지만 회사의 경영상태의 악화로 정리해고를 당할 수 있다는 당시의 사정으로는 명예퇴직을 하는 것이 최선의 방법이라고 판단하고 스스로의 의사에 기하여 사직서를 제출하였으므로 진의 아닌 의사표시에 있어서 '진의'는 존재하였다고 보여진다. 따라서 甲의 사직의 의사표시는 진의 아닌 의사표시에 해당하지 않으므로 명예퇴직이 무효라는 甲의 주장은 정당하지 않다.

【변형】 이 경우에는 甲이 사직할 의사 없이 사직서를 작성하여 제출하였으므로 사직할 진의가 없었고, A회사에서도 이를 알 수 있었으므로 합의 해지는 무효이다(제107조 제1항 단서). 더 나아가 사용자가 사직의 의사 없는 근로자로 하여금 어쩔 수 없이 사직서를 작성·제출하게 한 후 이를 수리하는 이른바 의원면직의 형식을 취하여 근로관계를 종료시키는 경우에는 실질적으로 사용자의 일방적 의사에 의하여 근로계약관계를 종료시키는 것이어서 해고에 해당할 여지가 있다.4)

---

2) 대법원 2000.4.23. 선고, 99다34475 판결; 대법원 2001.1.19. 선고, 2000다51919, 51926 판결.
3) 대법원 2003.4.25. 선고, 2002다11458 판결.
4) 대법원 2005.11.25. 선고, 2005다38270 판결.

49. 통정한 허위표시와 은닉행위

사 례

> 甲은 乙의 토지를 증여받기로 하였다. 이때 증여세를 내지 않기 위해서 乙과의 합의로 증여계약을 매매계약으로 가장하기로 하였고, 허위로 매매 계약서를 작성하고 매매대금을 2억원으로 기재하였다. 甲이 乙에게 토지 소유권의 이전을 청구하는 경우 乙은 甲에게 매매대금 2억원의 지급을 청 구할 수 있는가?

乙의 甲에 대한 2억원의 매매대금지급청구권(제563조, 제568조 제1항)

乙이 甲에게 매매대금으로 2억원을 청구하기 위해서는 甲과 乙 사 이에 매매계약이 유효하게 체결되었어야 한다. 사안에서 계약서로 작 성한 매매계약은 단지 증여세를 내지 않기 위해서 가장된 것이고 당사 자 사이에는 실제로 증여계약을 체결하려고 한 의사가 있었는데, 이 경 우 각 계약의 효력이 문제된다.

매매계약과 관련하여 양 당사자는 모두 매매계약을 체결할 의사는 없었고 매매계약이 효력이 없다는 데에도 양 당사자 모두의 합의가 있 었다. 이와 같이 진의 아닌 의사표시를 한 자가 스스로 그 사정을 인식 하면서 그 상대방과 진의 아닌 의사표시를 하는 데에 대하여 양해를 하 고 의사표시를 한 경우를 "통정"이라고 말한다.[1] 그리고 상대방과 통정 해서 하는 진의 아닌 의사표시(허위표시)는 당사자 사이에 있어서 무효 이다(제108조 제1항). 특히 허위표시를 법률사실로 하는 법률행위를 가 장행위라고 한다. 따라서 계약서로 작성한 매매계약은 가장행위로서 무효이므로 乙은 甲에게 매매대금 2억원을 청구할 수 없다.

---

1) 대법원 1972.12.26. 선고, 72다1776 판결.

　　사안에서 甲과 乙은 매매계약으로 계약서를 작성하였지만 실제로
는 증여계약을 체결하려고 하였다. 이와 같이 가장행위를 통하여 숨기
려고 한 진실한 행위를 은닉행위라고 한다. 이 은닉행위는 그 자체가
의사표시 내지 계약으로서의 요건을 모두 갖추고 있으면 유효하다. 본
사안에서 증여계약을 체결하기 위해서 별도의 특별한 다른 유효요건이
있어야 하는 것은 아니므로 증여계약은 당사자의 청약과 승낙의 의사
표시로서 성립하고 효력을 갖는다. 따라서 甲이 乙에게 토지소유권의
이전을 청구한 것은 정당하다.

50. 통정한 허위표시의 효력

사 례

정수기 사장 甲은 사업을 시작하면서 乙로부터 3억원을 빌렸다. 甲은 사업이 망하기 직전에 강제집행을 면하기 위해서 유일한 재산인 시가 4억원의 토지 X를 丙과 합의하여 丙에게 1억원에 매도한 것처럼 가장하여 소유권이전등기를 해주었다. 실제로는 명의만 丙의 소유로 한 것이고 매매계약 등은 체결되지 않았다. 甲의 사업이 망한 후 甲과 丙의 가장매매사실을 알게 된 乙은 자신의 강제집행을 위해서 甲이 토지 X의 소유권을 丙으로부터 회복할 수 있는지 알고 싶어 한다. 가능한가?

사안에서 甲은 乙로부터 빌린 3억원에 대한 X토지의 강제집행을 면하기 위해서 시가 4억원의 토지 X를 丙과 합의하여 丙에게 1억원에 매도한 것처럼 가장하여 소유권이전등기를 해주었다. 그러나 실제로는 명의만 丙의 소유로 한 것이고 매매계약 등을 체결할 의사가 없었다. 따라서 甲과 丙의 토지 X에 대한 매매계약은 제108조의 통정허위표시에 해당하므로 당사자 사이에서 이러한 가장매매는 무효라 하겠다. 이러한 가장매매는 당사자 사이에서는 아무런 효력을 발생하지 않으므로, 만약 아직 이행을 하지 않은 단계라면 이행을 할 필요가 없으나, 사안에서처럼 이행(이전등기)을 한 이후에는 상대방에게 그 이행된 것을 반환 청구할 수 있는지가 문제된다.[1]

---

[1] 그 밖에 허위표시로 무효가 되더라도 채권자취소권을 행사할 수 있다는 것이 다수설과 판례의 입장이므로(무효의 이중효) 채권자취소권의 성립도 원칙적으로 검토해야 할 것이다.

(1) 甲의 丙에 대한 토지 X의 반환청구권

甲이 소유물반환을 청구하기 위해서는 甲이 토지 X의 소유자이어야 하고, 丙은 토지 X를 점유할 권원 없이 점유하고 있어야 한다. 甲과 丙 사이의 가장매매행위는 물론 토지 X의 소유권을 이전하겠다는 물권적 합의도 모두 통정허위표시로서 무효이기 때문에 소유권은 아직 甲에게 있고, 丙은 특별한 권원 없이 토지 X의 등기부상 명의자로 되어 있다. 따라서 甲은 소유물반환청구권을 丙에 대하여 행사할 수 있다(제213조).[2]

또한 丙이 법률상 원인 없이 부당하게 재산적 이득을 얻고, 이로 말미암아 타인에게 손해를 주고 있다면 부당이득반환청구권을 행사할 수 있다. 사안에서 丙은 등기부상 토지 X의 명의자로 되어 있기 때문에 이득을 얻었고, 이로써 甲에게 손해를 가하였다. 丙의 수익과 甲의 손해 사이에 인과관계가 있고, 가장매매행위가 무효이기 때문에 법률상의 원인 없이 이득을 취득하고 있다. 따라서 부당이득의 요건을 충족하므로 甲은 부당이득을 이유로 丙에게 토지의 반환을 청구할 수 있다(제741조).

(2) 불법원인급여(제746조)

위의 가장매매행위가 제746조의 불법원인급여의 요건을 충족한다면 甲은 丙에 대하여 토지의 반환을 청구할 수 없게 된다. 불법원인급여가 성립하면 부당이득반환청구권은 물론 소유권에 기한 물권적 청구권도 행사할 수 없다.[3] 그러나 가장행위로 인한 허위표시는 그 자체가 반사회적 행위 또는 불법이 아니며, 만약 불법원인급여를 인정하여 반환청구를 할 수 없다고 하면 제108조 제1항에서 허위표시를 무효로 하는 입법취지가 상실되는 결과를 가져온다. 따라서 통정허위표시는 제

---

2) 그 밖에도 丙 명의의 등기를 말소하기 위해서 방해배제청구권(제214조)을 행사하여 말소등기를 청구할 수 있다.

3) 대법원 1979.11.13. 선고, 79다483 판결.

746조에서 말하는 불법원인급여에 해당하지 않는다.4) 사안에서 甲과 丙의 가장매매행위는 불법원인급여로 볼 수 없고, 허위표시의 효과가 그대로 적용되어 甲은 丙에게 토지의 반환을 청구할 수 있다.

---

4) 대법원 1994.4.15. 선고, 93다61307 판결; 대법원 2004.5.28. 선고, 2003다70041 판결;
   이은영, 500면.

51. 통정한 허위표시와 선의의 제3자 보호

사 례

甲은 A은행으로부터 대출을 받기 위하여 존재하지 않은 전세권을 乙로부터 설정받았다. 전세금은 3억원으로 되어 있었고 이를 담보로 甲은 A로부터 1억원을 대출받고 근저당권을 설정해 주었다. 그 후 甲의 채권자 丙이 전세금반환채권을 압류한 후 전세권설정기간이 만료하자 1억원을 공제한 나머지의 채권의 지급을 乙에게 요구하였다. 정당한가?

【변형 1】 丙은 전세권이 허위로 설정되었다는 사실을 몰랐지만, 이를 신뢰한 것에 대하여 과실이 존재하는 경우는?

【변형 2】 丁이 A의 甲에 대한 전세권근저당권부 채권을 가압류하였고, A는 악의, 丁이 선의인 경우는?

丙의 乙에 대한 전세금반환채권

(1) 전세권설정계약의 효력

丙의 乙에 대한 전세금의 반환을 청구하기 위해서는 유효한 전세권설정계약이 존재하고 전세권설정기간이 만료되었어야 한다. 그런데 사안에서 甲과 乙 사이에 체결된 전세권설정계약은 형식적으로만 존재하고 실제로 이를 체결할 의사가 당사자 사이에 존재하지 않기 때문에 통정허위표시로 무효이다(제108조 제1항). 즉 甲과 乙 사이에 상호 간의 의사표시 자체는 존재하지만 진의와 표시가 불일치하며, 이와 같은 불일치 사실을 甲과 乙이 합의하에서 모두 인식하고 있었기 때문에 통정허위표시로 인하여 甲과 乙 사이에 체결된 전세권설정계약은 무효이다.

(2) 제3자에 대한 대항력

그러나 통정허위표시로 인한 무효는 선의의 제3자에게 대항하지 못한다(제108조 제2항). 즉 허위표시의 무효는 이를 알지 못하는 선의의 제3자에게 주장하지 못하므로 허위표시는 당사자 사이에서는 무효이지만 선의의 제3자에 대한 관계에서는 유효하다(상대적 무효). 여기서 '제3자'라고 함은 당사자와 그의 포괄승계인을 제외한 사람 중에서 허위표시를 기초로 하여 별개의 법률원인에 의하여 새로운 법률상의 이해관계를 맺은 자를 말한다. 그러므로 제3자의 범위는 권리관계에 기초하여 형식적으로 파악할 것이 아니라, 허위표시를 기초로 하여 새로운 법률상 이해관계를 맺었는가의 여부에 따라 실질적으로 파악해야 한다.[1] 사안에서 채권자 丙은 甲과 乙 사이의 전세권설정계약이 설정되어 있는 것을 전제로 전세금반환채권을 압류한 것이므로 丙은 허위표시를 기초로 하여 새로운 법률상의 이해관계를 맺은 제3자에 해당한다. 제3자의 선의는 법률상 새로운 이해관계를 맺은 당시를 기준으로 결정하며, 제3자의 선의는 추정된다.[2] 무효를 주장하는 측이 제3자의 악의를 증명하여야 하나, 이러한 사정이 없으므로 丙은 선의의 제3자로 추정된다.

甲과 乙은 이들 사이에 체결된 전세권설정계약이 통정허위표시를 이유로 해서 무효라는 사실을 丙에게 주장하지 못하므로, 丙과의 관계에서는 전세권설정계약이 유효하다. 따라서 유효한 전세권설정계약을 기초로 발생한 전세금반환채권을 압류한 丙은 전세권설정기간이 만료한 후 이를 행사할 수 있다.

【변형 1】 丙은 전세권이 허위로 설정되었다는 사실을 몰랐지만, 이를 신뢰한 것에 대하여 과실이 존재하는 경우는 선의이지만 과실이 있는 경우에 해당하다. 하지만 민법 제108조 제2항의 제3자는 선의이면 족하고 무과실은 요건이 아니다.[3] 따라서 이 경우에 丙이 압류에

---

1) 대법원 2000.7.26. 선고, 99다51258 판결.
2) 대법원 2006.3.10. 선고, 2002다1321 판결.
3) 대법원 2004.5.28. 선고, 2003다70041 판결.

기하여 전세금반환채권의 지급을 요구하는 것은 정당하다.

【변형 2】   선의의 제3자가 보호될 수 있는 법률상 이해관계는 통정의 허위표시인 전세권설정계약의 당사자를 상대로 하여 직접 법률상 이해관계를 가지는 경우 외에도 그 법률상 이해관계를 바탕으로 하여 다시 위 전세권설정계약에 의하여 형성된 법률관계와 새로이 법률상 이해관계를 가지게 되는 경우도 포함된다. 따라서 丁이 이러한 A의 전세권근저당권부 채권을 가압류한 경우 채권에 관한 담보권인 전세권근저당권의 목적물에 해당하는 전세권에 대하여 새로이 법률상 이해관계를 가지게 되었다. 또한 丁이 통정허위표시에 관하여 선의라면 비록 A가 악의라 하더라도 허위표시자는 그에 대하여 전세권이 통정허위표시에 의한 것이라는 이유로 대항할 수 없다.[4]

---

4) 대법원 2013.2.15. 선고, 2012다49292 판결.

52. 동기의 착오

사 례

甲은 주택을 신축하기 위하여 乙로부터 토지 X를 매수하였다. 그런데 매매계약 체결 당시 중개인들이 토지 X 중 약 20~30평 정도만 도로에 편입될 것이라고 말하였으므로, 甲은 이를 믿고 거래를 하였다. 그러나 그 후 실제로 토지 X는 분할되어 Y시 소유로 편입되었고 전체 면적 중 30%만 甲의 소유로 남게 되었다. 중개인들의 말을 매도인 乙이 전혀 알지 못하는 경우 매매계약을 취소할 수 있는가?

【변형】 중개인들이 아닌 매도인 乙이 직접 이러한 말을 甲에게 한 경우는?

취소전의 성립(제109조 제1항)

유효하게 체결된 매매계약을 취소하기 위해서는 의사표시에 하자가 있어서 취소사유가 존재해야 한다. 甲은 토지 X에 대한 매매계약을 체결할 때 약 20~30평 정도만 도로에 편입될 것이라고 생각하였으나, 실제로는 전체 면적 중 70%가 편입되었다. 이와 같이 실제 사실관계를 잘못 이해하고 있는 것을 '착오'라고 한다.

표의자의 모든 착오를 고려하여 의사표시의 효력과 연관시킬 수 없는 것은 당연하다. 그렇지 않다면 상대방은 표의자의 의사표시를 믿을 수 없게 되고 그 결과 주관적 의사를 너무 강조하여 법적 안정성을 크게 해치게 된다. 반면에 표의자에게 말한 내용에 항상 책임을 지게 하는 것도 부당하다. 이와 같이 의사와 표시가 일치하지 않는 경우에 어떤 해결책을 택할 것인지는 법정책적으로 명백하게 답할 수 있는 것은 아니다. 우리 민법은 제109조에서 특별한 유형의 착오만 중요한 것으로 판단하여 표의자가 착오를 이유로 취소할 수 있다고 규정하고 있다. 그러나 착오를 이유로 취소한 경우에 상대방의 손해를 배상할 필요가 있는가에 관해서는 명문의 규정을 두고 있지 않다.

　'효과의사를 형성하게 된 사정' 또는 '법률행위로서 도모하려는 경제적·사회적 목적'을 의사표시의 동기라고 말하는데, 그 동기가 잘못된 상황판단에 기초해 이루어진 경우에 동기의 착오가 있다고 한다. 거래안전의 보호를 위해서 단순한 '동기의 착오'를 이유로 의사표시를 취소할 수는 없다.[1] 다만 동기를 당해 의사표시의 내용으로 삼을 것을 상대방에게 표시하고 의사표시의 해석상 법률행위의 내용으로 되었다고 인정할 수 있으면 동기의 착오를 이유로 의사표시를 취소할 수 있다.[2] 또한 '동기가 상대방의 부정한 방법에 의하여 유발된 경우'[3] 또는 '동기가 상대방으로부터 제공된 경우'[4]에는 동기가 표시되지 않았다고 하더라도 상대방이 표의자의 동기를 알고 있으므로 동기의 착오를 이유로 의사표시를 취소할 수 있다.[5]

　사안에서 甲이 토지의 20~30평 정도만 도로에 편입될 것이라고 생각하고 구입결정을 한 것은 동기에 불과하다. 이와 같은 동기는 표시되지 않는 이상 계약의 내용이 되지 않기 때문에 고려할 필요가 없다. 그러므로 사안에서 이와 같은 동기가 표시되지 않았고, 그 밖의 예외적인 상황도 존재하지 않기 때문에 착오를 이유로 취소할 수 없다.

　【변형】　甲의 착오가 상대방인 乙에 의하여 유발되었으므로, 동기가 표시되어 법률행위의 내용으로 되었는지와 상관없이 고려될 수

---

1) 이에 반하여 내용상의 착오와 표시상의 착오도 동기의 착오와 동일하게 거래안전을 해친다는 점에서 동기의 착오도 제109조의 적용영역에 포함된다는 견해가 있다(이은영, 519면; 고상룡, 426면). 또한 '거래에 있어서 중요한 사람 또는 물건의 성질에 관한 착오' 및 이에 준하는 착오는 제109조를 유추적용하는 것이 타당하다는 견해도 주장되고 있다(이영준, 402면).

2) 대법원 1998.2.10. 선고, 97다44737 판결; 대법원 2000.5.12. 선고, 2000다12259 판결.

3) 대법원 1987.7.21. 선고, 85다카2339 판결.

4) 대법원 1978.7.11. 선고, 78다719 판결.

5) 이에 반하여 동기가 표시되었거나 표시되지 않았거나를 묻지 않고서 다른 유형의 착오와 마찬가지로 의사표시를 취소할 수 있다고 보는 견해가 있다.

있다. 이러한 착오가 없었더라면 매매계약을 체결하지 않았을 것이므로 중요부분의 착오도 인정된다. 따라서 甲은 착오를 이유로 의사표시를 취소할 수 있다.

53. 쌍방에 공통하는 동기의 착오

사례

甲은 乙로부터 乙 소유의 토지를 대금 15억원에 매수하고자 하였다. 그런데 乙이 양도소득세 때문에 매도를 꺼리자 甲은 乙과 함께 세무사에게 의뢰하여 위 매매에 따른 양도소득세가 5억원임을 확인하고, 甲이 추가로 乙에게 5억원을 지급하기로 하여 매매계약을 체결하였다. 甲은 乙에게 20억원을 지급함과 동시에 乙로부터 위 토지를 인도받아 소유권이전등기까지 마쳤다. 그 후 관할 세무서는 위 매매에 따른 양도소득세로 5억원이 아닌 9억원을 부과하는 처분을 하였다. 이에 乙이 甲에게 초과금액 4억원을 추가로 지급할 것을 요구하였다. 甲은 이를 거절하였다. 이 경우 乙은 매매계약을 취소할 수 있는가?

사안에서 계약의 양 당사자인 甲과 乙 모두 양도소득세가 5억원으로 부과될 것으로 생각하고 계약을 체결하였으나, 실제로 9억원이 부과되었다. 이처럼 계약을 체결함에 있어서 당사자 쌍방이 일치하여 일정한 사정에 관하여 착오에 빠진 경우 이를 쌍방에 공통하는 동기의 착오라고 한다. 이러한 경우 이를 법적으로 어떻게 취급할 것인지가 문제된다.

학설은 (1) 법률행위의 보충적 해석에 의하여 해결해야 한다는 견해[1]와 (2) 주관적 행위기초론을 적용해야 한다는 견해[2]로 나뉘어져 있다. 판례는 일방적 착오처럼 다루면서 취소를 인정하였으나,[3] 최근에는 법률행위의 의사를 보충하여 계약을 해석할 수 있다는 입장을 취하였다.[4] 주관적 행위기초론에서는 계약당사자 쌍방이 계약체결에 있어

---

1) 이영준, 442면; 명순구, 496-497면.

2) 김상용 · 전경운, 506면; 송덕수, 신민법사례연습, 50면.

3) 대법원 2000.5.12. 선고 2000다12259 판결.

4) 대법원 2006.11.23. 선고 2005다13288 판결: 계약당사자 쌍방이 계약의 전제나 기초가 되는 사항에 관하여 같은 내용으로 착오를 하고 이로 인하여 그에 관한 구체적 약정을

서 의식적으로 이끌려진 공통하는 관념 내지 기대가 처음부터 결여되었거나 후에 소실된 경우에는 공통의 동기의 착오에 의하여 불이익하게 계약을 체결한 당사자는 계약으로부터 벗어날 권리, 즉 탈퇴권을 갖는다고 한다. 다만, 착오에 의하여 유리하게 된 당사자가 계약을 사실관계에 맞게 수정된 내용으로 효력 있게 하려고 하는 경우에는 상대방의 탈퇴권은 인정되지 않는다. 보충적 해석을 하는 견해에 의하면 당사자의 가정적 의사를 기초로 보충적 의사를 해석하여 계약내용을 보충할 것이다. 이에 대하여 당사자가 계약으로부터 벗어날 수 없다는 문제점이 지적되고 있으나, 이러한 해석론에 의하더라도 보충해석을 통한 계약의 수정이 가능한지를 검토한 뒤, 그것이 불가능하면 그때 비로소 계약을 취소할 것인지를 검토해야 한다는 절충적 견해도 주장되고 있다.5)

　　본 사안의 경우 乙이 추가로 부담해야 했던 세액이 甲이 당초 부담하기로 했던 액수에 거의 육박하는 4억원이라는 거액에 이를 뿐 아니라, 乙에게 추가로 세금이 부과되자 乙이 甲에게 초과 액수를 지급할 것을 요구하였으나, 甲이 이를 거절하였다는 점 등에 비추어 보면, 乙이 부담해야 할 세금의 액수가 위 금액을 초과한다는 사실을 甲이 알았다 하더라도 그 액수를 불문하고 이를 부담하기로 하는 약정을 하였을 것이라고 단정하기 어렵다. 또한 乙이 양도소득세가 9억원이라는 사실을 알았다면 甲으로부터 5억원만 받고 나머지 4억원은 자신이 부담하는 매매계약을 체결하지는 않았을 것으로 보인다. 이러한 측면에서 보았을 때 탈퇴권을 인정하든 착오취소를 인정하든 어느 견해에 의하여도 계약의 효력은 본 사안에서 유지될 수 없다.

하지 아니하였다면, 당사자가 그러한 착오가 없을 때에 약정하였을 것으로 보이는 내용으로 당사자의 의사를 보충하여 계약을 해석할 수도 있으나, 여기서 보충되는 당사자의 의사란 당사자의 실제 의사 내지 주관적 의사가 아니라 계약의 목적, 거래관행, 적용법규, 신의칙 등에 비추어 객관적으로 추인되는 정당한 이익조정 의사를 말한다고 할 것이다.

5) 윤진수, "2006년도 주요 민법 관련 판례회고," 서울대 법학 제48권 제1호, 2007, 385면 이하.

54. 내용상의 착오, 물건 성상의 착오

사 례

평소 서화에 관심이 많아 상당한 수준의 감정능력을 갖고 있던 甲은 고서화 수집을 위하여 乙의 골동품가게에 들리게 되었다. 우연히 그 가게 창고에 쌓여있던 병풍 중에 추사 김정희 선생이 쓴 것으로 보이는 병풍을 발견하였다. 甲이 병풍을 구입할 의사를 보이자 乙은 일반병풍처럼 저가로 팔려고 하였다. 이에 추사 선생의 진품으로 확신한 甲은 사후의 분쟁을 우려하여 추사 선생 글의 일반 거래가에 상응하는 비교적 고가로 병풍을 구입하였다. 그러나 이후 전문감정인에게 정밀감정을 의뢰한 결과 추사 김정희 선생의 모작에 불과함이 밝혀졌다.

(1) 甲은 이 경우 매매계약상의 의사표시를 취소할 수 있는가?

(2) 甲이 하자담보책임을 물은 경우는?

(1) 취소권의 성립

甲은 자신이 구매한 병풍이 추사 김정희 선생의 진품이라고 생각하여 구입하였다는 점에서 매매계약의 목적이 된 객체의 성질에 관하여 착오한 것으로 보인다. 따라서 甲이 제109조 제1항에 의하여 착오를 이유로 의사표시를 취소할 수 있는지가 문제된다.

착오를 이유로 취소하기 위해서는 법률행위의 내용을 구성하는 중요부분에 착오가 있어야 한다(제109조 제1항 본문). 매매목적물의 성상에 관한 착오는 일반적으로 동기의 착오에 해당하기 때문에 표시되어 상대방이 이를 알고 있는 경우에만 법률행위의 내용이 되어 제109조에서 고려될 수 있는 착오에 해당한다.[1] 사안에서 甲과 乙의 매매계약이 고가로 체결되었다는 점에서 양 당사자가 모두 추사 선생의 진품임을 전제로 하고 매매계약을 체결한 것으로 보인다. 따라서 甲이 추사 선생의

---

[1] 곽윤직·김재형, 319면.

진품으로 생각한 구입동기가 乙에게 표시된 것으로 볼 수 있다.

　다음으로 법률행위의 중요부분의 착오가 인정되기 위해서는 표의자에게 그러한 착오가 없었더라면 그 의사표시를 하지 않으리라고 생각될 정도로 중요한 것이어야 하고, 보통 일반인도 표의자의 처지였더라면 그러한 의사표시를 하지 않았으리라고 생각될 정도로 중요한 것이어야 한다.[2] 따라서 물건의 성상에 관한 착오는 그 성상이 당사자에게는 물론 거래상 중요한 의미를 가져야 한다.[3] 병풍이 진품인지의 여부는 본 매매계약의 중요부분에 해당하는 것으로서 甲은 물론 일반인의 시각에서 보더라도 진품이 아니라면 비싼 가격으로 매매계약을 체결하지 않았을 것이다.

　마지막으로 표의자에게 중대한 과실이 없었어야 한다(제109조 제1항 단서). 중대한 과실이란 표의자의 직업, 행위의 종류 및 목적 등에 비추어 일반적으로 요구되는 주의를 지나치게 결여한 것을 말한다.[4] 사안에서 甲은 자신의 감정능력을 너무 믿고 높은 값으로 매매계약을 체결하였다는 점에서는 과실을 인정할 수 있다. 그러나 통상 추사 선생의 글씨의 진위여부를 판단하는 것은 전문가라고 하더라도 쉽지 않고 甲이 전문감정인이 아니고 보통의 수집가라는 점에서, 甲이 요구되는 주의를 지나치게 결여한 것으로 보기는 어렵다. 따라서 제109조의 요건이 모두 충족되어 甲은 매매계약을 취소할 수 있다.

(2) 담보책임과의 경합

　사안에서 병풍 자체에는 하자가 없으나, 계약상 정해진 추사 선생의 진품이 아니기 때문에 하자가 존재한다(주관적 하자). 따라서 제580조의 담보책임에 기하여 계약해제 및 손해배상을 청구할 수 있다. 다수설은 이 경우 매도인의 담보책임이 성립하는 범위에서는 제109조가 적용되지 않는 것으로 본다. 그러나 판례는 매도인의 하자담보책임제도

---

2) 대법원 2000.5.12. 선고, 2000다12259 판결.

3) 곽윤직·김재형, 319면.

4) 대법원 2000.5.12. 선고, 2000다12259 판결.

와 착오로 인한 취소제도가 그 취지가 서로 다르고 요건과 효과도 구별
된다고 보아 하자담보책임의 성립여부와 무관하게 착오취소가 가능하
다고 보고 있다.[5]

---

[5] 대법원 2018.9.13. 선고, 2015다78703 판결.

55. 계산의 착오

사 례

甲은 집 베란다에 새시를 설치하고 싶어서 몇몇 새시 회사에 문의를 하였다. 이 중에서 A회사가 200만원으로 가장 유리한 제안을 하였다. 그래서 甲은 A회사와 계약을 체결하였으나, 구체적인 200만원의 산출 근거는 별도로 제공되지 않았다. 그 후 A회사는 자재운송비 20만원을 잊었다고 하며 계약을 없었던 것으로 하고 싶다고 한다. A회사는 취소할 수 있는가?

사안에서 A회사는 자재운송비 20만원을 잊은 채 甲과 200만원에 새시 설치를 목적으로 하는 도급계약을 체결하였다(제664조).[1] 이때 A회사가 200만원의 새시설치비용을 산정하면서 자재운송비 20만원을 잊었는데, 이를 이유로 의사표시를 제109조 제1항에 기하여 취소할 수 있는지가 문제된다.

이와 같이 매매대금이나 공사대금을 계산함에 있어서 표의자가 계산 내지 계산의 기초가 된 사정에 관하여 착오한 경우를 계산의 착오라고 한다. 즉 금액 또는 수량의 계산 그 자체를 잘못한 경우뿐만 아니라 계산의 기초가 된 원료비, 인건비 등의 사정을 빠뜨리거나 잘못 결정한 경우가 계산의 착오이다. 사안에서 A회사가 새시설치비용을 산정하면서 자재운송비를 잊은 것은 계산의 착오에 해당한다. 계산의 착오가 항

---

1) 사안에서 양 당사자가 체결한 계약은 물건의 소유권이전이라는 입장에서 생각하면 매매계약이 되고, 일의 완성이라는 입장에서 생각하면 도급계약이 될 수 있다. 이처럼 수급인이 자기의 재료를 사용하여 도급인이 주문한 물건을 제작·완성하여 도급인에게 그 목적물의 소유권을 이전할 의무를 지고, 도급인은 이에 대해 보수를 지급할 의무를 부담하는 계약을 제작물 공급계약이라 한다. 이러한 제작물 공급계약의 법적 성질에 대하여는 견해의 대립이 있는데, 판례는 목적물이 대체물일 때에는 매매로 보아 매매의 규정을 적용하고, 부대체물일 때에는 도급의 규정을 적용하고 있다(대법원 1987.7.21. 선고, 86다카2446 판결).

상 법률행위의 내용의 착오가 되는 것은 아니다. 계산의 착오가 법률행위 내용의 착오로 되기 위해서는 산출의 기초 내지 계산의 기초가 된 사정이 상대방에게 표시되거나 상대방이 이를 알 수 있었어야 한다. 이 경우 이 사정이 법률행위의 해석을 통하여 법률행위의 내용으로 될 수 있으므로 내용의 착오가 성립한다. 그러나 표의자가 계산의 기초를 표시하지 않고 단지 총액, 즉 계산의 결과만을 표시한 경우라면 계산의 착오는 동기의 착오에 불과하다.[2] 반면에 계산의 잘못이 명백히 계산서를 통하여 드러나는 경우에는 정당한 총액이 약정된 총액으로 해석되어야만 한다.[3]

사안에서 A회사는 새시 설치를 목적으로 하는 도급계약을 체결하는데 있어서 200만원이라는 총액만을 제시하였을 뿐, 200만원의 구체적인 산출 근거는 甲에게 별도로 제공하지 않았으므로 이 계산의 착오는 단순한 동기의 착오에 불과하다. 따라서 이러한 동기가 표시되거나 상대방이 이를 인식하지 못하였으므로 이러한 계산의 착오를 이유로 의사표시를 취소할 수 없다. 결국 A회사는 자재운송비 20만원을 잊었다고 하여 새시 설치를 목적으로 하는 도급계약을 취소할 수는 없다.

---

2) 이영준, 414면.

3) 이영준, 414면; 김상용, 489면.

56. 표시기관의 착오

 사 례 회사 A의 과장 甲은 신입직원 乙에게 복사용지 100박스를 대형문구할인점 B에게서 구입하라는 주문서를 주었다. 정신이 없는 乙은 주문서를 회사 앞에 있는 문구점 C에 갖다 주었다. C가 박스당 5천원이 더 비싸게 복사용지를 공급하자 乙의 잘못이 드러났다. 회사 A는 복사용지의 수령을 거절한다. 회사 A는 매매대금을 C에게 지급해야 하는가?

【변형】 乙이 의식적으로 잘못 주문서를 C에게 갖다 준 경우는?

C의 A에 대한 매매대금지급청구권(제563조, 제568조 제1항)

(1) 매매계약의 성립

A는 사자인 직원 乙을 통하여 100박스의 복사용지를 구입하겠다는 청약을 하였고, C가 이에 승낙함으로써 A와 C 사이에 매매계약이 유효하게 성립하였다. 따라서 C는 A에 대하여 복사용지의 수령 및 매매대금을 요구할 수 있다.

(2) 착오를 이유로 한 취소권의 성립

그러나 매매계약의 체결을 목적으로 한 의사표시를 취소함으로써 무효가 될 수 있다. A가 100박스의 수령을 거절하였다는 점에서 취소의 의사표시를 행사한 것으로 볼 수 있다.

취소사유로는 법률행위의 내용상의 착오가 문제된다(제109조 제1항). 사안에서 대리권을 갖고 있는 과장 甲은 A를 위해서 올바르게 의사표시를 하였다. 그러나 이 의사표시를 전달해야 하는 신입직원 乙이 잘못 전달한 것이다. 이와 같이 표의자를 대신하여 의사표시를 표시하거나 수령하는 기관을 사자라고 하며 사안처럼 의사표시를 상대방에게 전달하는 乙을 전달사자라고 한다. 그리고 사자가 표의자의 의사와 다르게 표시행위를 하는 것을 표시기관의 착오라고 한다.

표시기관의 착오는 표의자의 의사가 중개자에 의하여 잘못 표시되었다는 점에서 표시상의 착오와 이해관계가 동일하다. 따라서 표시기관이 잘못된 표시행위를 한다는 사실을 인식하지 못하는 경우에는 제109조의 규정이 적용될 수 있다. 사안에서 乙은 자신이 다른 상점에 주문한다는 사실을 몰랐으므로 乙의 의사표시는 A에 대하여 효력이 있고, A는 제109조에 기하여 의사표시를 취소할 수 있을 뿐이다.

표시기관인 乙이 다른 상점에 주문서를 전달함으로써 A는 다른 계약상대방 및 다른 가격으로 계약을 체결하였으므로 법률행위의 내용상 착오가 있다. 또한 계약의 상대방이 다르게 됨으로써 매매계약에 있어서 중요한 요소인 구입가격이 박스당 5000원 정도 차이가 나기 때문에 착오의 사실을 알았을 경우 당사자는 물론 일반인의 시각에서도 C와 계약을 체결하지 않았을 것이므로 중요부분의 착오가 있었다고 볼 수 있다. 그리고 乙이 대형할인점 B와 문구점 C를 착오한 것만으로는 업무에 따르는 주의의무를 현저히 위반하였다고 볼 수 없으므로 중대한 과실이 있었다고 볼 수도 없다. 모든 요건이 충족되었으므로 A 회사는 문구점 C와의 계약을 취소할 수 있다.

A가 취소권을 행사하여 매매계약이 무효가 되었으므로 C는 A에 대하여 매매대금의 지급을 요구하지 못한다.

【변형】 표시기관이 표의자의 의사와 다른 표시행위를 한다는 사실을 알면서 하는 경우에는 그 의사표시는 표의자의 의사표시로 볼 수 없으므로 표의자에게 효력이 없다.[1] 이 경우에는 잘못된 표시행위를 한 표시기관이 제135조에 따른 무권대리책임을 부담할 뿐이다.

---

1) 이영준, 408면.

57. 착오로 인한 의사표시의 취소와 표의자의 중대한 과실

사 례

甲은 누에공장을 설립할 목적으로 토지를 구하고 있었다. 乙의 토지를 구입하는 과정에서 甲은 부동산을 현장답사하고, 그 부동산에 관한 임야대장과 도시계획 사실관계 확인서를 발급받아 본 후 그 토지가 공장설립을 위해서 적정한지를 확인하였다. 이러한 과정에서 甲은 그 토지의 지목이 임야 또는 전이라는 이유로 인해 다른 토지에 비하여 가격이 훨씬 저렴하다는 사실을 알게 되었다. 甲은 乙에게 누에공장을 짓기 위해서 乙의 토지를 구입한다는 사실을 알리고, 매매계약을 체결하고 계약을 이행하였다. 그 후 甲이 구입한 토지가 공장을 건축할 수 없는 용도의 토지라는 사실을 알게 되었다면, 乙과의 매매계약을 취소하고 매매대금의 반환을 청구할 수 있는가?[1]

甲의 乙에 대한 부당이득반환청구권(제741조)

甲이 부당이득을 이유로 매매대금을 반환받기 위해서는 매매계약을 취소할 수 있어야 한다.

(1) 법률행위 내용의 착오

사안에서 甲은 공장을 지을 수 있는 것으로 생각하고 乙의 토지를 구입하였으나, 실제로는 건축할 수 없는 용도의 토지를 사게 된 것이다. 이와 같이 일정한 이용목적을 위하여 토지를 매입하였는데 법령상의 제한으로 인하여 그 토지를 의도한 목적대로 사용할 수 없게 된 경우

---

1) 대법원 1993.6.29. 선고, 92다38881 판결 변형. 이 사안에서는 매도인의 하자담보책임도 문제될 수 있다.

에 이러한 착오는 목적물의 성질에 관한 착오로서 동기의 착오에 해당한다.2) 본 사안에서 甲은 공장을 짓기 위해서 토지를 구입한다는 사실을 乙에게 알렸기 때문에 동기가 표시되었으며 법률행위의 내용이 되었다.

(2) 중요부분의 착오

물건의 성상에 대한 착오가 중요부분의 착오가 되기 위해서는 착오내용이 거래상 중요한 의미를 가져야 하는데, 토지를 의도한 목적대로 사용할 수 없게 된 경우에 곧바로 그러한 제한에 관한 착오가 법률행위 내용의 중요부분에 착오가 있다고 할 수는 없다.3) 이는 구체적 사정에 따라 개별적으로 판단되어야 하는데, 사안에서 甲이 토지를 사게 된 목적 자체가 공장의 건축에 있기 때문에 표의자인 甲은 물론 일반인의 시각에서도 乙의 토지가 법령상의 제한으로 공장을 건축할 수 없는 토지라는 사실을 알았다면 계약을 체결하지 않았을 것이므로 중요부분의 착오라고 볼 수 있다.

(3) 중대한 과실의 결여

그런데 여기에서 표의자인 甲에게 법령상의 제한을 모르는 데에 중대한 과실이 있었느냐가 문제된다. 중대한 과실로 인하여 착오에 빠진 경우에는 취소권이 인정되지 않는다(제109조 제1항 단서). 중대한 과실이란 표의자의 직업, 행위의 종류 및 목적 등에 비추어 일반적으로 요구되는 주의를 지나치게 결여한 것을 말한다. 사안과 같이 공장을 경영하는 자가 새로운 공장을 설립할 목적으로 토지를 매수하는 경우에는 목적토지가 공장을 건축할 수 있는 토지인지의 여부를 관할관청에 알아보아야 할 주의의무가 있다.4) 사안에서 甲은 공장건축이 가능한지를

---

2) 대법원 1990.5.22. 선고, 90다카7026 판결.
3) 주석민법 총칙(2)/지원림, 242면.
4) 대법원 1993.6.29. 선고, 92다38881 판결.

알아보았으나 지목이 임야 또는 전이고, 그에 따라 토지의 가격이 저렴하다는 사실에서 사용목적이 제한되어 있을지도 모른다고 의심했어야 했다. 따라서 甲은 추가적으로 공장의 건축이 가능한지를 확인했어야 하나, 하지 않았으므로 甲은 주의의무를 현저하게 결여한 중대한 과실이 인정될 수 있다. 따라서 착오로 인한 취소권은 인정되지 않고, 甲은 乙로부터 매매대금의 반환을 청구하지 못한다.

58. 착오로 인한 의사표시의 취소와 손해배상

> **사 례**
>
> 甲은 사용하던 태블릿PC를 18만원에 팔기 위해서 인터넷 동호회 게시판에 광고물을 올렸다. 그런데 이때 오타로 인하여 매매대금이 15만원으로 기재되었다. 게시물을 본 乙은 甲에게 '정해진 가격'대로 사겠다고 하여 매매계약이 성립하였다. 乙이 태블릿PC를 직접 수령하려고 甲의 집으로 갔을 때 甲은 타자를 잘못 쳤다는 사실을 알게 되었고 매매계약을 곧바로 취소하였다. 乙이 전화비 및 교통비로 1만원을 들인 경우 乙은 甲에게 손해배상을 청구할 수 있는가?

乙의 甲에 대한 손해배상청구권

甲이 매매대금을 잘못 기재함으로써 표시상의 착오가 있었고, 매매대금에 관한 착오는 중요부분의 착오에 해당하여 甲의 착오를 이유로 한 취소권행사는 정당하다(제109조 제1항). 의사표시가 취소된 경우에 법률행위가 효력이 있다고 믿었던 상대방은 일정한 손해를 입게 된다. 이때 손해배상을 청구할 수 있는가에 대하여 민법은 명문의 규정을 두고 있지 않다. 명문으로 손해배상책임에 관한 근거조항이 없는 이상 해석상 착오자에 대한 손해배상청구는 인정될 수 없다는 견해가 있다.[1] 이에 따르면 乙은 손해배상을 전혀 청구하지 못한다.

그러나 다수설은 계약체결상의 과실책임에 관한 제535조의 규정을 유추적용함으로써 손해배상을 인정하고 있다.[2] 이 견해는 착오를 이유로 의사표시를 취소한 경우에 당사자들이 처하게 되는 이해관계가 원시적 불능으로 계약이 무효로 되는 경우와 비슷하기 때문에, 착오에

---

[1] 김증한 · 김학동, 450면; 곽윤직 · 김재형, 321면.
[2] 이영준, 437면; 김상용 · 전경운, 518면; 이은영, 533면; 백태승, 207면.

빠진 것을 과실로 알지 못한 자는 착오를 이유로 하여 취소하는 경우 상대방에게 신뢰이익을 배상할 의무가 있다고 한다. 계약체결상의 과실책임을 이유로 손해배상을 청구하기 위해서는 (1) 표의자가 과실로 인하여 착오하였을 것, (2) 표의자가 착오를 이유로 의사표시를 취소하였을 것, (3) 상대방은 선의이고 무과실일 것 등의 요건이 충족되어야 한다. 甲은 경미한 과실로 매매대금을 잘못 기재하여 착오에 빠졌고, 이를 이유로 취소권을 행사하였다. 그리고 상대방 乙도 甲이 착오에 빠졌다는 사실을 몰랐고 모르는 데 과실이 없었다. 따라서 이 견해에 따르면 甲의 손해배상책임이 인정된다. 착오자가 계약체결상의 과실책임에 기하여 부담하는 손해배상책임의 범위는 신뢰이익이며, 다만 이행이익의 범위를 넘지 못한다. 신뢰이익은 '의사표시의 유효를 믿었음으로 인하여 받은 손해'(제535조 제1항 1문)를 말하는데, 이에는 계약체결비용, 계약이행비용 및 취소된 행위에 대한 신뢰로 인하여 다른 거래행위를 하지 못한 불이익 등이 포함된다.[3] 따라서 이 견해에 따르면 乙은 계약이 유효하다고 믿고 지출한 전화비 및 교통비 1만원을 甲에게 손해배상으로 청구할 수 있다.

　　그러나 우리 민법은 착오의 의사표시를 한 자에게 중과실이 있는 경우에 취소할 수 없도록 규정하고 있고, 경과실의 경우에만 제한적으로 취소권을 인정하고 있다. 이와 같이 제한적으로 취소권을 인정하고 있을 뿐이고, 이 경우 다른 입법례와 달리 명문의 규정을 통하여 손해배상책임을 규정하고 있지 않은 이상 입법자가 손해배상책임을 발생시키지 않으려는 의도를 가지고 있었다고 보아야 한다.[4] 따라서 우리 민법의 해석상 乙은 甲에게 손해배상청구권을 행사할 수 없는 것으로 보아야 한다.[5]

---

3) 곽윤직·김재형, 321면.

4) 실제로도 민법 제정과정에서 표의자에게 경과실이 있는 경우에 배상의무를 인정하자는 수정안이 제출되었으나 국회에서 부결되었다고 한다(민사법연구회편, 민법안의견서, 1957, 51면 참조).

5) 우리 판례도 아직 제535조를 유추하여 손해배상책임을 인정한 적이 없으며, 불법행위로 인한 손해배상책임은 위법성이 결여되었다는 이유로 명시적으로 부정하였다(대법원 1997.8.22. 선고, 97다13023 판결: 불법행위로 인한 손해배상책임이 성립하기 위해서는

가해자의 고의 또는 과실 이외에 행위의 위법성이 요구되므로 전문건설공제조합이 계약보증서를 발급하면서 조합원이 수급할 공사의 실제 도급금액을 확인하지 아니한 과실이 있다고 하더라도 민법 제109조에서 중과실이 없는 착오자의 착오를 이유로 한 의사표시의 취소를 허용하고 있는 이상, 전문건설공제조합이 과실로 인하여 착오에 빠져 계약보증서를 발급한 것이나 그 착오를 이유로 보증계약을 취소한 것이 위법하다고 할 수는 없다. 이에 대한 비판적 견해로 최흥섭, "착오로 인한 의사표시의 취소에 대한 위법성 검토," 민사법학 제23호, 2003, 615면 이하).

59. 사기로 인한 의사표시의 취소

사 례

甲은 중고자동차를 중고자동차판매상 乙에게서 200만원에 구입하였다. 이 때 乙은 자동차사고가 있었다는 사실을 숨기고 계약을 체결하였다. 그 후 甲은 새로 산 차가 사고차량이라는 사실을 알게 되었고, 이를 근거로 매매대금인 200만원의 지급을 거절하였다. 이와 같이 甲이 사기를 이유로 의사표시를 취소하는 것은 정당한가?

【변형 1】 사고사실을 숨긴 것이 판매직원 丙인 경우는?

【변형 2】 사고사실을 숨기고 소유자 丁이 甲에게 자동차구매를 권유하여 甲이 판매직원 丙으로부터 구매한 경우, 만약 乙이 이를 알고 있었던 경우는?

제110조 제1항에 기하여 사기를 이유로 의사표시를 취소할 수 있기 위해서는 (1) 기망행위의 존재, (2) 사기의 고의, (3) 기망행위와 착오 사이의 인과관계 및 (4) 기망행위의 위법성이 존재해야 한다.

기망행위는 표의자로 하여금 사실과 다른 잘못된 생각을 가지게 하거나, 이를 강화 또는 유지하는 경우에 인정된다. 기망행위는 작위(착오의 의식적인 유발)는 물론 설명의무가 있는 상태에서 이를 설명하지 않는 부작위에 의해서도 이루어질 수 있다.[1] 사안에서 자동차가 사고차량인지에 관하여 乙은 아무런 언급이 없었으므로 부작위에 의한 사기만이 문제된다. 부작위에 의한 기망행위가 인정되기 위해서는 설명의무가 있는 상태에서 사고차량이라는 사실을 숨겼어야 한다. 설명의무가 존재하는지는 구체적인 사정(법률행위의 종류, 신뢰관계의 형성 등)을 기초로 해서 판단해야 한다. 자동차판매에서 매도인은 자동차의 중요한 특성을 모두 설명하여야 하며, 특히 중고자동차판매에서 사고차량

---

1) 대법원 1997. 11. 28. 선고, 97다26098 판결.

이라는 사실은 자동차의 중요한 특성에 해당한다. 따라서 설명의무가 있었음에도 불구하고 乙이 사고차량이라는 사실을 숨겼으므로 부작위에 의한 기망행위가 인정된다.

사기의 고의는 표의자를 기망하여 착오에 빠지게 하고(1단계 고의), 이러한 착오에 기하여 표의자로 하여금 의사표시를 하게 하려는 고의(2단계 고의)가 있을 때 인정된다.[2] 乙에게는 사고차량이라는 사실을 숨겨서 甲이 무사고차량이라고 생각하게 하려는 인식과 의욕이 있었고, 또한 이러한 생각에서 자동차를 사게 하려는 의도가 있었으므로 사기의 고의가 인정된다.

또한 乙의 기망행위로 일어난 착오상태에서 甲이 매매계약을 체결하는 의사표시를 하였으므로 기망행위와 착오 사이의 인과관계가 인정된다. 마지막으로 사고차량이라고 숨긴 기망행위는 신의칙 및 거래관념에 비추어 용인될 수 있는 범위를 넘어섰으므로 그 위법성이 인정된다. 모든 요건이 충족되었으므로 甲이 사기를 이유로 의사표시를 취소하는 것은 정당하다.

【변형 1】   사안에서 문제가 되는 것은 丙이 乙의 대리인에 불과하므로 사기로 인한 의사표시의 상대방은 乙이라는 점이다. 사기는 乙이 한 것이 아니라 대리인 丙이 한 것이지만, 일반적으로 사기를 이유로 의사표시의 취소를 인정하려는 것은 의사형성과정의 자유를 보호하려는 것이기 때문에 기망행위를 누가 했는지는 문제되지 않는다. 그러나 상대방 있는 의사표시에서는 의사표시의 상대방을 보호하기 위해서 특별규정이 있다. 즉 상대방 있는 의사표시에 관하여 제3자가 사기나 강박을 행한 경우에는 상대방이 그 사실을 알았거나 알 수 있었을 경우에 한하여 그 의사표시를 취소할 수 있다(제110조 제2항). 만약 丙이 제3자에 속하면 乙이 丙의 사기를 알았거나 알 수 있었어야 취소가 가능한데, 사안에서 乙이 이와 같은 요건을 충족하고 있다고 보기는 어려울 것

---

2) 이에 대하여 최근의 학설인 3단계 고의설은 기망행위에 관한 고의(1단계 고의), 착오 야기에 관한 고의(2단계 고의) 및 이에 기한 의사표시를 하도록 하는 고의(3단계 고의)가 각각 존재하여야 한다고 주장한다(이영준, 446면; 이은영, 544면).

이다.

그런데 여기에서 제3자는 의사표시의 당사자가 아닌 모든 사람을 말하는 것이 아니라, 입법의 취지에 따라 법률행위에 참가하지 않은 제3자만을 포함한다. 판례는 "민법 제110조 제2항에서 정한 제3자에 해당되지 아니한다고 볼 수 있는 자란 상대방의 대리인 등 상대방과 동일시할 수 있는 자만을 의미"한다고 하여, 상대방과 동일시할 수 없는 자가 제3자에 해당한다고 보았다.3) 판매직원 丙은 대리인으로서 의사표시 상대방인 본인 乙을 위해서 계약성립과정에 참가한 자에 해당하기 때문에 제110조 제2항에서 말하는 제3자에 해당하지 않는다. 따라서 乙이 기망행위를 알았느냐의 여부와 상관없이 甲은 의사표시를 취소할 수 있다.

【변형 2】 전 소유자 丁의 기망행위는 제3자에 의한 사기에 해당한다. 그런데 乙이 이 사실을 알고 있었으므로 甲은 사기를 이유로 의사표시를 취소할 수 있다(제110조 제2항).

---

3) 대법원 1998. 1. 28. 선고, 96다41496 판결; 대법원 1999. 2. 23. 선고, 98다60828, 60835 판결.

60. 제3자를 위한 계약과 사기로 인한 의사표시

사 례

甲은 아내 乙을 보험수익자로 하는 보험회사 A의 생명보험에 가입하기 위해 건강검진을 받았다. 건강검진을 한 결과 甲에게는 위장암이 발견되었으나, 의사 丙은 甲에게 이러한 사실을 알리지 않기 위해 건강검진 진단서에는 위장암이 있다는 사실을 기재하지 않았다. 대신에 丙은 이러한 사실을 乙에게는 알렸다. 보험회사 A는 甲이 제출한 건강검진 진단서를 토대로 하여 생명보험계약을 체결하였다. 몇 개월 후에 甲은 위장암이 악화되어 사망하였고, 보험수익자인 乙은 A에 대하여 보험금을 청구하였다. 그런데 A가 이에 대해 조사를 한 결과 건강검진 당시에 이미 위장암이 있었다는 사실이 밝혀졌고, A는 사기를 이유로 하여 보험계약상의 의사표시를 취소하였다. 정당한가?

보험회사 A가 사기를 이유로 하여 보험계약상의 의사표시를 취소하기 위해서는 계약을 체결할 때 사기나 강박에 의한 의사표시가 이루어졌어야 한다(제110조 제1항). 본 사안에서는 계약을 체결할 당시의 계약당사자이면서 동시에 의사표시의 상대방인 甲이 A에 대하여 사기에 의한 의사표시를 한 것이 아니고, 계약에 참가하지 않은 제3자인 丙의 사기에 의한 것이라고 할 수 있다. 그런데 甲은 丙의 이러한 사기사실을 몰랐고, 모른 것에 대한 과실이 없었으므로 A는 甲과의 보험계약상의 의사표시를 원칙적으로 취소하지 못한다(제110조 제2항).

그러나 본 사안에서와 같이 보험수익자를 乙로 정해둔 생명보험계약은 제3자를 위한 계약이라고 할 수 있는데, 乙은 甲의 생명보험계약을 통하여 보험회사 A에 대하여 보험금을 직접 청구할 수 있는 권리를 취득하며(제539조 제1항), 乙을 수익자라고 한다. 이와 같이 제3자를 위한 계약에 있어서 계약당사자는 아니지만 계약으로부터 직접 권리를 취득하는 수익자가 제3자의 사기를 알았거나 알 수 있었을 경우에 제

110조 제2항에서 규정하고 있는 바에 따라 의사표시를 취소할 수 있는
지가 문제된다. 즉 수익자가 사기사실을 알았거나 알 수 있었을 경우에
취소권을 인정하자는 견해[1]와 부정하는 견해[2]가 대립하고 있다. 취소
권을 인정하는 견해에 따르면 제3자를 위한 계약에 있어서 수익자도 상
대방과 같이 취급해야 한다고 본다. 즉 제110조 제2항의 취지를 유추적
용하여 수익자가 제3자의 사기·강박을 알았거나 알 수 있었던 때에는
상대방의 인식가능성이 없더라도 취소가 가능하다고 보고 있다. 따라
서 이 견해에 따르면 본 사안에서는 수익자 乙이 사기사실을 알고 있었
으므로 취소권이 인정된다. 취소권을 부정하는 견해는 수익자는 계약
당사자가 아니며 계약의 효과 모두가 제3자에게 생기는 것이 아니기 때
문에, 수익자 이외의 제3자가 의사표시의 당사자를 기망한 경우에는 오
로지 의사표시 당사자만을 기초로 선의·악의를 정해야 한다고 본다.
따라서 이 견해에 따르면 본 사안에서 수익자 乙의 인식 여부는 취소권
을 인정하는 데 고려되지 않는다.

　　긍정설은 기본적으로 제3자를 위한 계약에서 수익자가 계약으로
부터 직접 이익을 얻는 청구권자이므로 의사표시의 당사자처럼 취급해
야 한다는 실질적으로 정당한 시각을 내포하고 있으나, 엄연히 제110조
제2항에서의 '상대방'은 의사표시의 당사자를 말하므로 수익자는 의사
표시의 당사자가 아닌 것이다. 독일민법의 경우 제123조 제2항 2문에
서 명문의 규정으로 "의사표시의 상대방이 아닌 자가 그 의사표시로부
터 직접 권리를 취득하는 경우 그 자가 기망행위를 알았거나 알 수 있었
던 경우에는 그 의사표시는 그 자에 대하여 취소할 수 있다"라고 규정
하고 있다. 하지만 이러한 명문의 규정이 없는 한 수익자의 인식여부를
기초로 한 취소권은 부정되어야 할 것이다.[3] 그러므로 사안에서 A는
제3자인 丙의 사기를 이유로 하여 甲과의 보험계약상의 의사표시를 취
소할 수는 없다고 하는 것이 타당하다.

---

1) 김상용·전경운, 528면; 이은영, 550면; 이영준, 463면.
2) 김형배, 채권각론[계약법], 191면; 곽윤직, 채권각론, 93면.
3) 같은 입장으로 민법주해(Ⅱ)/송덕수, 591면.

61. 강박에 의한 의사표시

사 례 甲은 乙에게 돈을 빌려주었는데, 乙은 돈을 갚아야 할 때가 지났음에도 불구하고 갚지 않았다. 甲은 乙에게 찾아가서 돈을 갚지 않으면, 乙이 운영하고 있는 음식점과 관련된 탈세사실을 고발하겠다고 말하였다. 이에 乙은 돈을 대신하여 갖고 있던 토지 일부의 소유권을 甲에게 이전해 주었다. 그 후 乙은 후회를 하고 甲으로부터 토지를 반환받고 싶어 한다. 가능한가?

【변형】 乙이 甲에 대하여 강박을 이유로 대물변제계약을 취소한다는 의사표시를 하였으나, 甲은 아직 자기 앞으로 등기가 되어 있음을 이유로 이러한 사정을 모르는 丙에게 대금을 받은 뒤 토지의 소유권이전등기를 마쳤다. 이 경우 乙은 자신의 토지를 반환받을 수 있는가?

乙의 甲에 대한 토지의 반환청구권(제213조, 제741조)

乙이 甲으로부터 토지를 반환받으려면 대물변제계약(제466조)을 강박을 이유로 취소할 수 있어야 한다(제110조 제1항). 표의자가 타인의 강박행위에 의하여 공포심을 가짐으로써 행한 의사표시는 취소할 수 있는데(제110조 제1항), 사기의 경우와는 달리 이러한 강박행위에는 표의자의 착오가 존재하지 않는다. 강박행위가 인정되기 위해서는 (1) 표의자의 의사표시에 영향력을 미칠 수 있는 불이익 또는 해악을 고지해야 하고, (2) 그로 인하여 표의자에게 공포심을 유발하였어야 하며, (3) 이러한 강박행위와 공포심유발 사이에 인과관계가 있어야 하며, (4) 이러한 강박행위는 위법해야 한다. 위법성의 유무는 강박에 의하여 달성하려고 한 목적과 그 수단인 강박행위의 양자를 상관적으로 고찰하여 행위 전체를 기초로 판단하여야 한다. 따라서 (1) 해악의 고지로써 추구하는 이익이 정당하지 않거나, (2) 강박의 수단으로 상대방에게 고지하는 해악의 내용이 법질서에 반하거나, (3) 목적과 수단 자체는 위법하지 않지만 사용한 수단이 달성하려는 목적과 올바른 관계에 있지 않으면 위법성이 인정될 수 있다.[1]

　사안에서 甲은 乙이 빌린 돈을 갚지 않자 음식점과 관련된 탈세사실을 고발하겠다고 했는데, 甲의 이러한 행위는 乙의 의사표시에 영향력을 미칠 수 있는 불이익 또는 해악의 고지에 해당한다. 또한 탈세사실을 고발하겠다고 함으로써 乙에게 공포심을 유발하였다. 甲의 행위가 위법한지가 문제되는데, 빌려준 돈을 받으려는 목적과 乙의 탈세사실을 고발한다는 수단 그 자체는 위법하지 않다. 그러나 甲이 상대방의 탈세사실을 고발하는 행위를 아무 관계가 없는 돈을 받아내려는 목적과 결합함으로써 위법성이 인정된다. 결국 乙의 대물변제에 대한 의사표시는 강박에 의한 의사표시에 해당하여 취소할 수 있다. 따라서 乙은 甲과의 대물변제계약을 취소하고 甲에게 토지의 반환을 청구할 수 있다.

　【변형】　乙의 취소권 행사는 유효하지만, 이를 가지고 선의의 제3자에게 대항하지 못한다(제110조 제3항). 사안의 경우 丙은 甲으로부터 위 토지를 매수하여 대금을 지급하고 소유권이전등기까지 마쳤기 때문에 강박에 의한 의사표시에 의해 형성된 법률관계를 토대로 실질적으로 새로운 이해관계를 맺은 자에 해당한다. 그런데 이러한 이해관계를 '취소권 행사 후'에 맺은 경우도 제110조 제3항의 제3자에 해당하는지가 문제된다.

　판례는 취소권 행사 이전에 이해관계를 맺은 자뿐 아니라 취소권 행사 후 외관이 남아 있는 상태에서 이해관계를 맺은 자도 제3자에 해당한다고 본다. 그러므로 丙은 제110조 제3항에 의해 보호되는 자에 포함되므로 丙에 대하여 대물변제계약의 무효를 주장할 수 없다. 따라서 乙은 자신의 토지를 반환받을 수 없다.

---

[1] 대법원 2000.3.23. 선고, 99다64049 판결.

Ⅶ. 법률행위의 대리

62. 대리의 요건과 효력

사 례

노래서클 칸타빌레의 회장 甲은 공연준비를 위해서 회원들을 대신하여 소품을 주문하기로 하였다. 회원들이 작성한 신청목록을 기초로 甲은 우편으로 악기를 주문하고, 물건이 도착한 후에 돈을 모아서 악기상 乙에게 주기로 하였다. 그런데 회원 丙은 다니고 있던 학교에서 어학연수생으로 선발되어 미국으로 떠났기 때문에 공연에 참가하지 않았다. 丙이 어학연수에서 돌아온 후 악기상 乙은 丙이 주문한 악기값을 요구한다. 이때 丙은 악기값을 지불해야 하는가?

乙의 丙에 대한 매매대금지급청구권(제563조, 제568조 제1항)

甲은 丙을 위해서 악기를 주문하는 매매계약을 乙과 체결하였다. 이 매매계약에 기하여 乙이 丙에게 매매대금을 청구하기 위해서는 甲이 丙의 대리인으로 매매계약을 체결했어야 한다. 제114조 제1항에 따르면 대리인이 그 권한 내에서 본인을 위한 것임을 표시한 의사표시는 직접 본인에게 효력이 있다. 이에 따라 대리에 관한 규정이 적용되기 위해서는 (1) 본인의 이름으로 하는 의사표시와 (2) 대리권의 존재 및 그 범위 내의 행위라는 2개의 요건이 충족되어야 한다.

(1) 본인의 이름으로 하는 의사표시

대리인은 본인을 위한 것임을 표시해야 한다(제114조 제1항, 현명주의). 즉 대리행위를 통하여 대리인이 자신의 법률행위를 하지만, 대리행위로 인한 효과를 본인에게 귀속시켜려는 대리의사를 표시해야 한다. 자기 이름 또는 타인의 이름으로 의사표시를 했는지는 의사표시의 해석에 관한 일반원칙을 통하여 도출하여야 한다. 명시적으로 본인의 이름으로 의사표시를 할 필요는 없고, 주위정황을 통하여 본인을 위해서 의사표시를 한다는 사실을 알 수 있으면 충분하다.[1] 또한 우리 민법은 본인을 위한 것임을 표시하지 않았더라도 상대방이 대리인으로서 한 것임을 알았거나 알 수 있는 때에는 현명이 있는 것으로 인정하고 있다(제115조 제2문).

사안에서 甲이 명시적으로 丙을 위한 것임을 표시하였는지는 나타나 있지 않으나, 신청목록을 기초로 해서 주문서를 작성하고 악기 주문을 하였기 때문에 甲이 자신의 이름이 아닌 타인의 이름으로 의사표시를 하였다는 점을 乙이 알 수 있었다. 따라서 대리인 甲이 현명을 하였다고 볼 수 있다.

(2) 대리권의 존재와 그 범위 내의 대리행위

유권대리가 되기 위해서 대리인이 갖고 있어야 할 대리권은 법률행위(소위 수권행위) 또는 법률의 규정(예: 자의 친권자의 대리권—제911조, 제920조)에 의하여 발생한다. 법률행위를 통하여 대리인이 대리권을 취득하기 위해서는 본인이 대리인에 대하여 대리권을 수여하는 수권행위가 필요하다. 수권행위가 존재하였는지의 여부와 어느 범위에서 대리권을 주었는지의 여부는 의사표시의 해석을 통하여 확정해야 한다. 악기신청목록에 신청을 함으로써 회원들은 甲이 회원들을 대신하여 악기를 사는 데 동의하였다. 즉 이를 통하여 丙은 甲에게 대리권을 수

---

1) 곽윤직 · 김재형, 353면.

여하는 수권행위를 하였다. 또한 甲은 수여된 대리권의 범위 내에서 법률행위를 하였다.

제114조 제1항의 모든 요건이 충족되었으므로 乙이 매매계약의 당사자인 丙에게 매매대금을 청구한 것은 정당하다.

63. 직접대리와 간접대리

사 례

복권에 당첨되어 스포츠카를 받게 된 甲은 사용하던 차를 팔려고 하였으나, 잘 팔리지 않아 乙에게 중고차를 팔아달라고 위탁하였다. 甲이 중고차를 乙에게 갖다 준 후 丙이 곧바로 甲의 차를 사기로 결정하고 乙과 계약을 체결하였다. 이때 乙은 중고자동차가 甲의 것이라는 사실을 숨기고 마치 자신의 자동차인 것처럼 하여 계약을 체결하였다. 이러한 사실을 모르는 甲은 친구가 자신의 중고차를 사려고 하기에 乙의 동생에게 자동차를 갖다 달라고 요구하였다. 丙이 중고차를 찾으러 乙의 매장으로 왔으나, 중고차는 이미 乙의 동생이 甲의 집으로 몰고 떠난 후였다. 丙은 甲에게 자동차의 인도를 청구할 수 있는가?

丙의 甲에 대한 자동차인도청구권(제563조, 제568조 제1항)

　　丙이 甲에게 자동차인도를 청구하기 위해서는 丙과 甲 사이에 매매계약이 성립했어야 한다. 그러기 위해서는 乙이 甲의 대리인으로서 丙과 매매계약을 체결하였어야 한다.

　　甲은 乙이 자신의 중고차를 파는 데 동의하였다. 이로부터 甲이 乙에게 대리권을 수여하는 수권행위가 있었다고 볼 수 있다. 그런데 乙이 매매계약을 체결할 때 본인인 甲의 이름으로 의사표시를 하지 않고 자신의 이름으로 의사표시를 하였다. 즉 乙은 甲의 자동차를 파는 것을 숨기고 마치 자신의 자동차를 파는 것처럼 하여 丙과 계약을 체결하였다. 그런데 대리인이 현명하지 않은 의사표시는 본인에게 효력이 없다. 즉 대리인이 본인을 위한 것임을 표시하지 아니한 경우에 그 의사표시는 자기를 위한 것으로 본다(제115조 제1문). 이와 같이 현명주의를 관철하는 이유는 법률행위의 상대방이 누가 계약의 당사자가 되는지를 명백히 알 수 있도록 하기 위함이다.

우리 민법은 현명을 통한 직접대리만을 인정한다. 행위자가 타인의 계산 내지 이익으로 그러나 자신의 이름으로 법률행위를 하는 것을 간접대리라고 하는데, 이와 같이 대리권이 있는데도 불구하고 현명을 하지 않은 경우에는 간접대리와 유사한 형태가 발생한다.[1] 간접대리에서는 법률행위를 하는 당사자는 물론이고 그 법률효과의 귀속주체 모두 간접대리인이다. 따라서 간접대리인이 법률행위 상대방에 대하여 권리·의무를 부담한다. 다만 간접대리인은 간접본인과의 내부관계에 기하여 취득한 권리를 간접본인에게 이전해야 할 의무를 부담할 뿐이다. 甲이 乙에게 중고자동차의 판매를 '위탁'하였다는 것은 중고자동차를 乙의 이름으로 그러나 甲의 계산으로 팔 의향이 있다는 것이다(상법 제101조 참조). 따라서 매매계약에 기하여 권리와 의무를 부담하는 것은 乙이므로 丙은 甲에게 아무런 요구를 할 수 없다.

---

1) 이영준, 500면.

64. 대리인과 사자

사 례

甲은 비서 乙에게 사무실에서 사용할 X회사 복합기를 A대리점에 주문할 것을 부탁하였다. 그런데 乙은 A대리점에 전화를 걸어서 바로 주문하지 않고, 복합기를 생산하는 업체 및 최신기종에 관하여 문의하여 X회사 복합기보다 신형인 Y회사 복합기가 더 좋고 저렴하다는 사실을 알게 되었다. 이에 乙은 Y회사의 복합기를 甲 명의로 A대리점에 주문하였다. Y회사의 복합기가 배달된 경우에 甲은 A대리점에게 매매대금을 지불해야 하는가?

A의 甲에 대한 매매대금지급청구권(제563조, 제568조 제1항)

A가 甲에게 매매대금의 지급을 청구하기 위해서는 A와 甲 사이에 매매계약이 유효하게 성립되었어야 한다. 사안에서 甲의 의사표시에 의하여 매매계약이 체결되었는지, 아니면 비서 乙의 의사표시에 의하여 매매계약이 체결되었는지를 검토할 필요가 있다. 즉 乙이 甲의 의사표시를 전달하기만 하는 입장에 있었는지 아니면, 乙이 자신의 독자적인 의사표시를 하였는지가 문제된다. 이는 결국 乙이 대리인인지 아니면 사자인지의 구분문제와 같다. 대리인은 자신의 독자적인 의사표시를 하는 데 반하여, 사자는 타인의 의사표시를 전달하거나(전달사자) 본인이 결정한 효과의사를 상대방에게 그대로 표시하는 것(표시사자)에 불과하다. 양자를 구분함에 있어서는 내부관계에서 甲이 乙에게 어떠한 권한을 주었는지가 중요하지 않고, 乙이 외부로 어떻게 보여지느냐가 중요하다.[1]

비서에게 특정한 물건을 특정한 상점에서 사도록 하는 경우에는

---

[1] 이영준, 504면. 이에 반하여 내부관계를 기초로 판단하는 견해가 있다(이은영, 570면).

특별한 사정이 없으면 자신의 의사를 A에게 전달하도록 부탁한 것에 불과하다. 따라서 乙은 내부관계에서는 사자일 뿐이다. 그러나 乙은 甲의 주문내용만을 상대방인 A에게 전달한 것이 아니라, 상품에 대한 여러 가지 문의를 하면서 그 정보를 바탕으로 하여 독자적인 판단을 하였고 상대방도 이러한 사실을 인식할 수 있었다. 따라서 乙은 자신의 독자적인 의사표시를 하는 대리인인 것처럼 행위하였으므로 대리에 관한 규정이 적용된다.

　사자가 지시에 반하여 대리인으로 행동을 하더라도 본인의 지시내용과 동일한 내용으로 의사표시를 하는 경우에는 문제가 없다. 이 경우에 사자는 대리권의 범위 내에서 행한 대리인과 유사한 관계에 있으므로 그 의사표시의 효력은 대리에 관한 규정의 유추적용을 통하여 본인에게 미친다고 보아야 한다. 그러나 사자가 외부로는 대리인으로 활동하고 본인이 의도한 것과 다른 의사표시를 한 경우에는 대리권의 범위를 벗어난 대리인과 비슷하므로 원칙적으로 무권대리(내지 표현대리)에 관한 규정이 적용된다.[2] 그러나 비서 乙은 甲과의 내부관계에서 대리권이 없었고, 대리권이 존재한다는 외관을 甲이 특별히 형성한 바가 없기 때문에 표현대리에 관한 규정은 적용되지 않는다. 결국 乙은 대리권 없이 행위하였으므로 乙이 체결한 매매계약의 효력은 甲에게 미치지 않는다. 따라서 甲은 A대리점에게 매매대금을 지급할 필요가 없다(물론 기계가 마음에 들면 甲은 매매계약을 추인할 수 있다).

---

2) 대법원 1962.2.28. 선고, 4294민상192 판결. 반대로 대리인이 사자로 활동하여 대리권의 범위에 속하지 않는 내용의 의사표시를 하는 경우에는 표시기관의 착오문제가 발생한다.

65. 타인의 이름으로 하는 법률행위

 甲은 乙에게 통장을 개설해 달라고 부탁하였다. 이에 乙은 A은행에 가서 마치 자신이 甲인 것으로 행동하면서 甲명의로 통장을 개설하였다.
(1) 이때 A은행과 체결된 예금계약의 당사자는 누구인가?
(2) 당사자가 甲인 경우 예금계약의 효력은 甲에게 발생하는가?

A은행과 체결된 예금계약의 당사자는 A와 乙의 의사표시 해석을 통하여 확정해야 한다. 乙은 자신이 계약당사자가 되는 것을 원하지 않았기 때문에 자신의 이름으로 예금계약을 체결하지 않았다. 그러나 甲을 위해서 乙이 계약을 체결한다는 사실을 알리지 않았으므로 본인의 이름으로 계약을 체결한 것도 아니다. 乙은 마치 자신이 甲인 것처럼 행세하면서 甲의 이름으로 직접 예금계약을 체결하였으므로 타인의 이름을 사용하여 법률행위를 하였다. 타인의 이름을 사용하여 법률행위를 한 경우에는 다음의 두 가지 문제가 발생한다. (1) 누가 당사자인가의 문제이다. 즉 사용된 이름의 명의자인가? 아니면 법률행위를 한 행위자인가? (2) 계약은 당사자로 확정된 자에게 효력을 발생하는가?

(1) 계약의 당사자 확정

법률효과가 귀속되는 당사자의 확정은 의사표시 해석의 기본원칙에 따라야 하나,[1] 특히 타인의 이름을 사용한 행위에서는 대화자 또는 격지자 사이의 의사표시인가[2]와 체결된 계약이 인적 색채가 농후한가[3]라는

---

1) 송덕수, "타인의 명의를 빌려 체결한 토지분양계약의 효력," 민사판례연구 XIV, 99면; 김증한·김학동, 524면.
2) Larenz/Wolf, S. 881 f. (Rn. 89 ff.); 김민중, 604면.

사정을 고려해야 한다. 당사자 확정에서 대화자인 경우에는 큰 문제가 되지만, 격지자 사이에서 의사표시가 행해진 경우에는 당사자의 확정은 별 문제가 없다. 대화자인 경우에는 의사표시의 상대방이 직접 대면하여 행위하는 자와 표시한 성명소지자가 다르기 때문에 둘 중 누구를 법률행위의 효력을 받을 당사자로 할 것인가의 문제가 발생하게 된다. 이때 체결할 계약의 성격이 인적 색채가 강한가의 여부도 같이 문제된다. 조합계약 또는 소규모의 임대차계약과 같이 인적 색채가 농후한 계약이라면 행위한 자가 계약의 당사자가 될 것이다. 그러나 격지자인 경우, 특히 서면으로 의사표시가 이루어진 경우에는 의사표시의 상대방에게 당사자로 고려될 수 있는 자는 성명이 표시된 자에 불과하다. 따라서 격지자 사이에 이루어진 의사표시에서는 표시된 성명이 의사표시의 내용이 되어서 의사표시의 객관적 해석을 통하여 성명소지자가 계약의 당사자로 된다.

　　본 사안에서는 대화자 사이에 계약이 체결되었으므로 계약의 성격 및 상대방이 누구를 계약의 당사자로 원했는지를 고려해야 한다.4) 특히 금융실명법은 예금계약에 기한 예금반환청구권을 갖는 예금주가 누구인지를 명확히 하기 위하여 실명확인 절차를 거치도록 하고 있으므로, 예금주가 누구인지는 당사자의 의사에 기초하여 실명확인 절차를 통해 객관적으로 확인된 당사자라고 해석해야 한다. 乙은 甲을 계약의 당사자로 원하였고 또한 A은행도 신용이 있는 자인지를 확보하기 위해서는 명의자를 계약의 당사자로 원할 것이다.5) 따라서 본 사안에서는 甲이 예금계약의 당사자가 되었다.

---

3) 이영준, 587면 이하.

4) 대법원 2003.12.12. 선고, 2003다44059 판결: 일방 당사자가 대리인을 통하여 계약을 체결하는 경우에 있어서 계약의 상대방이 대리인을 통하여 본인과 사이에 계약을 체결하려는 데 의사가 일치하였다면 대리인권의 존부 문제와는 무관하게 상대방과 본인이 그 계약의 당사자이다.

5) 대법원 2001.6.12. 선고 2000다70989 판결:「금융실명거래 및 비밀보장에 관한 법률」제3조에 의하면, 금융기관은 거래자의 실제명의에 의하여 금융거래를 하여야 하므로 금융기관으로서는 특별한 사정이 없는 한 실명확인을 한 예금명의자를 거래자로 보아 그와 예금계약을 체결할 의도라고 보아야 한다. 이와 관련하여 특히 대법원 2009.3.19. 선고, 2008다45828 전원합의체 판결 참조.

(2) 대리에 관한 규정의 적용

乙의 의사표시로 인한 법률효과가 계약의 당사자인 甲에게 귀속되기 위해서는 유효한 대리행위가 있어야 한다. 제114조 제1항이 적용되기 위해서는 (1) 대리권의 존재, (2) 현명 및 (3) 권한 내의 대리행위가 요구되는데, 본 사안에서 甲은 예금계약을 체결할 대리권을 乙에게 수여하였다. 따라서 사안에서는 현명의 요건만이 문제가 된다. 즉 대리인의 행위가 대리행위로서 성립하기 위해서는 대리인이 '본인을 위한 것임을 표시'해야 하는데, 사안에서와 같이 행위자인 乙이 현명 없이 바로 본인인 甲의 이름으로 의사표시를 한 경우에도 현명이 있는 것으로 인정할 수 있는지가 문제된다.

타인의 이름을 사용하여 법률행위를 한 경우에 대리에 관한 규정을 직접 또는 유추적용할 수 있다는 점에서는 학설과 판례가 일치하나, 어떠한 요건하에서 적용할 수 있는지에 관하여는 견해가 대립하고 있다. 다수설[6]과 판례[7]는 '숨은' 대리인에게 대리의사가 있는 것으로 인정되는 한 유효한 대리행위가 인정될 수 있다고 한다. 반면에 대리행위의 법률효과가 본인에게 발생하는 것은 대리인의 대리적 효과의사에 근거하는 것이 아니라 본인이 대리에 의하여 그의 법률관계를 형성하려고 하는 본인의 자기결정이라고 보는 견해에 의하면 본인의 수권행위가 있고 대리인의 법률행위가 대리권의 범위 내에서 이루어졌으면 대리인이 본인으로 행세하였더라도 당연히 그 법률행위의 효과는 본인에게 발생한다고 하는 입장을 취하고 있다.[8] 그러나 본 사안에서는 乙이 甲을 위하여 법률효과를 발생시키려고 하는 의사, 즉 대리의사를 갖고 있었기 때문에 어느 견해를 취하더라도 대리에 관한 규정이 직접 내지 유추적용될 수 있다는 결론에는 차이가 없다. 따라서 甲과 A 사이에 유효한 예금계약이 체결되었다.

---

6) 곽윤직·김재형, 354면.

7) 대법원 1963.5.9. 선고, 63다67 판결.

8) 이영준, 587면.

66. 대리행위의 하자

사 례

甲은 여행을 떠나면서 고려시대의 도자기를 乙에게 보관하도록 부탁하였다. 그런데 카드빚에 허덕이고 있던 乙은 잘 되었다고 생각하고 甲의 도자기를 팔려고 인터넷에 광고를 띄웠다. 수집가 丙을 위해서 도자기를 구입하여 오던 丁은 아무런 의심 없이 丙의 명의로 乙로부터 도자기를 구입하였다. 丁이 도자기를 丙의 사무실로 가져가자 丙은 도자기가 甲의 것이라는 사실을 알아보았다. 그러나 乙에게 돈을 돌려받을 수 없다고 생각하였기 때문에 도자기를 갖기로 결정하였다. 이 경우 여행에서 돌아온 甲은 丙에게 도자기를 돌려달라고 요구할 수 있는가?

甲의 丙에 대한 소유물반환청구권(제213조)

甲이 丙에게 도자기의 반환을 청구하기 위해서는 甲이 아직 도자기의 소유자이어야 한다. 乙이 丙에게 도자기 소유권을 양도함으로써 甲이 소유권을 잃을 수 있다. 乙은 도자기를 처분할 수 있는 권한이 없었지만, 동산의 선의취득에 관한 규정에 의하여 丙이 소유권을 취득할 수 있었다(제249조). 이를 위하여서는 취득자가 평온, 공연하게 동산을 양수하여야 하고, 선의이며 그 동산을 점유한 자를 정당한 소유자로 믿었거나 믿는 데 과실이 없었어야 한다. 그러나 사안에서는 취득자 측으로 대리인이 계약을 체결하였다는 점에서 문제가 발생한다. 즉 대리인 丁은 乙이 소유자가 아니라는 사실을 몰랐으나, 본인 丙은 이러한 사실을 알고 있었다. 이 경우 누구의 인식을 표준으로 하여야 하는지가 문제된다.

제116조 제1항에 의하면 의사표시의 효력이 어느 사정을 알았거나 과실로 알지 못한 사실에 의하여 영향을 받을 경우에는 본인이 아니라

법률행위를 한 대리인을 기준으로 판단해야 한다. 이 규정에는 기본적으로 법률행위를 하는 대리인이 법률행위의 내용에 대하여 결정을 하고 본인은 의사형성과정에 참여하지 않는다는 의미가 담겨져 있다. 그러나 대리인이 본인의 지시에 좇아 법률행위를 하는 경우에는 본인은 자기가 안 사정 또는 과실로 알지 못한 사정에 관한 대리인의 '선의' 및 '무과실'을 주장할 수 없다(제116조 제2항). 왜냐하면 이 경우 대리인은 본인의 도구에 불과하며 법률행위의 내용을 결정한 것은 본인이기 때문이다. 이 경우 악의인 본인이 선의인 대리인을 내세워서 보호받아서는 안 된다.

결국 사안을 판단함에 있어서 중요한 표지는 대리인 丁이 본인 丙의 지시에 따라서 법률행위를 하였느냐이다. '본인의 지시에 좇아'라는 요건은 원칙적으로 특별한 지시로 엄격하게 한정시킬 필요 없이 넓게 해석하여 해당 부분이 본인의 의사에 의하여 결정되었다는 것을 의미한다.[1] 예를 들어 대리인이 어떠한 행위를 하려는 것을 본인이 알고 이에 개입할 수 있는 가능성이 있는 경우에도 본인이 대리인을 지배할 수 있는 가능성이 남아 있으므로 '본인의 지시'가 있는 것으로 볼 수 있다고 해석된다.[2]

사안에서 丙은 丁이 이 사건 도자기를 구입한다는 사실을 몰랐고, 이 매매계약에 개입할 여지도 없었으므로 '본인의 지시'가 있었다고 보기는 어렵다. 따라서 선의였는지의 여부는 대리인을 기준으로 판단하여야 하기 때문에 선의인 대리인을 통하여 丙은 선의취득하여 도자기의 소유권을 취득하였다. 甲은 더 이상 소유자가 아니므로 도자기의 반환을 청구하지 못한다.

---

1) 곽윤직·김재형, 355면.
2) 고상룡, 518면; 강태성, 814면.

67. 대리권과 기초적 내부관계

사 례

甲은 18세인 컴퓨터 전문가 乙에게 컴퓨터를 사달라고 부탁하였다. 乙의 부모는 乙이 어떠한 책임을 부담할 것을 염려하여 甲에게 전화를 걸어서 乙이 컴퓨터를 대신 사도록 하는 데 동의하지 않겠다고 하였다. 그런데 乙은 이미 甲의 이름으로 컴퓨터를 구입한 상태였다. 이때 乙이 체결한 매매계약은 甲에게 효력이 있는가?

(1) 대리인의 제한능력을 이유로 한 취소가능성

甲이 乙에 의하여 체결된 매매계약의 당사자가 되기 위해서는 乙이 대리인으로서 컴퓨터를 목적으로 하는 매매계약을 유효하게 체결하였어야 한다. 사안에서 甲은 乙에게 컴퓨터를 살 것을 위임함으로써 대리권을 수여하였다. 여기서 乙이 미성년자로서 대리인으로 되는 데는 문제가 없다. 왜냐하면 대리인은 자신의 의사표시를 하기 때문에 의사능력을 가져야 하지만, 대리행위로 인하여 직접 권리와 의무를 부담하지는 않으므로 행위능력을 가질 필요가 없기 때문이다(제117조).

(2) 위임계약의 취소가능성

문제는 사안에서 법정대리인인 乙의 부모가 乙이 甲을 위해서 컴퓨터를 사는 데 동의를 하지 않았다는 점에 있다. 즉 부모는 乙이 만약 법률행위를 하였다면 이를 취소하려고 한 것으로 보인다. 이를 위해서는 乙이 한 법률행위가 권리만을 얻거나 의무만을 면하는 행위가 아닐 것을 요건으로 한다(제5조 제1항). 甲이 대리권을 수여하게 된 기초적 내부관계는 위임계약(제680조)이다. 이를 기초로 해서 乙은 타인의 사무를

처리할 의무를 부담하게 되므로 이 위임계약을 취소할 수 있다. 따라서
乙의 부모가 취소권을 행사하였으므로 위임계약은 소급적으로 무효가
되었다(제141조 본문).

(3) 수권행위의 취소가능성

그러나 수권행위는 위임계약이라는 기초적 내부관계와 독립하여 존
재한다(수권행위의 독자성).[1] 따라서 수권행위도 취소가능한지를 검토해
야 하는데, 수권행위를 통하여 乙은 아무런 의무를 부담하지 않는다(중립
적 법률행위). 즉 甲의 수권행위를 乙이 수령하여 대리권을 취득하는 법률
효과가 발생하더라도 乙에게는 특별한 불이익이 발생하지 않는다. 또한
甲의 수권행위는 다수의 견해에 의하면 甲의 단독행위이므로 乙 또는 그
법정대리인이 취소할 수도 없다. 다만 의사표시의 수령능력을 문제삼아
수권행위의 효력을 부정할 수 있지만, 법률적으로 유리한 내지 중립적인
수권행위는 수령능력도 요구되지 않는다. 따라서 수권행위는 유효하다.

그런데 기초적 내부관계인 위임계약이 취소되어 무효로 된 경우에
수권행위도 영향을 받아서 효력을 잃는지가 문제된다. 유인설은 기초
적 법률관계가 효력을 잃으면 수권행위도 효력을 상실한다고 본다.[2]
그러므로 위임계약의 취소로 인하여 원칙적으로 수권행위도 효력을 잃
게 된다. 다만 대리행위가 이미 행하여진 경우에는 예외적으로 거래안
전의 보호를 위하여 취소의 소급효를 제한하고 있어 장래를 향하여 대
리권이 소멸한다고 한다. 반면에 무인설에 따르면 기초적 내부관계가
효력을 잃더라도 수권행위는 그 영향을 받지 않는다고 한다.[3] 원칙적
으로 유인설에 따르면 위임계약의 취소에 의하여 수권행위가 무효가
되므로 乙은 대리권이 없게 되나, 무인설에 따르면 수권행위는 위임계
약의 효력에 영향을 받지 않고 유효이므로 乙은 대리권을 갖게 된다.
그러나 본 사안에서는 이미 대리행위가 행하여졌으므로 어느 견해를

---

1) 대법원 1997.4.22. 선고, 96다56122 판결 참조.
2) 곽윤직 · 김재형, 357면; 이은영, 601면; 김상용 · 전경운, 574면.
3) 김주수, 410면; 백태승, 237면 이하.

따르더라도 위임계약의 취소는 수권행위에 영향을 미치지 않는다. 따라서 乙은 대리권을 갖고 있는 상태에서 유효한 대리행위를 하였으므로 乙이 체결한 매매계약의 효력은 甲에게 발생한다.

유인설을 취하면서 원칙적으로 취소의 소급효를 관철하려는 견해가 최근에 주장되고 있다.[4] 즉 당사자가 수권행위의 원인행위를 취소하려고 하는 것은 대리행위의 효력이 자신에게 발생하는 것을 막기 위함인데, 일률적으로 장래를 향하여 소멸할 뿐이라고 하는 것은 타당하지 않다고 보는 것이다. 이 견해는 소급효에 따른 상대방의 보호문제를 대리행위와 관련된 주체들 사이의 적절한 위험분배의 관점에서 검토해야 한다고 보고 있다. 기본적으로 선의의 제3자 보호규정을 통하여 해결을 하고, 그 밖에 영역에서는 (1) 원인행위의 실효원인이 본인 측 영역에 있다면 자기책임의 원칙에 따라 제129조를 유추하여 본인이 수권행위의 실효를 주장할 수 없다고 해야 하고, (2) 대리인 측의 영역에 속한다면 대리행위의 상대방이 대리행위의 유효를 본인에 대하여 주장하지 못하고, 무권대리에 따른 책임만을 무권대리인에게 물을 수 있을 뿐이라고 한다. (3) 원인행위의 실효원인이 양 당사자측 모두에게 있는 경우에는 제129조의 유추 및 무권대리에 따른 제135조의 책임 모두 고려될 수 있는데, 이 경우 제129조의 유추를 통하여 대리행위의 효력이 본인에게 발생하면 충분하므로 추가로 제135조의 책임은 고려될 필요가 없다고 한다.

유인설의 관철을 주장하는 이 견해에 따르면 원인행위가 효력을 잃었으므로 대리권도 소멸하였다. 그러나 본 사안에서 본인 甲이 법정대리인의 동의 없이 미성년자인 乙을 대리인으로 선임하였다는 데에 원인행위의 실효원인이 있으므로 본인 측에 실효원인이 있다고 할 수 있다. 따라서 제129조가 유추적용되어 甲에게 乙이 한 대리행위의 효력이 발생한다.[5] 따라서 이 견해에 따르더라도 본 사안에서는 다른 결론에 이르지 않는다.

---

4) 지원림, "수권행위의 실효와 대리행위의 상대방 보호," 민사법학 제25호, 2004, 293면 이하.

5) 그에 반하여 본인의 무능력을 이유로 수권행위의 원인행위가 취소되는 경우에는 본인은 제129조의 책임을 지지 않는다고 보고 있다(지원림, "수권행위의 실효와 대리행위의 상대방 보호," 민사법학 제25호, 2004, 293면 이하). 왜냐하면 무능력자제도에 의하여 거래의 안전이 침해될 위험은 이미 입법자가 무능력자의 보호를 위하여 감수한 것이기 때문이다.

68. 착오로 인한 수권행위의 하자

사 례

甲은 시가 3억원인 토지 X를 팔고 싶었다. 그래서 甲은 乙에게 토지를 팔아달라고 부탁하면서 위임장을 작성해 주었는데, 이때 시가 5억원인 토지 Y를 3억원에 팔아달라고 잘못 말하고 위임장도 잘못 작성하였다. 乙은 甲의 실수를 모르는 丙과 토지 Y를 3억원에 파는 매매계약을 체결하였다. 甲은 매매계약서를 검토하면서 위임이 잘못되었다는 사실을 알게 되었다. 이 경우 甲은 매매계약이 자신에게 효력이 없다고 주장할 수 있는가?

甲은 乙과의 위임계약을 체결하면서 乙에게 대리권을 수여하는 수권행위를 하였다. 따라서 대리인 乙이 대리권의 범위 내에서 丙과 체결한 매매계약은 본인 甲에 대하여 효력이 있다(제114조 제1항). 그러나 사안에서 甲은 토지 X를 팔고 싶었는데, 잘못하여 토지 Y에 대한 수권행위를 하였기 때문에 수권행위에 하자가 있다. 대리권이 행사되기 전과 달리 대리권이 행사된 이후에는 장래를 향하여 대리권을 소멸시키는 수권행위의 철회(128조)를 통하여 본인이 원하는 법률효과를 가져올 수 없다. 이 경우에는 소급효가 있는 취소권의 행사만이(제141조 본문) 이미 행하여진 대리권에 영향을 미쳐서 대리행위의 효력이 본인에게 발생하는 것을 막을 수 있다.

대리행위에서 행위자는 대리인이기 때문에 대리행위의 하자는 대리인을 기준으로 결정된다(제116조 제1항). 그러나 수권행위의 하자는 본인을 기준으로 판단하므로 제107조 이하의 규정에 따라 무효이거나 취소될 수 있다. 사안에서 甲은 토지 X를 팔 의사가 있었으나, 표시를 잘못하여 토지 Y로 하였기 때문에 표시상의 착오가 있었다. 또한 매매 목적물이 바뀜으로써 2억원의 경제적인 불이익을 입기 때문에,[1] 표의

---

1) 경제적 불이익이 없는 것이라고 한다면 법률행위내용의 중요부분의 착오가 아니다(대법원 1999.2.23. 선고, 98다47924 판결).

자는 물론 일반인의 시각에서도 착오가 없었더라면 이와 같은 수권행위를 하지 않았을 것이므로 법률행위내용의 중요부분의 착오도 인정된다. 또한 주의를 지나치게 결여한 중과실도 없는 것으로 보인다. 따라서 甲은 착오를 이유로 해서 수권행위를 취소할 수 있다(제109조 제1항). 수권행위가 소급적으로 무효가 되기 때문에(제141조 본문) 乙은 무권대리인으로서 매매계약을 체결한 것이 된다.

그런데 이와 같은 결과는 무권대리인은 물론 상대방에게 상당히 부당한 결과를 야기한다. 왜냐하면 대리행위 당시에는 엄연히 대리인에게 대리권이 유효하게 수여되어 있었고, 이를 믿고 대리인과 상대방이 계약을 체결하였기 때문이다. 소급적 취소의 인정으로 대리권이 소멸하면 상대방은 무권대리인에게 계약의 이행 내지 손해배상을 청구할 수 있으나, 무권대리인은 착오자에 대한 손해배상책임을 물을 수 없는 현행법의 상황에서는 어떠한 구제책도 없게 된다. 그에 따라 상대방 보호 내지 거래안전을 보호하기 위하여 제한적으로 대리행위 후에는 수권행위의 소급적 취소를 배제하려는 견해가 주장되고 있다.[2] 그러나 우리 민법의 경우 선의의 제3자 보호규정이 있으므로 이에 따라 거래안전은 충분히 보호되므로 소급적 취소권의 배제를 따로 논할 실익이 크지 않은 것으로 보인다.[3] 사안에서 丙은 대리권의 수여행위와 관련하여 새로운 법률관계를 맺은 제3자에 해당하고 甲에게 착오가 있었다는 사실을 알지 못하는 선의의 제3자에 해당한다. 따라서 甲은 수권행위를 착오를 이유로 취소하였다는 사실을 가지고 제3자인 丙에 대하여 대항할 수 없다(제109조 제2항). 丙과의 관계에서 乙은 대리권을 가지고 있었으므로 乙이 丙과 체결한 매매계약의 효력은 甲에게 미친다.

이 경우 상대방이 본인에 대하여 자신이 '선의의 제3자'임을 주장

---

[2] 백태승, 239면 이하. 다만 이 견해에 따르더라도 수권행위의 결함이 본인과 대리인 사이의 법률관계에만 미치는 것이 아니라 대리행위의 내용에도 직접 영향을 미칠 때에는 예외적으로 취소를 인정하고 있다.

[3] 원칙적으로 이와 같은 입장으로 지원림, "수권행위의 실효와 대리행위의 상대방 보호," 민사법학 제25호, 2004, 296면. 표현대리에 관한 제129조의 유추적용을 통하여 동일한 결론에 이르는 견해로 이영준, 535면.

하지 않고 무권대리인에게 제135조의 책임을 물을 수 있는지가 문제될 수 있다. 제109조 제2항에 의하여 상대방이 원래 의도했던 대로 법률효과가 발생할 수 있는 이상 이를 거부하고 대리행위를 한 자에게 제135조상의 무권대리인의 책임을 묻도록 하는 것은 상대방을 지나치게 보호하는 것이라고 생각된다. 따라서 이 경우에는 제135조의 책임을 묻지 못하는 것으로 해석해야 할 것이다.[4]

---

4) 신의칙에 반하는 것으로 보는 입장으로 지원림, "수권행위의 실효와 대리행위의 상대방 보호," 민사법학 제25호, 2004, 299면.

69. 사기로 인한 수권행위의 하자

> **사 례**
>
> 甲은 乙의 건물 X를 사고 싶은데 乙이 팔지 않자, 乙에게 도시계획상 건물 X 앞에 있는 도로의 확장공사가 계획되어 있고 이로 인하여 건물 X가 수용될 것이라는 거짓정보를 주었다. 이에 乙은 丙에게 건물 X를 팔게 된 이유는 말하지 않고 저렴한 가격이라도 상관없으니 건물 X를 되도록이면 빨리 처분하여 주었으면 한다는 의사를 전달하고, 모든 절차를 마무리 할 수 있도록 丙에게 이에 필요한 인감증명서 등 각종의 서류를 주었다. 그 후 丙은 乙의 이름으로 甲과 매매계약을 체결하였다. 乙이 계약체결 후 甲에 의하여 사기당한 사실을 안 경우에 자신의 수권행위는 물론 丙의 대리행위를 취소할 수 있는가?

(1) 사기를 이유로 한 취소권의 성립

乙이 자신의 수권행위 내지 丙의 대리행위를 취소하기 위해서는 우선 취소사유가 존재해야 하는데, 본 사안에서는 甲의 사기가 문제된다(제110조 제1항). 甲의 의도적인 기망행위를 통하여 乙이 丙을 통하여 매매계약을 체결하게 되었으므로 사기의 요건은 충족되었다.

(2) 대리행위의 취소가능성

여기서 매매계약을 체결한 것은 대리인 丙이기 때문에 본인인 乙은 직접 매매계약을 체결하지 않았다는 점이 문제된다. 사기를 당한 본인 乙은 단지 丙에게 수권행위를 하였을 뿐이다. 따라서 매매계약을 체결한 丙은 甲의 사기에 영향을 받지 않고 매매계약을 체결하였다. 그런데 제116조 제1항에 기하여 대리행위의 하자는 본인을 기준으로 판단하는 것이 아니라, 대리인을 기준으로 판단하고 있다. 따라서 우리나라 다수설은 甲의 사기로 인한 대리인 丙의 대리행위가 없었기 때문에 본인은 대리행위를 취소할 수 없다고 보고 있다.[1] 이에 대하여 사기의 결과 본인이 대리인에게 지시하여 대리행위를 하게 한 경우와 같이 사기에 의하여 대리행위가 영향을 받은 때에는 제116조 제2항의 유추를 통하여 본인은 대리행위를 취소할 수 있다는 견해가 있다.[2] 본인 乙이 만약 매매계약을 직접 체결하였다면 제110조 제1항에 기하여 문제없이 취소할 수 있었다. 그런데 본인 乙이 중간에 丙을 계약체결을 위한 매개자로 사용하였다는 이유로 직접 대리행위에 기하여 행하여진 의사표시를 취소할 수 없다는 불이익을 받아야만 하는지는 심히 의심스럽다. 특히 수권행위의 하자가 대리행위의 상대방에 의하여 야기된 경우에 관하여 명문의 규정이 없음에도 불구하고 제116조의 형식적 규정내용에만 구속되어 제116조의 입법취지 내지 규정목적을 망각하고 정당한 해결을 가져오지 못한다는 것은 문제가 있다고 생각된다. 따라서 대리행위를 취소할 수 있다고 생각된다.

(3) 수권행위의 취소가능성

위 다수설은 본 사례의 경우 대리권을 수여한 수권행위가 사기에 기인한 때에는 그 수권행위를 취소하면 된다고 한다.[3] 이때 수권행위가 상대방의 사기에 의하여 이루어졌기 때문에 수권행위를 취소하기 위해서는 대리인이 이를 알았거나 알 수 있었을 것을 요건으로 한다(제110조 제2항). 그러나 상대방이 한 사기를 대리인이 알았거나 알 수 있었을 가능성은 매우 적기 때문에(앞의 사안에서 丙은 사기 사실을 모르고 있다), 이 경우 대부분 본인이 수권행위를 취소할 수 없다는 결론에 이른다. 그러나 다수설에 따른 부당한 결과를 극복하기 위해서 상대방의 사기에 기하여 본인이 수권행위를 취소하는 경우에 대리인의 선의·악의에 관계없이 언제나 수권행위를 취소할 수 있도록 보아야 한다는 견해

---

1) 김상용·전경운, 607면; 김민중, 418면; 민법주해(Ⅲ)/손지열, 53면.
2) 고상룡, 518면; 김용한, 334면.
3) 민법주해(Ⅲ)/손지열, 53면.

가 있다.4) 이에 따르면 "제110조 제2항은 사기·강박과는 관계없는 상대방을 보호하는 규정이고, 대리인은 대리행위의 효과귀속주체가 아니며 또한 취소에 의한 효과귀속자도 아니기 때문에 대리인은 동 조항에 의하여 보호되는 상대방에 해당되지 않는다"고 한다. 이 견해에 따른다고 하더라도 예외적으로 수권행위가 대리인의 이익을 위해서 행하여진 경우에는 수권행위의 취소를 인정할 수 없다.5) 그러나 본 사안에서 수권행위가 특히 대리인인 丙의 이익을 위해서 행하여진 사정이 없기 때문에 이 견해에 따르면 취소권은 인정된다고 할 수 있다.

대리행위의 상대방이 사기를 한 경우에는 본인은 수권행위는 물론 대리행위 모두 사기를 이유로 취소할 수 있다. 이때 상대방 甲은 물론 악의이므로 선의의 제3자로서 보호를 받지 못한다(제110조 제3항).

---

4) 고상룡, 518면; 이영준, 536면.
5) 민법주해(III)/손지열, 53면.

70. 대리권의 범위

> **사 례**
>
> 포도농장 주인 甲은 수확한 포도를 중개도매상 乙에게 보관을 맡기고, 가격이 박스당 1만원이 되면 포도를 팔아 달라고 부탁하였다. 그러나 그 해 포도풍년으로 인하여 포도의 시장가격이 8천원대에서 형성되어 乙은 판매시기를 기다리고 있었다. 그런데 甲의 포도 일부가 상하려고 하자, 乙은 甲에게 물어볼 여유가 없어서 甲의 이름으로 丙에게 1000박스를 박스당 8천원에 팔았다. 그리고 받은 돈 800만원은 甲명의로 甲의 친구 丁에게 월 이자 1%를 받기로 하고 빌려 주었다. 乙이 丙 및 丁과 체결한 계약이 甲에게 효력이 있는가?

乙이 丙과 체결한 매매계약(제563조) 및 丁과 체결한 소비대차계약(제598조)이 甲에게 효력을 갖기 위해서는 乙이 유효한 대리행위를 했어야 한다. 대리권에 관한 규정이 적용되기 위해서는 乙이 대리권을 갖고 그 권한 내에서 본인을 위한 것임을 표시한 의사표시를 했어야 한다(제114조 제1항). 사안에서 乙은 甲으로부터 포도의 매매에 관한 대리권을 수여받았고, 본인의 이름으로 매매계약을 체결하였으므로 현명이 있었다. 다만 甲이 乙에게 대리권을 수여한 것은 포도를 박스당 1만원에 파는 것이었는데, 박스당 8천원에 판 것과 판매대금을 다시 빌려준 행위가 대리권의 범위 내에 있는 행위였는지가 문제된다.

임의대리인이 갖는 대리권의 범위는 일반적으로 본인의 수권행위에 의하여 정해지는데, 수권행위에 의해 정하여지지 않았거나 명백하지 않은 경우에 대리인은 제118조에 따라 보존행위 및 일정한 범위 내에서 이용·개량행위를 할 수 있다. 여기서 보존행위란 재산의 가치를 유지·보존하는 데 필요한 일체의 행위를 말한다. 그리고 이러한 보존행위의 필요성이 존재하기 위해서는 보존행위를 할 긴급한 상황이 존재해야 한다. 또한 이용·개량행위란 대리행위의 목적인 물건이나 권리의 성질을 변화시키지 않는 범위 내에서 그 물건이나 권리를 사용·수익(이용행위)하거나 가치를 증가시키는 행위(개량행위)를 말한다.

사안에서 중개도매상인 乙은 甲으로부터 포도를 박스당 시가 1만원에 팔아달라는 부탁을 받았으나, 甲의 포도를 박스당 8천원에 팔았으므로 본인의 지시를 어긴 것이다. 그러나 乙은 상하려고 하는 포도의 재산적 가치를 유지하려고 한 것이므로 보존행위를 할 필요성이 있었다. 또한 甲에게 물어볼 여유 없이 급히 매각할 수밖에 없는 긴박성도 존재하였으므로 乙의 매각행위는 제118조의 보존행위에 해당한다. 또한 乙이 판매대금으로 받은 돈을 甲의 친구 丁에게 빌려준 소비대차계약은 목적물을 사용·수익하는 이용행위에 해당한다. 현금을 이자부로 빌려준 것이므로 목적물의 성질을 변화시키지 않는 범위 내의 행위라고 보아야 한다.[1] 따라서 乙이 한 행위 모두 대리권의 범위 내에 있으므로 본인 甲에 대하여 효력이 있다.

---

1) 성질이 변하는 경우에 해당한다고 하더라도 표현대리가 성립하므로 상대방에 대한 관계에서는 구별의 실익이 크지 않다(이영준, 472면). 본인과 대리인 사이의 내부관계에서 의무위반을 이유로 손해배상을 청구할 수 있느냐와 관련하여 문제가 될 수 있으나, 본 사안에서는 본인에게 손해가 발생하지 않았으므로 역시 어느 쪽으로 해석하더라도 결론에는 차이가 없다.

71. 자기계약과 쌍방대리

> **사례**
>
> 1. 화가 甲은 그림여행을 떠나면서 자신의 그림을 판매하는 것과 관련하여 친구 乙과 丙에게 자신을 공동으로 대리하여 줄 것을 부탁하였다. 그 후 乙과 丙은 甲의 이름으로 甲의 그림을 丙에게 매도하였다. 丙에게 그림을 팔고 싶지 않던 甲은 이에 동의를 하지 않는다. 이 경우 甲은 丙으로부터 그림의 반환을 요구할 수 있는가?
> 2. 乙과 丙이 부득이한 사유로 제3자인 丁에게 복대리권을 수여하고 丁이 甲의 이름으로 丙에게 그림을 매도한 경우는?

甲의 丙에 대한 그림의 반환청구권(제213조, 제741조)

어느 경우에나 甲이 丙에 대하여 부당이득반환청구권(제741조)을 행사하여 그림의 반환을 청구할 수 있는지가 문제된다. 제741조가 적용되기 위해서는 丙이 법률상의 원인 없이 그림에 대한 소유권을 취득했어야 한다. 이를 위해서 乙과 丙이 체결한 법률행위가 자기계약금지에 위반하여 해당 법률행위가 무효이어야 한다.

우리 민법은 대리인이 본인의 이름으로 대리행위를 하면서 동시에 자기 이름으로 본인과 자기 사이에 계약을 체결하는 경우(자기계약) 및 대리인이 본인의 이름으로 대리하면서 동시에 상대방을 대리하여 본인과 상대방의 법률행위를 하는 경우(쌍방대리)를 금지하고 있다(제124조). 즉 본인의 허락이 없거나 채무의 이행을 위해서 하는 경우를 제외하고는 자기계약 내지 쌍방대리가 금지된다. 형식논리적으로 보면 자기계약과 쌍방대리도 대리로서 성립할 수 있으나, 이 경우 대리인이 이해관계가 대립할 수 있는 양 당사자의 이익을 동시에 대변하여 본인의 이익을 해할 수 있는 가능성이 있기 때문에 금지하고 있는 것이다.[1] 이 규정에 위반하면 해당 법률행위가 무효가 되는 것이 아니라, 무권대리행위가 되므로 추인여부가 확정될 때까지 유동적 무효상태에 있다.

　사안에서 본인 甲이 추인을 하지 않았으므로 자기계약금지에 관한 규정이 충족되면 해당 법률행위는 확정적으로 무효가 된다. 자기계약금지에 관한 규정은 모든 법률행위, 즉 채권적 매매계약뿐만 아니라, 물권적 이행행위와 단독행위에도 적용된다.[2] 채권적 매매계약이 무효인 경우에는 丙은 그림에 대한 소유권을 법률상의 원인 없이 취득하였기 때문에 그림을 반환할 수밖에 없다. 따라서 중요한 것은 乙과 丙에 의하여 행하여진 법률행위가 자기계약에 관한 제124조를 위반하였는지의 여부이다.

　1. 첫 번째 사안의 경우에는 의문의 여지 없이 자기계약금지에 관한 규정이 적용된다. 제124조는 서로 충돌하는 이해관계가 동일한 자에 의하여 대변되는 것을 막으려는 데에 그 규정취지가 있기 때문이다. 사안처럼 공동대리의 경우에도 丙을 통하여 매도인과 매수인측에 동일한 자가 계약을 체결한다. 즉 丙은 매도인 甲의 대리인으로서 의사표시를 함과 동시에 매수인으로서 자신을 위하여 의사표시를 한다. 여기서 매도인 甲이 丙뿐만 아니라 乙에 의해서 대리되고 있는 사정은 중요하지 않다. 왜냐하면 공동대리의 경우에 모든 대리인의 동의가 요구되기 때문이다. 여기서 공동대리인의 동의도 마찬가지로 자기계약금지에 관한 규정을 통하여 제한을 받는다.

　2. 乙과 丙이 제3자인 丁에게 복대리권을 수여하여 丁이 대리인으로서 甲을 위하여 丙과 계약을 체결한 경우 형식적으로 보았을 때에는 丙이 양쪽의 당사자로서 계약을 체결하지 않기 때문에 제124조에 위반하지 않은 것으로 보인다.[3] 그러나 대리행위를 함에 있어서 양 당사자

<hr />

1) 다수설. 이에 반하여 자기계약과 쌍방대리는 대리라는 형식을 빌린다 하더라도 계약을 성립시킬 수 없다는 견해로 이영준, 557면.

2) 백태승, 244면; 이영준, 560면; 김중한·김학동, 515면.

3) 이에 따라 이 사안에서 독일의 제국법원 판례는 자기계약금지 규정의 적용을 부정하였

측에 같은 자가 계약을 체결하지 않더라도 제124조가 전제로 하고 있는 이해충돌이 발생하여 본인의 이익을 보호할 필요성이 존재하는 경우에는 제124조의 직접 내지 유추적용을 고려해야 한다. 대리인이 복대리인을 선임하여 그 복대리인과 계약을 체결하거나 대리인이 자신의 대리인을 선임하여 그 자와 본인의 이름으로 계약을 체결하는 경우가 바로 위의 경우에 해당한다. 이러한 해석은 대리인이 다른 자를 내세워서 제124조의 적용을 회피하는 것을 막기 위해서 반드시 필요하다.4) 또한 복대리권은 원래의 대리권을 기초로 하는 것인데 대리인은 자신이 갖고 있는 권한 이상의 대리권을 복대리인에게 수여할 수 없다. 따라서 대리인은 복대리인의 선임을 통한 방법으로 자신의 대리권을 확장할 수는 없으므로 복대리인이 계약을 체결하는 경우에도 자기계약금지에 관한 제124조의 제한이 계속 적용될 수 있다.5)

따라서 두 경우 모두 甲은 丙에게 그림의 반환을 청구할 수 있다.

다(RGZ 108, 405; 157, 24).

4) Larenz/Wolf, § 46 Rn. 133(S. 862).

5) 이영준, 559면; 김증한 · 김학동, 513면; 현재 독일 판례의 입장(BGHZ 64, 72 zu 3a).

72. 대리권의 남용

사 례

甲은 할아버지의 유품인 조선시대의 병풍을 되도록이면 200만원 이상으로 팔아 줄 것을 乙에게 부탁하였다. 평소 甲과 사이가 좋지 않은 丙은 이러한 사실을 알게 되었고, 복수심에 불타 친구 乙에게 특별히 부탁하여 매매대금을 20만원으로 하고 매매계약을 체결하였다. 이 경우 매매계약은 甲에게 효력이 있는가?

사안에서 乙과 丙 사이에 체결된 매매계약이 甲에게 효력을 발생하기 위해서는 乙이 대리권을 기초로 유효한 대리행위를 했어야 하고, 이러한 대리행위가 대리권의 범위 내에서 행해졌어야 한다. 특히 乙이 甲과의 기초적 내부관계에 위반하여 丙에게 싸게 병풍을 매도하였는데, 이처럼 대리권을 남용한 경우에 있어서의 대리행위의 효력이 문제된다.

대리권은 원칙적으로 일정한 법률관계를 기초로 하고 있는데, 이와 같은 기초적 내부관계는 대리권을 어떻게 행사해야 하는지를 정하고 있다. 그런데 대리인의 대리행위가 정하여진 대리권의 범위를 넘어선 경우에는 무권대리가 된다. 이에 따라 본인은 해당 법률행위를 추인하지 않는 한 그 법률행위와 아무런 관련이 없다. 그러나 대리인이 외형적·형식적으로는 대리권의 범위 내에서 한 행위이지만 본인의 이익을 위해서가 아니라, 자기 혹은 제3자의 이익을 꾀하기 위하여 대리행위를 하는 등 대리인이 본인과의 기초적 내부관계에 위반하여 대리행위를 한 경우를 대리권남용이라 한다.

이처럼 대리인이 기초적 내부관계에서 정한 내용에 따라 대리권을 행사하지 않았으나, 대리권의 범위 내에서 법률행위를 하였다면 대리의사는 명확히 존재하므로 그 행위는 대리행위로서 일단 유효하고 그 법률행위로 인한 효력은 본인에게 발생한다. 이때 본인은 대리인에게 기초적 내부관계의 의무위반으로 인한 손해배상만을 청구할 수 있을 뿐이다. 그러나 대리권남용에 관한 이론은 법률행위의 상대방이 대리권의 남용행위를 알았거나 알 수 있었을 경우에는 대리행위의 효력을 본인에게 주장할 수 없도록 이론구성을 하고 있는 것이다. 이론구성은 각기 다르지만 판례와 학설은 동일한 결론에 이르고 있다(다만 권리남용설에 따르면 상대방의 악의·중과실이 요건이다).

　　대리권남용의 경우 그 대리행위의 효력과 근거에 관하여 학설의 대립이 있는데, 판례의 입장인 제107조 제1항 단서 유추적용설[1]은 대리인이 자신의 이익을 위해 권한을 남용한 경우에도 대리의사는 존재하므로 그 행위는 대리행위로서 일단 유효하고, 다만 대리인의 그러한 배임의사를 상대방이 알았거나 또는 알 수 있었음을 본인이 입증하는 때에는 제107조 제1항 단서의 취지를 유추적용하여 대리행위의 효력을 부정하는 것이 타당하다고 주장한다. 이에 대하여 대리권남용설[2]은 배임대리행위에 있어서 대리권을 부정하는 법리는 대리에 관한 규정 및 대리제도의 목적으로부터 도출하여야 하므로 상대방이 이러한 배임행위를 알았거나, 정당한 이유 없이 알지 못한 때에는 대리권남용의 요건이 충족되어 대리권이 부정된다고 주장한다. 권리남용설[3]은 상대방의 악의·중과실 등 주관적 태양에 따라 상대방의 권리행사가 신의칙에 반하는 경우에 상대방에게 그러한 위험을 부담시키는 것이 좋다고 주장한다.

　　사안에서 대리인 乙은 본인 甲의 부탁과는 다르게 丙과 20만원에 병풍을 목적으로 하는 매매계약을 체결하였는데, 이러한 乙의 대리행위는 비록 甲과의 기초적 내부관계에서 정한 내용에 위반하여 체결되었지만 대리권의 범위를 초과하지는 않았으므로 원칙적으로 유효하고, 대리행위의 효력은 甲에게 발생한다. 그러나 丙은 甲이 병풍을 200만

---

1) 대법원 1999.3.9. 선고, 97다7721 판결(다만 대표권남용 사례에서는 권리남용설을 취한 경우도 있다: 대법원 1987.10.13. 선고, 86다카1522 판결); 곽윤직·김재형, 349면.

2) 이영준, 552면; 김주수, 421면; 김상용·전경운, 583면; 이은영, 620면.

3) 고상룡, 501면.

원에 팔았으면 하는 것을 알고 있었고, 甲에 대한 복수심으로 친구 乙에게 특별히 부탁하여 매매계약을 체결한 자로서 乙의 대리권 남용행위를 알았던 자에 해당하므로 어느 견해를 취하건 간에 대리행위의 효력을 본인에게 주장할 수 없다. 결국 乙과 丙 사이에 체결된 매매계약은 甲에 대하여 효력이 없다.

73. 복대리

> **사 례**
>
> 사채업자 甲은 세무조사를 우려하여 자기가 가진 토지 중 일부를 팔아줄 것을 乙에게 부탁한 후 얼마 되지 않아 사망하였다. 그러나 甲의 사망 소식을 듣지 못한 乙은 부득이한 사유로 부동산 전문가인 丙에게 부동산 매매를 부탁하였다. 丙은 건축회사 A가 토지구입을 희망한다는 의사표시를 보이자 회사 A와 접촉하여 목적 토지를 매도하였다. 회사 A는 甲의 유일한 상속자인 丁에게 부동산 매매계약의 효력을 주장할 수 있는가?

A의 丁에 대한 소유권이전청구권(제563조, 제568조 제1항)

(1) 복대리의 성립여부

건축회사 A가 丁에게 매매계약에 기한 소유권이전청구권을 행사하기 위해서는 丙과 체결한 매매계약의 효력이 丁에게 있어야 한다. 이를 위해서는 대리에 관한 규정이 적용되어야 한다(제114조 제1항). 따라서 丙이 甲을 위해서 매매계약을 체결할 수 있는 대리권을 가지고 있었고, 대리권의 범위 내의 행위를 했어야 한다.

丙이 甲을 위해서 대리행위를 하게 된 것은 乙과의 위임계약(제680조)을 통해서이다. 그런데 乙은 甲과의 위임계약을 통하여 토지를 팔 수 있는 대리권을 수여받았다. 乙은 수권행위를 통하여 대리권을 취득한 임의대리인인데, 임의대리인은 원칙적으로 다른 사람을 본인의 대리인, 즉 복대리인으로 선임할 수 없다. 다만 (1) 본인의 승낙이 있거나, (2) 부득이한 사유가 있는 때에 한하여 예외적으로 복대리인을 선임할 수 있는 복임권을 갖는다(제120조). 본 사안에서는 乙이 부득이한 사유가 있어서 甲을 위하여 대리행위를 할 복대리인으로 丙을 선임하였으

므로, 복대리인 丙은 본인을 위해서 대리행위를 할 수 있는 대리권을 가
질 수 있다(제123조).

다만 사안에서 乙이 복임권을 행사할 당시 甲이 사망하였으므로
乙의 대리권은 소멸하였었다(제127조 제1호). 따라서 乙이 丙을 복대리
인으로 선임한 것은 대리권이 없는 상태였기 때문에 이러한 복임행위
는 무효이다. 따라서 丙은 甲을 위하여 대리행위를 할 수 있는 대리권
을 취득하지 못하였다.

(2) 표현대리의 성립여부

표현대리 법리가 일반적인 권리외관이론에 기초하였다는 점을 감
안할 때 복임권 없는 대리인이 복대리인을 선임하는 경우에도 표현대
리에 관한 규정이 적용된다.[1] 대리권 소멸 후 복대리인을 선임하여 복
대리인이 상대방과 대리행위를 한 경우에 제129조의 표현대리가 문제
된다.[2] 표현대리가 성립하기 위해서는 (1) 상대방이 대리권소멸사실을
알지 못하여 복대리인에게 적법한 대리권이 있다고 믿었고, (2) 그와
같이 믿은 데 과실이 없었어야 한다. 사안에서 회사 A는 丙이 복대리인
이라고 믿었고, 이렇게 믿은 데 대하여 특별히 과실이 보이지 않으므로
甲의 권리 의무를 포괄승계(제1005조)하는 丁은 제129조에 의하여 회사
A에 대하여 丙이 체결한 매매계약에 기하여 소유권 이전의무를 부담
한다.

---

1) 이영준, 608면.
2) 대법원 1998.5.29. 선고, 97다55317 판결.

74. 대리인의 복대리인에 대한 선임·감독의 책임

사 례

甲의 종업원 乙은 甲의 신임을 얻어 甲의 재산을 관리하며 투자나 대여 등도 담당하게 되었다. 甲의 사업이 번창하자 일을 감당하기 어렵게 된 乙은 甲의 허락을 얻어 丙을 복대리인으로 선임하였다. 乙의 기대와는 달리 복대리인 丙은 고배당만을 노리고 위험한 투자를 계속 하였으나, 乙은 자신의 재산처리 업무가 바빠 丙의 이러한 투자사실을 알지 못하였다. 丙의 위험한 투자로 甲에게 손해가 발생한 경우 甲은 乙에게 손해배상책임을 물을 수 있는가?

甲의 乙에 대한 손해배상청구권(제390조, 제121조 제2항)

甲이 乙에게 손해배상을 청구하기 위해서는 乙의 의무위반행위가 있어야 한다. 임의대리인이 자기의 책임으로 복대리인을 선임한 경우 대리인은 본인에 대하여 그 선임·감독에 대하여 책임을 부담한다(제121조 제1항). 그리고 임의대리인이 본인의 지명에 의하여 복대리인을 선임한 경우에는 그 부적임 또는 불성실함을 알고 본인에 대한 통지 또는 그 해임을 태만히 한 때에 한하여 책임을 부담한다(제121조 제2항). 본 사안에서는 본인의 지명에 의해서 복대리인을 선임한 것은 아니기 때문에 대리인이 자기 책임으로 복대리인을 선임한 경우만이 문제된다.

제121조 제1항이 적용되어서 임의대리인이 복대리인에 대한 선임·감독상의 책임을 부담하기 위해서는 복대리인 선임에 대하여 본인의 승낙이 있거나 부득이한 사유에 기하여 복대리인을 선임했어야 한다(제120조). 사안에서 乙은 甲의 승낙을 얻어서 丙을 복대리인으로 선임하였으므로 이 요건은 충족되었다. 따라서 대리인이 복대리인의 선임 및 감독에 대한 충분한 주의를 다하였음에도 불구하고 복대리인의 고의·

과실로 본인에게 손해를 가한 경우에는 복대리인은 본인에 대하여 책임을 부담하더라도(제123조 제2항), 대리인은 아무 책임을 부담하지 않는다.

　　선임에 관한 책임은 부적임자를 복대리인으로 선임함으로써 본인에게 손해를 생기게 하는 경우의 책임을 말하고, 감독에 관한 책임은 복대리인의 사무처리에 대한 감독에 대한 책임을 말한다. 사안에서 부적임자를 선임했다는 사실은 없으므로 감독의 책임만이 문제되는데, 乙은 丙이 행한 위험한 투자에 대한 감독의무를 소홀히 하였다는 점에서 감독상의 의무를 위반하였다. 따라서 乙은 선임감독상의 의무위반으로 본인인 甲에게 손해를 끼쳤으므로 손해배상책임을 진다.

75. 대리권수여의 표시에 의한 표현대리

사 례

재력가 乙의 아들인 甲은 몇 가지 아이템을 가지고 사업을 하려고 아버지 乙에게 도움을 구했으나 乙은 사업전망이 없다고 판단하여 돈을 주지 않았다. 이에 '인생은 한 번이다. 저질러 놓고 보자'라고 생각한 甲은 자신이 아버지의 대리인인 것처럼 행세하며 丙과 사무실을 빌리는 계약을 체결하였다. 丙이 乙에게 찾아가 임대료를 요구하자, 미우나 고우나 아들이란 생각이 들어 일단 丙에게 임대료를 지급한 후 甲에게 전화를 걸어 다시는 이런 일이 없도록 하라는 주의를 주었다. 그러나 甲은 전 임대차계약이 만료하자, 丙의 다른 건물의 입지가 좋아 보여 丙과 다시 임대차계약을 체결하였다. 丙이 乙에 대하여 임대료의 지급을 요구할 경우 乙은 이를 거부할 수 있는가?

丙의 乙에 대한 차임지급청구권(제618조)

丙이 乙에 대하여 임대료의 지급을 요구하기 위해서는 甲이 대리인으로서 계약을 체결하였어야 한다. 甲이 비록 아버지의 이름으로 임대차 계약을 체결하긴 하였으나, 대리권을 가지고 있지 않기 때문에 유권대리인으로서 임대차계약을 체결한 것은 아니다(제114조 제1항). 그러나 사안에서 乙은 한번 甲이 무권대리인으로서 체결한 임대차계약에 차임을 지급하였고, 이로 인하여 丙은 甲이 대리권을 갖는 대리인이라고 신뢰할 수 있는 사정이 발생하였다. 이와 같이 본인이 대리권이 존재한다는 외관을 형성하는 데 대하여 책임이 있고 상대방이 이를 신뢰하여 법률행위를 하였다면, 본인에게 유권대리와 마찬가지로 대리행위의 법률효과가 귀속되는 제도가 표현대리이다. 표현대리에 관하여 우리 민법은 3가지 유형을 인정하고 있다(제125조, 제126조, 제129조).

본 사안에서 문제되는 표현대리의 유형은 대리권수여의 표시에 의한 표현대리이다(제125조). 그에 따르면 제3자에 대하여 타인에게 대리권을 수여함을 표시한 자는 그 대리권의 범위 내에서 행한 그 타인과 제3자 사이의 법률행위에 대하여 책임을 진다. 이 요건이 충족되기 위해서는 (1) 대리권수여의 표시가 있어야 하고, (2) 표시된 대리권의 범위 내에서 대리행위가 이루어져야 하며, (3) 표시의 통지를 받은 상대방과의 사이에 대리행위가 있고, (4) 상대방이 대리권이 없음을 알지 못하였고 알지 못한 데에 과실이 없었어야 한다.

　　대리권수여의 표시는 대리권을 이미 수여하였다고 하는 사실을 알리는 행위이므로 관념의 통지로서[1] 특별한 방법에 구애받지 않는다. 따라서 서면(위임장)으로는 물론 구두에 의하여서도 가능하고 명시적인 경우는 물론 묵시적인 것이라도 상관이 없다. 따라서 타인이 대리인으로 행위함을 알고 있으면서 이를 묵인하는 경우에 묵시적인 대리권 수여의 표시가 있다고 할 수 있다.[2] 사안에서 乙이 甲에 대하여 실제 대리권을 수여한 적은 없으나 丙의 임대료 요구에 응함으로써 甲이 대리인으로 행위함을 묵인하였기 때문에, 제3자인 丙에게 묵시적으로 대리권수여의 표시를 한 것으로 볼 수 있다. 甲이 체결한 새로운 임대차계약은 묵인된 임대차계약과 동일한 계약유형이므로 대리권의 범위 내에 있다고 볼 수 있다. 또한 乙은 甲에 대해서만 주의를 주었을 뿐 丙에 대하여 아무런 조치를 취하지 않았으므로 丙은 여전히 선의·무과실이라고 할 수 있다. 제125조의 모든 요건이 충족되므로 乙은 임대료를 지급하라는 丙의 요구를 거절할 수 없다.

---

1) 이와 달리 대리권 수여의 표시는 의사표시이며 외부적 수권행위라는 주장으로 이영준, 620면.
2) 대법원 1998.6.12. 선고, 97다53762 판결.

76. 백지위임장과 표현대리

사례 자금압박을 받고 있던 甲은 갖고 있던 토지에 저당권을 설정하여 丙으로부터 1억원을 빌리기 위해서 대리권을 乙에게 수여하였다. 그런데 乙은 甲에게서 받은 백지위임장과 인감증명서를 丁에게 주었고, 丁은 이를 이용하여 이러한 사정을 모르는 戊에게 위 토지를 파는 매매계약을 체결하고 등기를 이전하여 주었다. 이 경우 甲은 戊에게 등기의 말소를 청구할 수 있는가?

甲의 戊에 대한 등기말소청구권(제214조)

甲이 戊에게 등기의 말소를 청구할 수 있기 위해서는 甲이 아직도 토지의 소유자이어야 한다. 그러기 위해서는 丁과 戊 사이에 체결된 매매계약과 소유권이전을 목적으로 한 물권적 합의가 甲에게 효력이 없어야 한다. 이를 위해서 丁은 대리권이 없는 상태에서 위 법률행위를 甲의 이름으로 했어야 한다. 甲은 丁에게 직접 대리권을 수여한 적은 없으나, 丁은 甲이 乙에게 대리권을 수여할 때 준 백지위임장을 가지고 있었다.

백지위임장을 통하여 수권행위를 하거나 대리권수여의 표시를 한 경우에 백지위임장 작성자의 의도와 달리 그 위임장이 전전유통되어 대리인의 성명이 보충되거나, 직접 피교부자 또는 전득자에 의하여 대리권의 내용이나 상대방이 보충된 경우에 이를 어떻게 다룰 것인가에 관하여는 표현대리로 보는 견해와 유권대리로 보는 견해가 대립하고 있다. 표현대리로 보는 견해에 의하면 예정되어 있지 않은 상대방과 거래한 경우에는 제125조의 표현대리가 성립하고, 그 밖에 위임사항 이외의 것을 대리권의 내용으로 보충한 때에는 제126조의 표현대리가 성립한다고 보고 있다.[1] 이에 반하여 유권대리가 성립한다고 하는 견해는 백지위임장이

전전유통된 경우에는 백지위임장 작성자가 전득자에게 직접 수권행위를 한 것이기 때문에 통상의 대리에 관한 규정을 적용할 수 있다고 한다.[2] 그러나 대리인의 성명, 대리권의 내용 또는 상대방 등의 보충이 명백한 대리권남용에 해당하는 경우에는 대리권남용이론에 의하여 해결하면 충분하다고 한다. 백지위임장이 본인의 의사에 맞게 전전유통된 경우에는 백지위임장의 전득자에게 직접 수권행위를 한 것으로 해석할 수도 있겠으나, 본인의 의사와 다른 방식으로 전전유통이 되었다면 수권행위 있는 외관이 있을 뿐 전득자에게 수권행위가 있었다고 보기는 어렵다. 또한 유권대리를 인정하더라도 본 사안에서와 같이 위임사항 이외의 것을 대리권의 내용으로 보충한 경우에는 제126조의 표현대리를 검토하지 않을 수 없다.

　　제126조의 표현대리가 성립하기 위해서는 (1) 기본대리권이 존재해야 하고, (2) 권한을 넘은 표현대리행위가 있어야 하며, (3) 대리권의 범위 내의 행위라고 믿을 만한 정당한 이유가 존재해야 한다. 유권대리로 보는 견해를 취하는 경우에는 기본대리권을 丁이 갖고 있었다는 점에는 의문이 없으나, 표현대리로 보는 견해에 따른다면 본 사안에서 丁이 기본대리권을 갖고 있었는지가 문제될 수 있다. 그러나 기본대리권은 대리권수여표시에 의한 표현대리(제125조)와 대리권소멸 후의 표현대리(제129조)가 성립하는 경우에도 인정된다.[3] 이와 같이 표현대리규정의 중첩적용도 인정될 수 있다. 따라서 어느 견해를 따르더라도 본 사안에서는 기본대리권은 존재한 것으로 볼 수 있다. 저당권 설정을 목적으로 대리권을 수여하였으나, 소유권의 이전을 목적으로 하는 매매계약과 물권적 합의가 있었으므로 丁의 대리행위는 대리권의 범위를 넘어섰다. 마지막으로 백지위임장을 임의로 보충하여 제시한 丁에게 토지소유권을 이전할 수 있는 대리권을 갖고 있다고 믿을 만한 정당한 이유가 戊에게 있었다. 모든 요건이 충족되었으므로 丁이 한 대리행위는 甲에게 효력이 있으며 이로 인하여 甲은 소유권을 상실하였다. 따라서 甲은 戊에게 등기의 말소를 청구하지 못한다.

---

　1) 고상룡, 560면; 백태승, 267면; 김증한·김학동, 491면.

　2) 이영준, 537면.

　3) 대법원 1979.3.27. 선고, 79다234 판결.

77. 권한을 넘은 표현대리와 일상가사대리

사 례 평소 집안일에 소홀한 남편 甲은 집안살림을 알아서 하라며 甲의 부동산에 관한 권리증서를 처인 乙에게 맡겨두고 있었다. 남편이 가사를 돌보지 않아 생활고에 시달리던 乙은 생활비를 마련하기 위하여 甲이 맡긴 부동산에 저당권을 설정하고 사채업자 丙으로부터 대출을 받아 조그만 사업을 시작하였으나 경험부족으로 돈을 다 날리고 말았다. 丙이 저당권을 실행하려고 할 경우에 甲은 저당권 설정계약이 무권대리로서 무효라고 주장할수 있는가?

(1) 일상가사대리의 적용여부

乙의 대리행위가 무권대리가 되기 위해서는 乙에게 대리권이 없거나, 대리권은 갖고 있으나 저당권 설정행위가 대리권의 범위를 벗어났어야 한다. 甲과 乙은 혼인관계에 기하여 일상가사에 관한 대리권이 있다(제827조 제1항). 일상가사라 함은 부부의 공동생활에서 필요로 하는 통상의 사무를 말하며, 판례는 일상가사의 범위를 확정함에 있어 부부공동체의 내부사정, 행위의 목적 외에 법률행위의 객관적 종류, 성질도 고려하여야 한다고 하지만[1] 실제 적용에 있어서는 그 범위를 매우 협소하게 보고 있다. 乙의 저당권 설정행위의 내부적 목적은 생활비 마련이었으나, 실제 사용용도는 사업자금의 마련이었으므로 일상가사의 범위를 넘어섰기 때문에 저당권 설정행위는 대리권의 범위를 벗어난 것이다.

---

1) 대법원 2000.4.25. 선고, 2000다8267 판결.

(2) 일상가사대리의 권한을 넘은 표현대리의 적용여부

다수설은 일상가사대리권을 법정대리권으로 보면서 이를 기본대리권으로 한 제126조의 적용을 긍정한다.[2] 판례 역시 일상가사대리권을 기본대리권으로 하여 제126조를 적용할 수 있다고 한다.[3] 이에 따르면 丙은 乙의 대리행위가 일상가사대리를 기본대리권으로 하는 제126조의 표현대리임을 주장할 수 있다.

하지만 본 사안처럼 남편 소유의 부동산에 근저당권을 설정하는 것은 이례에 속하는 만큼 아내 乙에게 일상가사대리권이 있었다는 사정뿐만 아니라, 상대방인 丙에게 남편 甲이 아내 乙에게 그 행위에 관한 대리의 권한을 주었다고 믿었음을 정당화할 만한 객관적인 사정이 있어야 한다.[4] 기본적 대리권은 乙이 갖고 있었으므로 丙이 대리권의 범위 내의 행위로 믿을 만한 정당한 이유가 있었는지가 문제된다.

본인인 남편 甲과 처 乙이 부부관계라는 측면에서 볼 때 서류의 입수가 용이하다는 점에서 정당한 이유의 판단은 엄격해야 한다. 그러나 사안에서 볼 수 있듯이 甲이 집안살림 일체를 乙에게 맡기고 부동산에 관한 권리증서 역시 평소 乙에게 맡겨놓고 있었으며, 丙이 취득 당시 권리문서가 처의 수중에서 나온 것으로 믿고 있었다면, 丙은 乙에게 저당권 설정에 관한 권한이 있다고 믿을 만한 정당한 사유가 있는 것으로 보인다.[5] 따라서 표현대리가 성립하므로 甲은 丙에 대하여 무권대리를 주장하여 저당권설정계약의 무효를 주장할 수 없다.

---

2) 이를 부정하는 견해로 김증한 · 김학동, 563면.

3) 대법원 1967.8.29. 선고, 67다1125 판결.

4) 대법원 1968.11.26. 선고, 68다1727, 1728 판결.

5) 판례는 남편이 장기간 외국 또는 지방에 체류하면서 살림 일체를 맡긴 경우는 정당한 사유가 있다고 보았지만, 이러한 특수한 사정이 없는 경우에는 정당한 사유를 인정하지 않는다(대법원 1990.12.26. 선고, 88다카24516 판결).

78. 무권대리와 표현대리

사 례

A백화점의 직원 甲은 물품을 구매하는 영업직에 근무하였으나, 뇌물을 받았다는 이유로 해직당하였다. 甲은 복수할 의도를 갖고 A백화점에서 일할 때 사용하던 주문서로 B회사에 물건을 주문하였다. 그 후 B는 물건의 수령과 매매대금의 지급을 A백화점에게 요구하였으나, A백화점은 이를 거절하였다.

(1) B회사에서 유권대리를 주장하면서 청구를 한 경우 여기에 표현대리의 주장도 포함된 것으로 볼 수 있는가?

(2) B회사는 표현대리를 주장하면서 A에게 매매대금의 지급을 청구하였고 예비적으로 甲에게 손해배상을 청구하였다. B가 소문을 통하여 어느 정도 甲의 해직사실을 알고 있었다면, B가 위와 같이 청구하는 것이 가능한가?

(1) 유권대리에 관한 주장 가운데 표현대리 주장이 포함되는지의 여부

사안에서 甲은 더 이상 대리권이 존재하지 않으므로 유권대리는 아니다. 다만 유권대리 주장 안에 표현대리의 주장이 있다면 이를 같이 검토할 수 있을 것이다. 그러나 대리권이 있다는 것과 표현대리가 성립한다는 것은 그 요건사실이 다르므로 유권대리 주장이 있으면 표현대리의 주장이 당연히 포함되는 것은 아니고 이 경우 법원이 표현대리의 성립 여부까지 판단해야 하는 것은 아니다.[1] 따라서 유권대리 주장 안에는 표현대리 주장이 있지 않으므로 별도로 주장해야 할 것이다.

---

1) 대법원 1990.3.27. 선고, 88다카181 판결.

(2) B의 A에 대한 매매대금지급청구권(제563조, 제568조 제1항)

B가 A백화점에 대하여 매매계약에 기한 대금지급을 청구하기 위해서는 A백화점의 대리인인 甲의 대리행위가 유효하게 이루어졌어야 하는데, 이처럼 대리인의 대리행위가 본인에 대하여 효력을 갖기 위해서는 (1) 대리권의 존재, (2) 현명 및 (3) 권한 내의 대리행위일 것이 요구된다(제114조 제1항).

사안에서 甲은 A백화점의 영업직에 근무하던 직원으로서 뇌물을 받았다는 이유로 해직당한 자이다. 甲이 비록 A백화점에 근무하던 당시에는 대리권을 가지고 있었을지라도 해직을 당함으로써 그 원인된 법률관계가 종료하였다고 볼 수 있으므로 甲의 대리권은 소멸하였다(제128조 제1문). 결국 甲은 대리권이 없는 상태에서 B회사와 매매계약을 체결한 것이므로 B는 A백화점에 대하여 매매대금의 지급을 청구할 수 없다.

이 경우 B가 A백화점에 대하여 제129조를 주장할 수 있는지가 문제된다. 즉 甲은 A백화점의 대리인이었던 자이고 甲의 대리행위가 이전 대리권의 범위 내의 행위이므로 B가 제129조의 대리권의 소멸을 알지 못한 선의의 제3자에 해당되면 본인에 대하여 대리행위의 효력을 주장할 수 있다. 제129조의 표현대리가 성립하기 위해서는 (1) 존재하였던 대리권이 소멸하였고, (2) 상대방은 선의·무과실이며, (3) 대리인이 권한 내의 행위를 할 것을 요건으로 한다.

사안에서는 존재하였던 甲의 대리권이 소멸하였으므로 첫 번째 요건은 충족하지만, 상대방인 B회사는 소문을 통하여 甲의 해직사실을 어느 정도 알고 있었던 자이므로 선의의 상대방이 아니다. 따라서 甲이 B회사와 체결한 매매계약은 제129조의 표현대리에도 해당하지 않으므로 B는 A백화점에 대하여 대리행위의 효력을 주장할 수 없다.

(3) B의 甲에 대한 손해배상청구권(제135조 제1항)

B회사는 결국 A백화점에 대하여 甲의 대리행위의 효력을 주장하여

대금지급을 청구할 수 없으므로 무권대리인인 甲에 대하여 제135조의 손해배상책임을 물을 수 있는지가 문제된다. 제135조의 손해배상책임이 인정되기 위해서는 (1) 계약체결, (2) 무권대리인이 행위능력이 있을 것, (3) 대리권을 증명하지 못하고 본인의 추인을 얻지 못하였을 것, (4) 상대방이 대리권 없음을 알 수 없었을 것의 요건을 충족해야 한다(제135조).

사안에서 무권대리인 甲은 B회사와 계약을 체결하였고, 행위능력자이며 대리권을 증명하지 못하고, 본인의 추인을 얻지 못한 자에 해당한다. 그러나 B회사는 이러한 甲의 대리권 없음을 알 수 있었던 자이므로 제135조의 요건이 충족되지 못하였다. 따라서 B는 甲에 대하여도 제135조의 무권대리인의 상대방에 대한 책임을 물을 수 없다.

79. 무권대리행위의 추인

사 례
아내 甲은 남편 乙의 승낙을 받지 않고 乙 명의로 丙으로부터 5천만원을 빌렸다. 돈은 甲이 개인 학원을 차리기 위해서 빌린 돈이었고, 丙도 이러한 사실을 알고 있었다. 그 후 乙은 빌린 금액의 절반만을 지급하겠다는 의사를 丙에게 전달하였으나, 丙은 이를 거부하고 乙에게 대여금 전액의 반환과 이자의 지급을 청구하였다. 丙의 청구는 정당한가?

丙의 乙에 대한 대여금 반환청구권(제598조)

(1) 무권대리의 성립

丙이 乙에게 대여금의 반환 및 이자의 지급을 청구할 수 있기 위해서는 甲과 丙 사이에 체결된 소비대차 계약의 효력이 乙에게 귀속될 수 있어야 한다. 이를 위해서는 대리에 관한 규정이 적용되어야 하지만 사안에서 아내 甲은 일상가사에 대하여는 대리권이 있을지 모르나(제827조 제1항) 개인학원을 차리기 위해서 돈을 빌린 것이므로 일상가사대리권의 범위를 벗어났고, 상대방인 丙도 이를 알고 있었기 때문에 유권대리 내지 표현대리(제126조)에 관한 규정이 적용될 수 없다. 다만 甲은 대리의사를 가지고 乙의 명의로 소비대차계약을 체결하였기 때문에 위 행위는 무권대리행위가 된다.

(2) 무권대리행위의 추인

무권대리행위는 본인이 추인하지 않으면 본인에게 아무런 효력이 없다(제130조). 그러나 본인이 이를 추인하면 무권대리행위는 처음부터 유권대리행위로서 본인에게 효력을 갖는다(제133조 본문). 무권대리행위의 추인은 단독행위로서, 효력발생여부가 불확실한 행위에 대하여 그 행위로 인한 효과를 자기에게 직접 발생하게 하는 것을 목적으로 하는 의사표시이다.[1] 추인을 위해서는 특별한 방식이 요구되지 않으며 명시적·묵시적 방법으로 모두 행사할 수 있다. 추인의 의사표시는 무권대리인 또는 무권대리행위의 상대방 어느 누구에게나 행사할 수 있다. 상대방에 대하여 행사하는 경우에는 바로 추인의 효과가 발생하나, 무권대리인에게 행사한 경우에는 상대방이 추인이 있었다는 사실을 알기 전까지는 상대방에게 추인의 효과를 주장하지 못한다(제132조). 사안에서 본인 乙이 빌린 금액의 절반만을 지급하겠다고 하는 의사를 전달한 것은 계약이행의 의사로서 추인에 해당한다. 또한 상대방인 丙에게 행사하였으므로 추인의 효과는 바로 발생한다.

　　사안에서 문제가 되는 것은 乙이 빌린 금액 전부를 지급하겠다고 한 것이 아니라 반만을 지급하겠다고 한 데에 있다. 이는 일부 추인에 불과하다. 원칙적으로 일부 추인은 허용되지 않지만, 상대방의 동의가 있으면 가능하다.[2] 또한 예외적으로 의사표시가 가분의 내용을 가지고 있고 상대방이 그 일부만에 대해서도 법률행위를 할 것을 원하였다고 인정될 만한 특별한 사정이 있을 때에는 상대방의 동의가 없더라도 일부 추인이 가능하다.[3] 사안에서는 乙의 법률행위를 금액으로 나눌 수 있기 때문에 법률행위의 내용이 가분이라고 할 수 있으나, 일부만에 대해서도 법률행위를 할 것을 상대방이 원하였다는 특별한 사정이 존재하지 않을 뿐만 아니라, 丙이 전부이행을 계속 요구하고 있는 것으로 보아서는 일부 추인에 동의를 하지 않는 것으로 해석된다. 따라서 본 사안에서 일부 추인은 추인으로서의 효력을 발생하지 않았으므로 丙은 乙에게 아무것도 청구하지 못한다.

---

1) 곽윤직·김재형, 372면; 대법원 2002.10.11. 선고, 2001다59217 판결.
2) 대법원 1982.1.26. 선고, 81다카549 판결.
3) 민법주해 Ⅲ/강용현, 209면.

80. 무권대리와 상속

> **사 례**
>
> 아들 甲은 대리권 없이 아버지 乙 소유 부동산을 丙에게 매도하고 소유권
> 이전등기를 경료해 주었고, 丙은 丁에게 부동산을 매도하고 소유권이전등
> 기를 해 주었다. 그 후 乙은 이 사실을 알고 丁에 대하여 부동산의 반환
> 을 요구하는 소를 제기하려고 하다가 심장마비로 사망하였다. 乙의 유언에
> 따르면 그 부동산을 처분하지 말 것을 조건으로 甲이 단독상속인으로 정
> 해져 있었다. 甲이 아버지의 유지에 따라 부동산의 반환을 丁에게 청구하
> 려고 한다. 가능한가?
>
> **【변형】** 만약 甲 이외에 공동상속인 戊가 있었고 戊가 丁에게 부동산의
> 반환을 청구하는 것은 가능한가?

甲의 丁에 대한 소유물반환청구권(제213조)

甲이 대리권 없이 乙 소유 부동산을 丙에게 매도하여 소유권이전
등기를 경료해 주었다면, 그 매매계약은 무효이고 이에 터잡은 이전등
기 역시 무효가 되어 乙에게는 효력이 없다. 따라서 본인 乙의 사망 전
에는 乙은 부동산의 소유자이므로 반환청구권을 행사할 수 있었다. 그
러나 본인의 사망으로 인하여 무권대리인은 무권대리인의 책임뿐만 아
니라, 상속으로 인하여 소유물반환을 청구할 수 있는 본인의 지위를 갖
게 된다.

이 경우 학설은 본인 乙의 무권대리행위를 추인할 수 있는 권한이
아들 甲에게 상속되므로 甲은 신의칙상 추인을 해야 할 의무를 부담한
다고 보고 있다.[1] 또한 우리 판례도 甲은 乙의 무권대리인으로서 제
135조 제1항의 규정에 의하여 매수인인 丙에게 부동산에 대한 소유권

---

1) 이은영, 666면.

이전등기를 이행할 의무가 있고 甲이 乙로부터 부동산을 상속받아 소유권이전등기 이행의무를 이행하는 것이 가능하게 되었다면 자신으로부터 부동산을 전전매수한 丁에게 원래 자신의 매매행위가 무권대리행위여서 무효였다는 이유로 부동산의 반환을 구하는 것은 금반언의 원칙이나 신의성실의 원칙에 반하여 허용될 수 없다고 판시하였다.2) 따라서 어느 견해를 따르더라도 甲은 丁에 대하여 소유물의 반환을 청구할 수 없다.

【변형】   무권대리인 이외에 공동상속인이 있는 경우에는 피상속인이 본인으로 가지는 추인권과 추인거절권은 상속인 전원에게 승계되므로 공동상속인 전원의 추인이 없으면 무권대리행위는 공동상속인에 대하여 유효로 되지 않는다.3) 다만 甲의 지분권 한도에서는 유효하다. 본 사안에서 특별한 사유가 존재하지 않으므로 상속분은 균등하다 할 수 있고 丁은 과반수의 지분을 가지고 있지 않은 상태에서 점유하고 있는 공유자이므로 다른 공유자 戊는 보존행위를 이유로 전체 부동산의 반환을 청구할 수 없고, 공유물의 공동 점유나 사용을 방해하는 행위에 대하여 방해배제를 청구할 수 있을 뿐이다.4)

---

2) 대법원 1994.9.27. 선고, 94다20617 판결.

3) 김주수·김상용, 친족상속법, 제18판, 2022, 693면.

4) 대법원 2020.5.21. 선고, 2018다287522 전원합의체 판결. 이 판결을 통해 소수지분권자가 보존행위를 이유로 점유 공유자에 대하여 방해배제와 인도를 청구할 수 있다고 한 기존 판례를 변경하였다.

Ⅷ. 법률행위의 무효와 취소

81. 물권행위의 취소와 무효

> **사 례**
>
> 1. 甲은 乙에게 자신의 그림을 매도하였다. 乙은 매매계약을 체결하고 그림을 매수하는 과정에서 기망적인 수단을 사용하여 甲을 속였다. 그림을 인도받은 후 乙은 곧바로 그림을 丙에게 매도하였는데, 丙은 乙의 사기행각을 알고 있었다. 이 경우 甲은 丙으로부터 그림의 반환을 요구할 수 있는가?
> 2. 앞의 사안에서 乙이 그림을 매수하는 과정에서 의사능력이 없었고, 그 사실은 누구도 알지 못하였다. 그 후 후견인이 선임되어 후견인이 그림을 丙에게 매도하였다. 그런데 丙은 乙의 사기행각을 알고 있었으나, 乙이 甲으로부터 그림을 구입할 때 의사무능력 상태였다는 사정을 몰랐던 경우는?

甲의 丙에 대한 그림의 반환청구권(제213조)

두 사안 모두 甲이 丙에 대하여 소유물반환청구권을 행사하여 그림의 반환을 요구할 수 있는지가 문제되는데, 이를 행사하기 위해서는 甲이 그림의 소유자이어야 하고 丙은 점유권원 없이 그림을 점유하고 있어야 한다.

1. 사안 1)의 경우 甲은 乙에게 물권적 합의와 인도를 통하여 그림의 소유권을 상실하였다(제188조 제1항). 그에 따라 丙은 정당한 권리자

인 乙로부터 그림의 소유권을 취득하였다. 乙의 기망행위로 인하여 甲은 제110조에 의하여 취소권을 갖지만, 아직 그로 인하여 무효라는 법률효과가 발생한 것은 아니다. 따라서 乙의 사기행각에 대한 丙의 악의도 (일단은) 의미가 없다.

　　그러나 甲이 취소권을 乙에 대한 의사표시로서 행사한 경우(제142조), 물권행위는 소급적으로 무효가 된다(제141조 본문). 그에 따라 乙은 소급적으로 소유권을 상실하고, 사기행각을 안 丙은 취소권 행사 후에는 (甲과 乙 사이의 물권행위인) 법률행위의 무효를 알았던 것처럼 취급받는다. 따라서 악의의 丙은 선의취득의 요건을 충족시키지 못한 상태에서 무권리자로부터 그림을 구입하였고 소유권취득은 효력이 없다. 따라서 甲은 丙에게 그림의 반환을 청구할 수 있다.

　　2. 사안 2)의 경우 甲은 乙에게 물권적 합의와 인도로 소유권을 상실하지 않았다. 왜냐하면 의사능력이 없는 상태에서 물권행위를 하여 해당 행위가 처음부터 무효이기 때문이다. 그러나 乙의 후견인과 매매계약을 체결하고 소유권을 이전받은 丙은 乙의 의사무능력 상태를 모르는 선의였기 때문에 선의취득의 요건을 충족하여 소유권을 취득할 수 있다(제249조). 이때 乙의 사기행각에 대한 악의는 처분권이 없다는 사실을 알고 있는 것과는 동일하지 않다.

　　사안의 경우 甲이 물권행위의 취소를 통하여 무효라는 법률효과를 가져올 수 없는지가 문제된다. 그런데 물권행위는 이미 의사무능력을 이유로 무효이기 때문에 무효인 법률행위를 취소권을 행사하여 다시 무효로 만들 수 있는지가 문제된다. 취소권을 행사하여 단순한 무효와 다른 법률효과를 가져올 수 있는 경우에는 무효인 법률행위의 취소도 인정해야 할 필요성이 크다고 할 수 있다. 거래생활에서 자연과학적인 관점을 적용해서는 안 되고(죽은 사람은 두 번 죽일 수 없다), 목적론적·평가적 관점이 적용되어야 한다(무효와 취소의 이중효).1) 당사자는 동시에 여러 개의 무효사유를 주장할 수 있으며, 취소권 행사도 취소

---

1) 대법원 1989.4.11. 선고, 87다카131 판결.

권자의 선택권하에 놓여 있는 무효사유 중의 한 가지라는 논거도 제기할 수 있다.

甲이 사기를 이유로 취소권을 행사하면, 기망행위를 알고 있는 丙은 악의자로서 선의취득의 요건을 충족시키지 못한다. 따라서 甲은 丙으로부터 그림의 반환을 청구할 수 있다(이와 같은 결과를 인정하지 않는다면 甲이 의사능력이 있는 상대방과 거래를 한 경우보다 더 불리한 위치에 놓이게 된다는 부당한 결론에 이른다).

82. 일부무효

사 례

A병원은 사업확정을 위하여 B은행으로부터 100억원을 대출받으려고 하였다. 그 보증으로 근저당권을 설정하면서 병원의 건물 등을 담보로 잡혔다. 그러나 의료법인의 재산을 처분하려면 시·도지사의 허가를 받아야 하는데(의료법 제48조 제3항), A병원은 50억원의 담보제공에 대하여만 허가를 받은 상태였다. 이 경우 B은행은 근저당권을 어느 한도까지 행사할 수 있는가?

A병원이 B은행과 체결한 근저당권설정계약의 경우 100억원에 대한 담보로 계약이 체결되었으나, 허가를 50억원에 대하여만 받은 상태이다. 의료법인은 그 재산을 처분하고자 할 경우 시·도지사의 허가를 받도록 규정하고 있고, 이 규정은 의료법인이 그 재산을 부당하게 감소시키는 것을 방지함으로써 항상 그 경영에 필요한 재산을 갖추고 있도록 하여 의료법인의 건전한 발달을 도모하여 의료의 적정을 기하고 국민건강을 보호 증진케 하려는 의료법의 입법 목적을 달성하기 위하여 둔 효력규정이라고 보아야 한다.[1] 따라서 허가를 받지 않은 한도에서는 근저당권설정계약은 무효이다. 이 경우 근저당권설정계약 전체가 무효인지 아니면 허가를 받은 한도인 50억원까지는 유효한지가 문제된다.

이 경우 당사자들이 구체적인 사안에서 무엇을 원하였는지가 척도가 된다. 즉 계약의 전부무효를 원하였는지 아니면 나머지 부분의 유효를 원하였는지를 해석을 통하여 확정해야 한다. 해석을 통하여 당사자의 의사를 확인할 수 없는 경우에 비로소 제137조의 규정이 적용된다. 그에 따르면 법률행위의 일부분이 무효인 때에는 원칙적으로 그 전부

---

1) 대법원 1993.7.16. 선고, 93다2094 판결; 대법원 2007.6.15. 선고, 2006다80322, 80339 판결.

가 무효이다. 그러나 그 무효부분이 없었더라도 법률행위를 하였을 것이라고 인정될 때에 한하여 나머지 부분은 유효하다. 즉 제137조는 실제로 존재하는 의사가 아니라, 당사자들의 가상적 의사를 기초로 판단하고 있다.[2] 이에 따라 법률행위의 일부가 무효임을 당사자 쌍방이 법률행위 당시에 알았다면 나머지 법률행위의 효력을 어떻게 결정하였을 것인지를 물어보게 된다.

사안에서 당사자들의 의사를 확인할 수 없으므로 가상적 의사를 물어볼 수밖에 없다. 그런데 위 근저당권설정계약 중 일부가 위 법률규정에 따른 허가를 받은 범위를 초과하는 것이어서 무효라는 이유로 허가받은 나머지 담보제공약정 부분까지도 무효가 된다고 본다면 이는 의료법인으로 하여금 이미 허가받은 범위의 담보제공에 따른 피담보채무까지 상환할 수밖에 없도록 하여 결국, 재산처분에 대한 허가제도를 통하여 거래당사자의 일방인 의료법인을 보호하고 건전한 발달을 도모하려는 의료법 제41조 제3항의 취지에 명백히 반하는 결과를 초래한다. 또한 당사자들도 허가받지 않은 부분이 무효라는 사실을 알고 있었다면, 허가를 받은 한도 내에서만이라도 근저당권설정계약을 체결하였을 것으로 보이므로 피담보채무가 50억원을 초과하는 부분이 무효라고 하더라도 이미 허가받은 나머지 부분의 근저당권설정약정까지 무효가 된다고 할 수는 없다 할 것이다. 따라서 B은행은 근저당권을 유효한 50억원 한도에서는 행사할 수 있다.

---

2) 대법원 1996.2.27. 선고, 95다38875 판결.

83. 무효행위의 전환

사례 甲은 5년 동안 乙의 휴대폰대리점에서 판매원으로 일하고 있었는데, 고용 계약서에 사직을 하기 위해서는 2개월 전에 해지통고를 하도록 규정되어 있었다. 그러나 애인과 헤어진 甲은 일할 의욕을 잃어서 당장 직장을 그 만두겠다는 내용의 사직서를 乙에게 제출하였다. 이 경우 甲의 해지통고는 효력이 있는가?

甲이 하려고 하는 즉시해지는 효력이 없다. 왜냐하면 즉시해지를 하기 위해서는 고용관계를 계속할 수 없는 부득이한 사유가 있어야 하기 때문이다(제661조 본문). 단순히 일할 의욕을 잃었다는 사유는 부득이한 사유라고 보기 어렵다. 그러나 甲이 한 즉시해지를 통고기간부 해지로 전환할 수 있는지가 문제된다. 사안에서 계약기간이 정해져 있으나, 해지통고기간인 2개월 전에 해지를 하면 부득이한 사유가 없더라도 고용계약관계를 종료시킬 수 있기 때문이다. 다만 학설에 따라서는 단독행위의 전환은 인정할 수 없다고 보는 견해가 있다.[1] 그에 따르면 해지는 단독행위이므로 본 사안에서 즉시해지가 그 요건을 구비하지 아니하여 효력이 없는 때에는 통상의 해지로서 효력을 발생할 수 없다. 그러나 우리 민법이 단독행위의 전환을 많이 인정하고 있는 바와 같이(예: 제1071조, 제530조, 제534조), 이를 부정할 이유는 없을 것이다.[2] 따라서 본 사안에서 즉시해지를 통고기간부 해지로 전환하는 것은 인정된다.

무효인 법률행위의 전환을 위해서는 (1) 무효인 법률행위가 다른 법률행위의 요건을 구비하고 (2) 당사자가 그 법률행위가 무효임을 알

---

1) 곽윤직·김재형, 388면.
2) 같은 견해로 이영준, 720면 이하.

았더라면 다른 법률행위를 하는 것을 원하였으리라고 인정되어야 한다 (제138조). 무효행위의 전환을 인정하는 이유는 일정한 경제적 효과를 달성하기 위해서 선택한 수단이 허용되지 않더라도, 다른 수단을 통하여 동일한 경제적 효과를 달성할 수 있다면 다른 수단을 인정하자는 데에 있다. 해지의 의사표시만 요구된다는 점에서 즉시해지는 통고기간부 해지와 그 요건이 같다. 또한 2개월 뒤에 효과가 발생한다는 점에서만 다르고 통고기간부 해지를 통하여 고용계약관계가 종료된다는 점에서 즉시해지와 동일한 경제적 효과가 달성된다. 따라서 무효행위의 전환의 객관적 요건은 충족되었다. 그리고 주관적 요건으로서 즉시해지가 무효임을 알았다면 甲이 통고기간부 해지를 하였으리라는 가상적 의사를 법률행위의 해석을 통하여 확인할 수 있어야 하는데, 甲이 전혀 일할 의욕이 없었다는 측면을 본다면 어떠한 경우에도 고용계약관계를 종료하려고 하는 甲의 가상적 의사를 확인할 수 있다. 즉 즉시해지가 안 된다면, 해지통고를 한 후 2개월 뒤에 고용계약관계를 종료하려고 하는 의사를 가질 것이다. 따라서 바로 해지를 원하는 甲의 법률행위는 해지 후 2개월 뒤에 직장을 그만두려는 법률행위로 전환될 수 있다.

84. 유동적 무효

사 례

甲은 토지거래허가구역에 있는 자신의 토지를 乙에게 3억원에 파는 매매계약을 체결하였다. 甲은 乙에게 관할시 시장으로부터 토지거래허가를 받기로 약속하고, 乙은 3월 20일 계약금으로 6천만원을 甲에게 지급하였고 4월 20일 잔금을 치르고 소유권을 이전받기로 하였다. 토지거래허가를 신청하였으나, 아직 결정되지 않은 상황에서 4월 20일이 도래하였다면 乙은 甲에게 잔금을 지급하면서 토지의 소유권을 이전하라고 요구할 수 있는가?

乙의 甲에 대한 소유권이전청구권(제563조, 제568조 제1항)

乙이 甲에 대하여 소유권의 이전을 청구하기 위해서는 乙과 甲 사이에 체결된 매매계약이 효력을 가져야 한다. 甲과 乙은 토지거래허가구역에 있는 토지에 대한 매매계약을 체결하였는데, 관할시 시장으로부터 토지거래허가를 받기로 약속을 하고 계약금을 지급하였지만, 아직 토지거래의 허가여부가 결정되지 않은 상태에 있다. 그런데 토지거래허가를 받지 않은 상태에서 당사자 사이의 계약은 물권적 효력은 물론 채권적 효력도 발생하지 않는다(무효). 그러나 이 계약은 확정적 무효의 상태인 것이 아니라, 허가를 추후에 받느냐에 따라 그 법률효과가 결정된다.

이와 같이 법률행위의 효력이 현재로서는 발생하지 않지만 추후에 허가 내지 인가를 받거나, 추인을 얻거나, 정지조건이 성취되거나, 시기가 도래함으로써 법률행위시에 소급하여 유효로 확정될 수 있는 법적 상태를 '유동적 무효'라고 한다. 특히 판례는 토지거래계약의 목적물이 「국토의 계획 및 이용에 관한 법률」상 토지거래허가구역 내의 토지인 경우에, 양 당사자가 관청의 허가를 얻어야 비로소 계약의 효력이 확정된다고 하는 '유동적 무효'의 법리를 전개하고 있다. 따라서 허가받을 것을 전제로 한 계약일 경우에는 허가를 받을 때까지는 법률상 미완성의 법률행위로서 소유권 등 권리이전에 관한 계약의 효력이 전혀 발생하지 않음은 확정적 무효의 경우와 같다. 하지만 일단 허가를 받으면 그 계약은 소급하여 유효한 계약이 되고 이와 달리 허가를 받지 못한 때에는 무효로 확정되므로 허가를 받기까지는 유동적 무효의 상태에 있다.[1] 유동적 무효의 상태에서는 각 당사자는 상대방에 대하여 이행청구는 물론, 채무불이행으로 인한 손해배상을 청구하거나 계약해제권을 행사할 수 없다.[2]

사안에서 甲과 乙의 매매계약은 토지거래의 허가를 받을 것을 전제로 한 계약이지만, 아직 토지거래에 대한 허가를 받지 못한 상태에 있으므로 '유동적 무효'상태에 있다. 따라서 허가를 받을 때까지는 무효이므로 乙은 甲에 대하여 권리의 이전 또는 설정에 관한 어떠한 내용의 이행청구도 할 수 없다.

---

1) 대법원 1991.12.24. 선고, 90다12243 전원합의체 판결.
2) 대법원 2001.1.28. 선고, 99다40524 판결.

85. 무효행위의 추인

사 례

甲은 보증을 서지 않으면 甲의 범죄사실을 고발한다는 乙의 협박에 할 수 없이 친구 丙이 乙에게 지고 있는 5천만원의 채무에 대하여 연대보증인이 되었다. 그 후 甲은 강박을 이유로 해서 자신의 보증의 의사표시를 취소하였다. 그런데 1주일 후 甲은 사업에 실패한 친구 丙이 매우 불쌍하다고 생각하여 丙을 대신하여 돈을 갚아야겠다고 생각하였다. 그래서 甲은 乙에게 전화를 걸어서 원래 합의한 대로 보증을 서겠다고 하였다. 이 경우 乙은 보증계약에 기하여 5천만원을 甲에게 요구할 수 있는가?

乙의 甲에 대한 5천만원의 지급청구권(제428조)

乙이 甲에 대하여 보증계약에 기하여 5천만원을 청구하기 위해서는 보증계약이 유효하게 성립하였어야 한다. 보증계약은 유효하게 체결되었으나, 사안에서 甲은 강박을 이유로 해서 보증의 의사표시를 취소하였다(제110조 제1항). 만약 甲이 한 취소권의 행사가 정당하다면 보증계약은 소급적으로 무효가 된다. 강박행위가 인정되기 위해서는 (1) 표의자의 의사표시에 영향력을 미칠 수 있는 불이익 또는 해악의 고지, (2) 그로 인한 표의자의 공포심 유발, (3) 강박행위와 공포심유발 사이의 인과관계 및 (4) 강박행위의 위법성 등의 요건이 충족되어야 한다. 범죄사실을 고발한다는 해악의 고지가 있었고, 그로 인하여 甲은 공포심을 느끼고 보증계약을 체결하였다. 또한 범죄사실의 고발은 그 자체로 위법하지 않으나, 보증계약을 체결하는 강요수단으로 사용됨으로써 위법성이 인정된다. 따라서 강박으로 인한 의사표시의 요건이 모두 충족되었고 취소권의 행사가 있었으므로 보증계약은 소급적으로 무효가 되었다(제141조 본문).

　그런데 甲이 乙에게 다시 전화를 걸어서 원래 합의한 대로 보증을 서겠다는 의사를 전달하였는데, 이것이 무효행위의 추인으로 해석될 수 있는지가 문제된다. 무효행위는 추인을 하여도 원칙적으로 효력을 발생하지 않으나, 당사자가 무효임을 알고 추인한 때에는 새로운 법률행위를 한 것으로 본다(제139조). 그런데 추인은 추인한 당사자를 보호하기 위한 제도이므로 추인을 하는 측만을 보호하기 위한 무효(제107조, 제108조에 의한 무효 등)가 아닌 경우, 즉 강행법규의 위반행위 등과 같이 공익적 이유로 무효인 경우에는 추인이 있더라도 무효인 법률행위가 유효로 될 수 없다.[1] 본 사안에서 문제되고 있는 강박으로 인한 의사표시의 취소로 해당 법률행위가 무효가 되는 것은 강박으로 의사표시를 한 당사자를 보호할 목적만을 갖고 있기 때문에 강박을 이유로 취소했던 자가 추인을 통하여 보호를 포기할 수도 있다.

　무효행위0의 추인이 인정되기 위해서는 무효인 법률행위가 존재해야 하는데, 甲이 보증계약을 취소함으로써 무효가 되었다. 다음으로 무효사유가 종료된 후에 무효인 법률행위를 다시 유효하게 하는 추인이 있어야 한다. 즉 강박을 이유로 의사표시를 취소하여 해당 법률행위가 무효가 된 경우에는 강박상태에서 벗어난 후에 추인이 있어야 한다.[2] 사안에서 강박을 이유로 의사표시를 취소하였을 뿐만 아니라, 친구를 돕기 위해서 甲이 추인한 것으로 보아서는 강박상태는 벗어났다고 볼 수 있다. 마지막으로 무효인 법률행위의 추인은 새로운 법률행위를 하는 것으로 보기 때문에 추인으로 인하여 형성된 법률행위가 그 자체로서 유효해야 한다. 보증계약으로서 특별한 무효사유가 보이지 않으므로 새로운 보증계약으로서 유효요건은 모두 갖추었다. 따라서 乙은 甲에게 5천만원을 청구할 수 있다.

---

1) 곽윤직·김재형, 386면.
2) 대법원 1997.12.12. 선고, 95다38240 판결.

86. 무권리자에 의한 처분행위의 추인

사 례

甲이 사망하자 단독으로 처 乙이 토지 X를 상속받았다. 그런데 아직 乙 명의 앞으로 상속등기를 하고 있지 않는 동안 甲의 조카 丙이 토지 X를 3월 3일 丁에게 매도하였다. 그 후 丙은 이 사실을 乙에게 알리고 매각대 금으로 사업을 시작하여 乙에게 1년 내로 돈을 갚겠다고 하였다. 5월 8일 乙이 丙에게 잘 했다고 하면서 갖고 있던 토지문서(토지소유권등기필증)를 丁에게 전달해 줄 것을 부탁한 경우 丁은 토지의 소유권을 언제 취득하였 는가?

丙은 토지 X에 대한 처분권한이 없는 자이다. 따라서 丙의 처분행 위인 소유권이전을 목적으로 하는 물권행위는 무효이므로 丁은 토지 X 에 대한 소유권을 3월 3일에 취득하지 못하였다. 그런데 사안에서 5월 8일에 상속으로 토지 X에 대한 소유권을 취득한 乙이 丙의 처분행위를 유효로 인정하는 추인의 의사표시를 하였다. 이때 추인이 소급효를 갖 는지가 문제된다. 소급효를 갖는다면 丁은 처분행위를 한 3월 3일에 소 유권을 취득한 것으로 되고, 반면에 소급효를 갖지 않는다면 5월 8일에 소유권을 취득한 것으로 된다.

민법은 무권대리행위의 추인에 관하여 소급효를 인정하는 것(제 133조) 이외에는 일반적으로 무효행위의 추인에 관해서는 소급효를 인 정하지 않는다. 즉 당사자가 그 법률행위가 무효임을 알고서 이를 추인 한 때에는 새로운 법률행위를 한 것으로 간주하므로(제139조 단서), 추인 된 법률행위는 장래를 향하여 유효로 된다. 그런데 학설[1]과 판례[2]는 예외적으로 처분행위의 추인에 대하여는 소급효를 인정하고 있다. 즉

---

1) 곽윤직·김재형, 387면; 이영준, 702면.
2) 대법원 1992.9.8. 선고, 92다15550 판결.

추인이 있으면 무권리자의 처분이 마치 그 처분을 할 때부터 처분권한을 가지고 한 것처럼 취급하고 있다. 다만 추인의 소급효를 인정하는 것은 당사자 사이 또는 제3자의 권리를 해하지 않는 경우에만 가능하다고 한다. 사안에서 처분행위 추인의 소급효를 인정한다고 하여 권리의 침해를 당하는 자가 없으므로 丁은 乙의 추인으로 법률행위시인 3월 3일로 소급하여 소유권을 취득한 것으로 보아야 한다.

87. 일부의 취소

사 례

甲은 자기 소유 토지에 상가건물을 지을 계획을 갖고 있었는데, 규모를 더 크게 할 필요가 있다고 생각하여 이웃 토지의 소유자인 乙에게 토지를 팔 것을 권유하였다. 마침 돈이 필요했던 乙은 잘됐다 싶어 평당 10만원의 가격으로 계산하여 100평, 총 1000만원을 매각대금으로 하여 甲에게 토지를 매도하였다. 甲이 공사를 시작하면서 토지측량을 해본 결과 乙로부터 구입한 토지 중 5평 정도가 자신의 토지임을 알게 되었다. 甲은 위 5평의 토지에 대하여 매매계약의 취소를 구할 수 있는가?

　　甲은 구입한 토지 중 5평이 자신의 토지인지를 모르고 구입하였고, 甲·乙 모두 목적 토지가 乙의 토지인 것을 전제로 계약을 체결하였으므로 표시된 동기의 착오가 인정될 수 있다. 토지의 경계(소유권 귀속)에 관한 착오는 특별한 사정이 없는 한 법률행위의 중요부분에 관한 착오에 해당한다.[1] 따라서 제109조에 기한 취소가 가능하다. 이때 취소의 범위를 목적 토지 중 5평에 한정하여 취소시킬 수 있는지가 문제된다.

　　일부무효와 달리 일부취소에 관한 규정이 우리 민법에는 없다. 그러나 판례와 학설은 일정한 요건을 갖춘 경우 일부무효의 법리에 준하여 법률행위의 일부취소를 인정하고 있다.[2] 일부취소가 인정되기 위해서는 일단 어떤 목적 혹은 목적물에 대한 일체로서 존재하는 법률행위의 일부에 취소사유가 있어야 하며, 그 법률행위가 가분적이거나 그 목적물의 일부가 특정될 수 있어야 한다. 그 밖에 취소되지 않은 나머지 부분을 유효하게 남게 하려는 당사자의 가상적 의사가 인정되는 경우

---

1) 대법원 1993.9.28. 선고, 93다31634, 93다31641(반소) 판결.

2) 이영준, 712면; 대법원 2002.9.10. 선고, 2002다21509 판결.

에 그 일부만의 취소도 가능하다. 사안에서 甲과 乙 사이에 한 개의 매매계약이라는 일체성을 갖는 법률행위가 존재하고, 법률행위의 목적인 토지는 가분적이며 취소하려는 법률행위의 대상이 된 토지는 자신의 토지인 5평으로 특정될 수 있다. 또한 취소하지 않으려고 하는 부분이 계약 목적물의 대부분이라는 점 및 甲·乙의 이해관계가 매매계약에서 어느 정도 일치하고 있다는 점에서 甲·乙 사이에 나머지 부분에 대한 매매계약의 효력을 유지하려는 가상적 의사가 인정될 수 있다. 따라서 甲은 매매계약의 일부취소를 행할 수 있다.

88. 법정추인

사 례

18세인 甲은 할아버지로부터 상속받은 그림을 乙의 거짓말에 속아서 乙에게 백만원에 팔기로 하였다. 그 후 甲은 乙에게 속아서 싸게 팔았다는 사실을 알았으나, 돈이 급히 필요하게 되어서 乙에게 백만원을 달라고 요구하였다. 甲이 그림을 갖고 乙을 만나러 가는 도중에 甲의 부모를 만나게 되어서 甲의 부모가 모든 사실을 알게 되었고 甲으로부터 그림을 회수하였다. 乙이 甲의 집으로 찾아와서 백만원을 주면서 그림을 달라고 요구하자 甲의 부모는 이를 거절한다. 정당한가?

乙의 甲에 대한 그림의 인도청구권(제563조, 제568조 제1항)

(1) 취소권의 성립

乙이 甲에게 그림의 인도를 청구하기 위해서는 매매계약이 효력을 가져야 한다. 사례에서 甲은 미성년자이고 乙의 사기로 매매계약을 체결하였기 때문에 각각의 사유를 이유로 한 취소권이 행사되어 매매계약이 무효로 되지 않았는지가 문제된다.

매매계약은 쌍무계약이므로 법정대리인의 동의가 있어야 하나, 사안에서 동의가 없었으므로 취소할 수 있다(제5조). 또한 乙의 거짓말을 통한 기망행위가 있었고, 이 기망행위를 통하여 甲을 착오에 빠뜨리고 이를 통하여 매매계약을 체결하게 하려는 사기의 고의도 인정될 수 있으므로 사기로 인한 취소권도 인정된다(제110조 제1항). 제한능력을 이유로 한 취소와 사기를 이유로 한 취소는 그 취지, 요건 및 효과를 달리하기 때문에 병존할 수 있다. 따라서 미성년자 甲 또는 그 법정대리인인 甲의 부모는 乙에게 두 가지 취소사유를 선택적으로 주장할 수 있다.

(2) 법정추인의 성립

하지만 사안에서 甲이 속은 사실을 안 상태에서 매매대금의 이행을 청구한 것이 법정추인(제145조)에 해당하여 취소권이 소멸하지 않았는지가 문제된다. 우리 민법은 일정한 법정추인사유가 있으면 취소할 수 있는 법률행위의 상대방을 보호하기 위하여 취소권을 배제시키고 있다(제143조 제1항). 사안에서 문제되는 것은 '이행의 청구'(제145조 제2호)인데 여기서는 취소권자가 채권자로서 상대방에게 채무이행을 청구하는 경우만을 의미하고, 상대방으로부터 이행청구를 받는 것은 포함되지 않는다. 취소권자인 甲이 이행을 청구하였으므로 법정추인사유는 충족되었다. 그러나 취소권이 배제되기 위해서는 추인할 수 있은 후, 즉 취소원인이 종료한 후에 법정추인에 해당하는 행위를 했어야 한다.[1] 그러기 위해서는 미성년자가 취소원인인 경우에는 미성년자가 성년이 된 후이어야 하고[2] 사기가 취소원인인 경우에는 기망에 의한 착오상태를 벗어났어야 한다.

사안에서 甲은 속은 사실을 알았기 때문에 기망에 의한 착오상태는 벗어난 상태에서 매매대금의 이행을 청구한 것이므로 사기로 인한 취소권은 배제된다. 그러나 아직 미성년자라는 취소원인이 존재하는 상태에서 이행청구를 하였으므로 미성년자를 이유로 한 취소권은 배제되지 않는다. 따라서 미성년자라는 이유로 취소권을 행사할 수 있는데, 법정대리인인 甲의 부모가 그림의 인도를 거절하는 사실로부터 취소권을 행사하였다고 볼 수 있다(제142조). 따라서 매매계약은 소급적으로 무효가 되었으므로(제141조 본문) 乙은 그림의 인도를 청구하지 못한다.

---

[1] 대법원 1997.5.30. 선고, 97다2986 판결.

[2] 미성년자가 법정대리인의 동의를 얻거나 법정대리인이 대리인으로서 법정추인사유에 해당하는 행위를 한 경우에는 취소원인이 종료되기 전이라도 법정추인의 효과가 발생한다.

89. 정지조건과 해제조건

사 례

스포츠용품점 주인 甲은 도매업체 乙에게 스포츠용품을 주문하면서 실제로 판매된 용품에 대해서만 매매대금을 지급하기로 하였다. 시즌이 지나면 팔리지 않은 용품들은 甲이 반환할 수 있다고 합의하였다. 그 후 도둑이 들어서 상당수의 용품들이 도난당했고 이에 乙은 甲에게 매매대금의 지급을 요구한다. 정당한가?

乙의 甲에 대한 매매대금지급청구권(제563조, 제568조 제1항)

乙은 甲과 체결한 매매계약이 효력이 있으면 매매대금을 청구할 수 있다. 그런데 계약당사자들은 계약자유의 원칙에 따라 법률행위의 효과가 발생하거나 소멸하는 것을 장래의 일정한 사실에 의존케 할 수 있다. 이 중 법률행위의 효력의 발생 또는 소멸을 '장래의 불확실한 사실'의 성립에 의존케 하는 것을 조건이라고 한다.

민법은 법률행위의 조건으로 두 가지를 규정하고 있다. 정지조건은 법률행위의 효력의 발생을 장래의 불확실한 사실에 의존케 하는 것이고, 해제조건은 법률행위의 효력의 소멸을 장래의 불확실한 사실에 의존케 하는 것을 말한다(제147조). 사안에서 구체적으로 둘 중 어느 조건이 존재하는지는 법률행위의 해석을 통하여 확정해야 한다.

甲과 乙 사이에 체결된 계약은 물건의 판매를 정지조건으로 하거나 아니면 물건이 팔리지 않아서 그 반환을 해제조건으로 하는 매매계약으로 볼 수 있다. 당사자의 명확한 의사가 드러나지 않기 때문에 당사자 사이의 이해관계를 기초로 어느 조건에 해당하는지를 해석을 통하여 확정해야 한다. 甲은 아직 대금지급의무를 부담하려는 의사를 갖고 있지 않은 것으로 보이기 때문에 정지조건부 매매계약을 체결한 것으로 보는 것이 타당하다. 따라서 물건이 팔린 경우에 비로소 매매대금지급의무가 발생한다. 물건이 도난당하였기 때문에 물건을 파는 것이 불가능해졌고, 조건의 불성취가 확정된 이상 매매대금지급의무는 발생할 가능성이 없으므로 무효이다(다만 조건불성취, 즉 물품도난에 대하여 甲에게 책임 있는 사유가 있으면 乙은 甲에게 손해배상청구권[1]을 행사할 수 있다).

---

1) 손해배상의 성질이 불법행위책임인지 채무불이행책임인지에 관하여 학설대립이 있다.

90. 수의조건과 불법조건

 사 례 선거에 출마하기로 한 甲은 선거브로커 乙을 통하여 丙에게 다음과 같은 의사를 전달하였다. 즉 선거에서 丙이 甲에게 투표하면 500만원을 주기로 약속하였다. 이에 丙은 동의의 의사를 甲에게 전하였다. 선거가 있기 전에 갑자기 돈이 필요하게 된 丙은 '甲에게 투표하기로 하는 조건'은 불법조건으로 무효이고, 따라서 조건이 없는 증여계약만 체결되었으므로 甲에게 즉시 500만원을 청구할 수 있는지가 궁금하였다. 丙이 법과대학생인 조카에게 물었을 때 조카는 어떠한 대답을 해야 하는가?

丙의 甲에 대한 500만원의 지급청구권(제554조)

丙이 甲에게 500만원의 지급을 청구할 수 있기 위해서는 이들 사이에 체결된 증여계약이 유효해야 한다. 甲과 乙 사이에 체결된 증여계약은 '丙의 甲에 대한 투표권행사'라는 장래의 불확실한 사실의 성취에 의존하게 하는 조건을 가지고 있는 정지조건부 증여계약이다. 다만 위 조건은 투표권행사라는 당사자의 일방적 의사에 의존하는 수의조건에 해당한다. 수의조건은 당사자의 한쪽의 의사에만 의존하는 순수수의조건과 조건을 성취시키려는 당사자의 한쪽의 의사뿐만 아니라, 그 밖에 의사결정에 의한 사실상태의 성립도 있어야 하는 단순수의조건으로 나눌 수 있다. 순수수의조건에 대하여는 그 유효성을 인정할 것인지에 관하여 학설이 대립하고 있으나,[1] 단순수의조건은 어느 견해를 따르든 간에 유효한 조건이 된다. 사안에서 '丙의 甲에 대한 투표권행사'는 丙

---

1) 당사자에게 법률적 구속력을 생기게 하려는 의사가 있다고 할 수 없으므로 언제나 무효로 보는 견해(곽윤직·김재형, 401면)와 사적 자치의 원칙상 가능하다는 견해(이영준, 754면)가 대립하고 있다.

의 의사결정에 달려 있지만 투표권행사라는 사실상태의 성립과도 연관
되어 있으므로 단순수의조건이고, 따라서 유효한 조건이다.

　　위 조건은 정지조건이므로 조건이 성취된 때에 비로소 권리를 행
사할 수 있으나, 乙은 이 조건이 불법조건이므로 무효라고 주장한다.
조건의 내용이 선량한 풍속 기타 사회질서에 반하는 것일 때 이를 불법
조건이라고 한다. 어떠한 후보에게 투표하기로 약정하고 이 약정을 법
적 구속의 대상으로 하는 것 그 자체로는 정의관념에 반한다고 보기 어
렵지만, 이 법적 구속이 500만원이라는 이익과 결합되어 있으므로 정의
관념에 반하는 것으로 보아야 한다.[2] 따라서 '丙의 甲에 대한 투표권행
사'라는 조건은 불법조건에 해당한다.

　　이와 같이 불법조건이 있는 법률행위에서 조건만 무효로 되는지,
아니면 법률행위 전체가 무효가 되는지가 문제된다. 우리 민법은 정지
조건이냐 해제조건이냐를 묻지 않고 불법조건이 붙어 있는 법률행위는
무효라고 규정하고 있다(제151조 제1항). 따라서 불법조건만이 무효로
되는 것은 아니라, 증여계약 전체가 무효이므로 丙은 甲에게 500만원을
청구할 수 없다.

---

2) 대법원 1996. 6. 25. 선고, 95다50196 판결.

91. 기한의 이익과 그 포기

사 례

육류수입업에 종사하고 있는 甲은 호주에서 소고기를 수입하였으나, 미국산 소고기 파동이 일어나 원하던 값을 받을 수 없게 되었다. 이러한 사정을 알고 있던 냉동창고업자 乙은 甲에게 5개월간 500만원에 소고기를 자신의 창고에 저장하라는 제안을 하였고 甲은 이에 동의를 하였다. 3개월이 지난 후 소고기 값이 안정을 찾아서 甲은 乙로부터 소고기를 반환받고 싶어 한다. 가능한가?

　甲과 乙 사이에는 소고기의 보관을 목적으로 하는 유상 임치계약이 체결되었다(제693조). 임치기간을 5개월로 정하였으므로 그 전에 甲은 소고기를 반환받을 필요가 없다. 즉 5개월이 지난 후에 임치계약이 만료하게 된다. 이와 같이 법률행위 효력의 발생·소멸 또는 채무의 이행을 장래에 발생하는 것이 확실한 사실에 의존케 하는 부관을 기한이라고 한다. 기한에는 법률행위 효력의 발생을 장래의 확실한 사실에 의존케 하는 시기와 법률행위 효력의 소멸을 장래의 확실한 사실에 의존케 하는 종기가 있는데, 사안에서는 5개월이 지난 후에 임치기간이 종료하므로 종기에 해당한다. 기한이 도래하지 않고 있음으로써 그 동안 당사자가 받는 이익을 기한의 이익이라고 하는데, 사안에서 甲은 5개월동안 소고기를 보관할 수 있는 기한의 이익을 누리고 있다. 그런데 甲이 기한이 도래하기 전인 3개월이 지난 후에 소고기의 반환을 받고 싶어하는 것은 기한이익을 포기하는 것에 해당하는데, 이와 같은 기한이익의 포기가 가능한지가 문제된다.

　기한의 이익을 한 당사자만 갖는 경우에 그 당사자는 기한의 이익을 포기할 수 있다. 따라서 무상임치의 경우에는 임치인만 기한의 이익을 누리므로 기한의 이익을 포기하고 언제든지 반환청구할 수 있다. 그러나 상대방도 기한의 이익을 누리고 있다면 기한이익의 포기로 인하여 상대방의 이익을 해치게 하여서는 안 될 것이다(제153조 제2항). 그렇지만 이는 기한이익의 포기가 금지된다는 것을 의미하는 것은 아니며, 기한이익의 포기는 인정되지만 이로 인하여 상대방에게 손해를 입힌 경우에 이를 배상하여야 한다는 것을 뜻한다.[1] 본 사안에서와 같은 유상임치의 경우 임치인이 목적물을 보관할 수 있는 이익을 갖는 것뿐만 아니라, 수치인도 임치기간 동안 보관료를 보수로 받으므로 기한의 이익을 갖는다. 따라서 甲은 乙의 손해를 배상하고 기한의 이익을 포기하여 소고기의 반환을 청구할 수 있다.

---

1) 곽윤직 · 김재형, 410면.

X. 소멸시효

92. 소멸시효 완성의 효과

사 례

甲은 예전에 일하던 도시 X에 도착하자 음식점 A에서 2년 전 음식을 외상으로 먹은 것이 생각났다. 그래서 甲은 외상값을 갚기 위해서 은행에서 돈을 찾아 음식점 A로 가다가 소매치기를 당하였다. 甲은 운명이라고 생각하고 음식점 A에 외상값을 주지 말아야겠다고 생각하였다. 그 날 저녁 술집에서 우연히 만난 음식점 A의 주인 乙은 甲에게 외상값을 달라고 요구한다. 甲은 乙에게 외상값을 지불해야 하는가?

1. 소멸시효의 완성

甲이 음식점 A의 주인 乙에게 외상값을 지불해야 할 의무가 존재하려면 乙이 甲에게 외상값을 요구할 수 있는 권리가 있어야 한다. 그런데 권리는 원칙적으로 언제나 행사할 수 있는 것이 아니라, 일정한 권리행사기간을 갖는다. 일정한 기간 동안 권리를 행사하지 않으면 의무자는 더 이상 권리를 행사하지 않을 것으로 믿기 때문이다. 이러한 의무자의 신뢰를 보호하기 위해서 우리 민법은 소멸시효제도를 규정하고 있다. 이에 따르면 원칙적으로 채권은 10년의 불행사로 소멸하나(제162조 제1항), 음식점에서의 대가는 1년간 행사하지 아니하면 소멸시효가 완성한다(제164조 제1호). 따라서 1년간 乙이 甲에게 외상값을 요구한 적이 없으므로 甲의 乙에 대한 외상값 채무는 소멸시효를 완성하였다.

소멸시효를 완성한 후에 그 권리가 어떻게 되느냐 하는 소멸시효 완성의 효력에 관한 문제가 발생한다. 우리 민법은 소멸시효에 관한 규정들에서 모두 "소멸시효가 완성한다"고만 규정하고 있을뿐, 그 완성의 의미에 관하여는 아무런 규정이 없으므로 이를 해석으로 해결하는 수밖에 없다.[1] 이에 대하여 소멸시효의 완성으로 권리는 당연히 소멸한다는 절대적 소멸설[2]과, 소멸시효 완성만으로 권리소멸이라는 효과가 생기는 것이 아니라 시효로 인하여 이익을 받을 자에게 권리의 소멸을 주장할 권리(권리부인권)가 생길 뿐이라는 상대적 소멸설[3]이 대립하고 있다. 상대적 소멸설에 따르면 소멸시효의 완성으로 외상값 채무가 당연히 소멸하는 것이 아니라, 시효이익자인 甲에게 채무의 소멸을 주장할 수 있는 권리가 생길 뿐이라고 해석된다. 따라서 甲이 乙에게 이를 주장하지 않는 한 외상값 채무는 존속하는 것이다. 반면에 절대적 소멸설에 따르면 甲이 시효이익을 주장하지 않더라도 당연히 채무는 소멸하는 것이다.

현행법이 구민법과는 달리 시효의 원용에 관한 규정을 두고 있지 않고, 소멸시효가 완성한다는 문언은 바로 소멸한다는 것과 같은 뜻으로 이해된다는 점 등을 미루어 보았을 때 절대적 소멸설이 타당하다고 여겨진다(다수설과 판례의 입장). 따라서 사안에서 甲의 乙에 대한 외상값은 1년의 소멸시효 기간이 경과함으로써 당연히 소멸한 것이고, 甲은 乙에 대하여 권리의 소멸을 주장할 필요가 없게 된다.

2. 시효 이익의 포기

결국 甲의 乙에 대한 외상값 채무는 소멸한 것이 되는데, 甲이 乙에게 소멸시효의 완성 후에 채무를 변제하려고 하였던 점이 소멸시효의 이익을 포기한 것이 아닌지가 문제된다. 절대적 소멸설에 의하면 소

---

1) 이에 대하여 구민법은 채권 또는 재산권은 소멸한다고 규정하는 한편, '시효의 원용'에 관한 규정을 두고 있었기 때문이 이 모순된 관계를 해석하기 위해 학설이 분분하였다.
2) 곽윤직 · 김재형, 447면; 이은영, 775면; 대법원 1966.1.31. 선고, 65다2445 판결.
3) 김상용 · 전경운, 772면.

멸시효 이익의 포기라 함은 소멸시효의 완성으로 생기는 법률상의 이익을 받지 않겠다는 일방적 의사표시를 말한다. 소멸시효의 이익은 시효기간이 완성하기 전에 미리 포기하지 못하나(제184조 제1항), 완성된 후에 하는 시효이익의 포기는 유효하다. 예를 들어 시효완성 후의 변제기한의 유예요청, 채무의 승인, 일부의 변제 등은 시효이익의 포기에 해당하여 처음부터 시효의 이익은 발생하지 않는다.

그런데 시효이익의 포기는 상대방 있는 의사표시이므로 상대방에게 그 통지가 도달해야 한다(제111조 제1항). 사안에서 甲은 乙에게 외상값을 갚으려고 하는 의도에서 돈을 찾았을 뿐 아직 乙에 대하여 시효이익을 포기한다는 의사표시는 하지 않은 상태이다. 따라서 甲의 포기의 의사표시는 효력을 발생하지 않았으므로 甲은 시효이익을 포기하지 않은 것이다. 결국 甲은 乙에게 외상값을 지불하지 않아도 된다.

93. 소멸시효의 정지와 중단

사 례

甲이 운영하던 여관에 투숙 중인 乙은 甲이 월드컵 관람 도중 흥분하여 쓰러져 어수선한 틈을 타서 5일치의 숙박비를 내지 않은 채 몰래 도망갔다(2012년 6월). 甲은 쓰러진 후 1년 정도 투병생활을 하다가 결국 사망하였다(2013년 5월). 甲이 사망한 지 두 달 후 甲의 아들 丙은 가게장부를 뒤지던 중 乙의 외상사실을 확인하고 乙에게 외상금청구를 하였다. 乙은 숙박비의 지급을 시효소멸을 이유로 거절할 수 있는가?

【변형】 위 사안에서 甲이 생존하여 2013년 5월경에 乙에게 숙박비 지급을 청구하였다. 그러나 甲이 일이 바빠서 숙박비의 지급이 없었다는 사실을 잊고 지내다가 2014년 2월경에 숙박비 지급을 청구한 경우는 어떠한가?

丙의 乙에 대한 숙박비 지급청구권(618조)

여관의 숙박계약은 일종의 임대차계약으로 이에 기한 채권은 다른 채권에 비하여 단기인 1년의 소멸시효기간을 갖는다(제164조 제1호). 이미 1년 이상이 지났으므로 2013년 6월에 소멸시효가 완성되었고 乙이 소멸시효완성을 주장하는 이상 절대적 소멸설 또는 상대적 소멸설 중 어느 견해를 취하던 소멸시효완성의 효과가 발생하여 乙이 숙박비지급을 거절할 수 있다. 다만 소멸시효기간이 완성하기 전에 원채권자인 甲이 사망하였고 그로 인하여 甲의 아들 丙이 본 채권을 상속하게 되었다는 사정이 있는데, 이로 인하여 소멸시효기간이 완성하는 데 어떠한 영향을 미쳤는지가 문제된다.

우리 민법은 시효중단행위를 하기 곤란한 사정이 있는 경우 권리자의 보호를 위해서 일정기간 동안 시효진행을 멈추었다가 다시 계속하여 시효를 진행하도록 하는 소멸시효의 정지라는 제도를 인정하고

있다. 시효의 정지에 있어서는 정지사유가 그친 뒤에 일정한 유예기간
이 지나면 시효가 완성된다는 점에서 이미 경과한 기간이 없었던 것으
로 되는 시효의 중단과는 다르다. 본 사안에서 숙박비는 상속재산에 속
하는 권리이므로 상속인의 확정·관리인의 선임 또는 파산선고가 있는
때로부터 6개월 내에는 소멸시효가 완성하지 않는다(제181조). 비록 단
기소멸시효인 1년이 지난 것은 사실이나 상속인 확정이 있었던 때로부
터 6개월이 아직 경과하지 않았으므로 시효가 정지된 상태이다. 따라서
상속인인 丙은 乙에 대하여 숙박비 지급을 청구할 수 있다.

【변형】 소멸시효기간이 완성하기 전인 2013년 5월경에 甲은 乙
에게 숙박비 지급의 의무이행을 요구하였다. 이로 인하여 소멸시효 진
행에 어떠한 영향을 미쳤는지가 문제된다.

숙박비 지급의 청구는 소멸시효의 중단사유에 해당한다(제168조).
청구는 소멸시효의 중단사유로서 중단사유가 있으면 소멸시효기간에
이미 경과한 시효기간을 산입하지 않고 그 사유가 종료된 때로부터 다
시 시효기간이 진행하게 된다. 그런데 청구로서 인정되는 것은 재판상
의 청구(제170조), 파산절차참가(제171조), 지급명령(제172조), 화해를 위
한 소환(제173조), 임의출석(제173조), 최고(제174조) 등이 있다. 사안에서
채권자 甲이 채무자 乙에 대하여 이행을 청구하는 의사를 통지하는 행
위를 하였는데 이는 청구사유 중 최고에 해당한다. 최고는 특별한 형식
을 필요로 하지 않는 재판 밖의 행위이므로 본 사안에서는 최고의 모든
요건이 갖추어졌다.

최고는 시효중단사유이기는 하지만 그 효력이 미약하여 최고를 한
때로부터 6개월 내에 재판상의 청구, 파산절차참가, 화해를 위한 소환,
임의출석, 압류 또는 가압류, 가처분을 하지 않으면 시효중단의 효력이
없다(제174조). 또한 최고가 있은 후 6개월 이내에 다시 최고를 하더라
도 시효중단의 효력은 발생하지 않는다.[1] 최고는 다른 중단방법을 취
하기 전에 예비적으로 시효기간이 완성되는 것을 막는 수단에 불과한

---

[1] 대법원 1970.3.10. 선고, 69다1151, 1152 판결.

것이다.

甲은 최고 후 乙에 대하여 6개월 이내에 후속적으로 다른 강력한 중단방법을 취하지 않았으므로 숙박비 지급의 소멸시효는 이미 완성하였다. 따라서 甲이 乙에 대한 숙박비의 지급을 청구하더라도 乙은 숙박비를 지급할 의무가 없다.

94. 재판상의 청구와 소멸시효의 중단

사 례
乙은 甲으로부터 1억원을 빌리면서 변제기를 2년 후인 2006년 11월 22일로 하였다. 여러 사정으로 돈을 빌려준 사실을 잊고 지내던 甲은 2016년 6월 2일 갑자기 기억이 떠올라 乙에게 대여금 1억원의 반환을 청구하고 6월 20일 소를 제기하였다. 한편, 소를 진행하고 있던 甲은 이 대여금 채권을 여동생인 丙에게 양도하였다고 주장하며 9월 26일 소송인수를 신청하였고, 9월 30일 소송인수가 결정되어 소송에서 탈퇴하였다. 그런데 이 채권양도가 무효로 판단되어 법원은 丙에 대한 청구기각 판결을 선고하였다. 그리고 이 판결은 2019년 10월 20일 확정되었다. 마음이 급해진 甲은 2019년 12월 1일 乙에게 대여금의 반환을 소구하고자 한다. 甲은 乙에게 대여금의 반환을 소구할 수 있는가?[1]

1. 甲의 乙에 대한 대여금 반환청구권(제598조, 제603조)

당사자 일방이 금전 기타 대체물의 소유권을 상대방에게 이전할 것을 약정하고 상대방은 같은 종류, 품질 및 수량의 금전 기타 대체물로 반환할 것을 약정하면 소비대차계약이 체결되며(제598조), 그 반환시기가 약정되어 있다면 차주는 그 약정시기에 차용물과 같은 종류, 품질 및 수량의 물건을 반환하여야 한다(제603조 제1항). 사안에서 甲과 乙은 1억원에 대한 소비대차계약을 체결하였으며, 반환시기를 2년 후인 2006년 11월 22일로 약정하였다. 따라서 돈을 빌려준 甲은 乙에게 2006년 11월 23일 0시부터 빌려준 대여금 1억원의 반환을 청구할 수 있다.

---

1) 대법원 2017.7.18. 선고, 2016다35789 판결 변형.

2. 소멸시효의 완성과 중단(제168조)

　　대여금 반환채권은 소멸시효의 목적이 될 수 있으며, 단기소멸시효가 적용되지 않으므로 10년의 소멸시효기간이 적용된다(제162조 제1항). 사안의 경우 甲의 乙에 대한 대여금 반환채권은 2006년 11월 23일 0시부터 시효가 진행되며 10년이 경과한 2016년 11월 22일 24시에 소멸시효가 완성한다. 따라서 별도로 시효가 중단되거나 정지되지 않는다면 甲은 2019년 12월 1일 乙에게 대여금의 반환을 청구할 수 없다.

　　그러나 사안의 경우 시효의 중단이 문제 된다. 甲은 2016년 6월 2일 대여금의 반환을 청구하고 6월 20일 소를 제기하였으므로, 채무의 이행을 청구하는 최고 이후 6월 내에 재판상 청구를 한 것이므로 대여금의 반환을 청구한 2016년 6월 2일 시효가 중단되었다고 볼 수 있다(제174조). 다만 재판상 청구의 경우 소의 각하, 기각, 또는 취하의 경우 시효중단의 효력이 없으므로(제170조 제1항), 사안에서 甲의 소송인수신청과 그에 따른 소송탈퇴가 소의 각하, 기각 또는 취하로 볼 수 있는지를 추가로 검토해야 한다.

　　시간의 순서로 사안을 분석해 보면, 만약 甲의 소송탈퇴를 소의 취하로 볼 수 있다면 2016년 9월 30일 소송인수가 결정되었고 6월 내에 별도의 재판상 청구나 파산절차참가, 압류 또는 가압류, 가처분이 없었으므로 시효중단의 효력은 사라진다(제170조 제2항). 만약 甲의 소송탈퇴를 소의 취하로 볼 수 없다면 다른 사유가 없는 한 시효중단의 효력이 유지된다. 그런데 판례는 소송탈퇴를 소취하와 성질이 다르다고 보고 있으므로,[2] 甲의 소송탈퇴로 시효중단의 효력이 사라지지는 않는다.

　　그러나 소송인수 및 소송탈퇴의 경우 판결의 효력은 탈퇴한 당사자에게도 미치므로(민사소송법 제82조 제3항, 제80조 단서), 丙에 대한 법원의 청구기각 판결은 甲에게도 그 효력이 미친다. 따라서 甲의 재판상 청구는 2019년 10월 20일 청구기각 판결로 시효중단의 효력을 잃는다. 다만 소송 기각의 경우라도 6월 내에 재판상 청구, 파산절차참가, 압류

---

2) 대법원 2017.7.18. 선고, 2016다35789 판결.

또는 가압류, 가처분을 한다면 시효는 최초의 재판상청구로 중단된 것이 되므로(제170조 제2항), 甲이 6월의 기간 내에 乙을 상대로 동일한 재판상 청구를 하면 최초의 재판상청구(2016년 6월 2일)로 인한 시효중단의 효력은 유지된다. 결과적으로 본 사안에서 甲은 乙에게 대여금의 반환을 청구할 수 있다.

95. 소멸시효 완성의 원용권자

사 례

상인인 甲은 乙에게 상품을 판매하고 2억원의 물품대금을 2014년 2월 1일 상환받기로 하면서 그 소멸시효 기간을 5년으로 특별히 약정하였다. 乙의 사업이 어려워져 부도가 날 위험에 처하자 乙은 2017년 10월 5일 자신의 유일한 재산인 토지 X에 처남 丙을 위한 근저당권을 설정해 주었다. 근저 당권 설정을 알게 된 甲은 2018년 1월 10일 丙을 상대로 사해행위 취소 의 소를 제기하였다. 이에 丙은 甲의 물품대금채권의 소멸시효는 이미 완성 되었다고 항변하고 있다. 丙의 항변은 타당한가?[1]

1. 소멸시효 기간의 연장(제184조 제2항)

상인 甲의 乙에 대한 물품대금채권은 상인이 판매한 상품의 대가 에 관한 채권으로 3년의 단기소멸시효가 적용된다(제163조 제6호, 상법 제64조). 따라서 甲의 물품대금채권은 2014년 2월 2일 0시부터 시효가 진행하여 2017년 2월 1일의 종료로 소멸시효가 완성한다. 한편, 소멸시 효 기간을 5년으로 하자는 甲과 乙 간의 특약은 소멸시효를 법률행위에 의하여 연장하거나 가중하지 못한다는 제184조 제2항에 반하여 효력이 없다.[2] 시효제도는 계속된 사실상태를 존중하고 법질서의 안정을 보호 하려는 공익적 목적을 갖는 제도이므로 개인의 합의만으로 시효가 완 성되기 전에 소멸시효의 이익을 포기하도록 하거나 소멸시효의 완성을 곤란하게 하지 못하기 때문이다.[3] 따라서 甲의 乙에 대한 물품대금 채

---

[1] 대법원 2007.11.29. 선고, 2007다54849 판결, 2020년 제9회 변호사시험 사례형 문제 변형.

[2] 곽윤직·김재형, 452면.

[3] 곽윤직·김재형, 452면; 백태승, 343면; 이은영, 781면.

권은 2017년 2월 1일 시효가 완성하며, 그 기산일에 소급하여 소멸한다(제167조).

2. 丙의 소멸시효 완성의 원용

이 사안은 채권자취소권도 문제 된다. 채권자취소권은 채무자가 채권자를 해함을 알면서 재산권을 목적으로 한 법률행위를 하여 자신의 일반재산을 감소시키는 경우에 그 법률행위의 취소와 일탈재산의 회복을 법원에 청구할 수 있는 권리를 의미한다(제406조).[4] 이 사안에서 甲의 물품대금채권은 乙의 사해행위 이전에 이미 성립되었고, 乙은 유일한 재산인 토지 X에 처남 丙을 위한 근저당권을 설정하였으며, 채무자인 乙과 수익자인 丙의 악의 역시 추정되므로 甲의 사해행위 취소청구는 성립될 수 있다. 그러나 살펴본 바와 같이 甲의 물품대금채권은 2017년 2월 1일 소멸시효가 완성하여 소멸하므로, 즉 피보전채권이 소멸하므로 사해행위 취소청구는 성립하지 않게 된다.

다만, 이 경우 물품대금채권의 당사자가 아닌 丙이 소멸시효의 완성을 원용하여 항변할 수 있는지가 문제 된다. 판례는 권리의 소멸로 직접 이익을 얻는 자만이 소멸시효의 완성을 원용할 수 있다고 한다.[5] 사해행위의 수익자인 丙은 피보전채권의 소멸로 사해행위 취소청구가 받아들여지지 않아 원상회복의무를 부담하지 않게 되면 직접적으로 불이익을 면하게 된다. 즉 丙은 직접적으로 이익을 얻는 자에 해당하므로 물품대금채권의 소멸시효 완성을 독자적으로 원용할 수 있다. 결과적으로 丙은 甲의 물품대금채권의 소멸시효 완성을 원용하여 사해행위 취소청구에 항변할 수 있다.

---

4) 채권자취소권의 본질과 관련하여 그 본질이 사해행위의 취소에 있다고 보는 형성권설, 일탈재산의 회복에 있다는 청구권설, 양자의 결합에 있다고 보는 절충설이 있다(송덕수, 채권법총론, 제6판, 2021, 246면 이하).
5) 대법원 1995.7.11. 선고, 95다12446 판결.

96. 제척기간

사 례

건물 전체를 식당으로 운영하는 甲의 건물 중 1층을 빌려 식당영업을 하고 있던 乙은 영업의 편의를 위하여 甲의 허락을 받고 고액을 들여 냉장시설을 새로 교체하였다. 그러나 乙은 병에 걸려서 입원하게 되었고 임대차종료기간이 경과한 후 임대차계약을 연장하지 않고 甲에게 식당을 양도하였다. 임대차계약기간이 종료한 지 11년이 지난 후 乙은 병이 완치되었는데, 이때 乙은 남겨졌던 냉장시설을 구입하라고 甲에게 요구할 수 있는가?

乙의 甲에 대한 부속물매수청구권(제646조)

임대차계약관계가 종료하면 임차인은 임대인에게 부속물의 매수를 청구할 수 있다. 이를 위해서는 건물의 임차인이 그 사용의 편익을 위하여 임대인의 동의를 얻어 이에 부속한 물건이 있어야 한다. 이때 부속한 물건은 임차인의 소유에 속하고 그 건물의 구성부분을 이루지 않는 독립한 물건이어야 하는데, 乙이 설치한 냉장시설은 임차인 乙의 소유로 건물의 구성부분으로 볼 수 없는 독립한 물건이다. 또한 냉장시설의 교체에 대하여 甲의 허락이 있었고 냉장시설이 식당건물로 사용되는 甲의 건물 사용에 객관적인 편익을 가져오게 하는 물건이다. 따라서 임차인 乙은 甲에 대하여 부속물매수청구권을 행사할 수 있다.

다만 임대차계약기간이 종료한 지 11년이 지난 후에 아직도 乙이 부속물매수청구권을 행사할 수 있는지가 문제된다. 부속물매수청구권은 '청구권'이라는 표현을 쓰고 있기는 하지만, 임차인이 부속물매수청구권을 행사하면 바로 임대인과 임차인 사이에 법률관계가 발생한다는 측면에서 형성권의 성질을 갖는다. 부속물매수청구권과 같이 기간이 정해지지 않은 형성권의 경우에는 제척기간을 10년으로 보는 것이 판례이다.[1] 제척기간은 그 기간의 경과 자체만으로 곧 권리소멸의 효과를 가져오게 하는 것이므로 그 기간진행의 기산점은 원칙적으로 권리가 발생한 때가 된다.[2] 사안에서는 임대차계약관계가 종료한 때를 그 기산점으로 하여 10년 내에 부속물매수청구권이 행사되어야 한다. 따라서 乙은 11년이 지난 상태에서는 甲에게 부속물매수청구권을 행사할 수 없다.

---

1) 대법원 1991.4.23. 선고, 90다카643 판결.
2) 대법원 1995.11.10. 선고, 94다22682, 22699 판결.

97. 권리남용

사 례 甲(한국전력공사)은 정당한 권원에 의하여 토지를 수용하고 그 지상에 변전소를 건설하였으나, 토지소유자 乙에게 그 수용에 따른 손실보상금을 공탁함에 있어서 착오로 부적법한 공탁이 되어 수용재결이 실효되었다. 이에 따라 결과적으로 그 토지에 대한 甲의 점유가 권원 없는 점유가 되자 乙은 토지의 반환 및 변전소의 철거를 요청하였다. 이에 甲은 이 변전소가 철거되면, 1개 구민의 전력공급이 중단되게 된다는 점 및 철거하여 새로 지을 경우 토지시가의 30배 가량의 재원이 소요된다는 점을 들며 乙로부터 토지를 시가의 120%로 구입할테니 매도할 것을 설득하였지만 乙은 이를 거절하였다. 乙의 철거청구는 정당한가?

(1) 乙의 甲에 대한 철거청구권(제213조, 제214조)

甲에 의한 수용이 부적법한 것이었으므로 乙은 그 토지에 대한 소유권을 잃지 않았다. 따라서 乙의 甲에 대한 철거청구는 제213조 및 제214조의 소유물 반환 또는 소유물 방해배제청구권에 근거한 것이다.

이때 甲이 철거를 하게 되면 상당한 손해를 입게 되는데도 불구하고 乙의 토지의 반환청구 및 철거청구가 정당한지가 문제된다.

(2) 철거청구의 권리남용판단

우리 민법에 따르면 권리의 행사와 의무의 이행은 신의에 좇아 성실히 하여야 하며, 권리는 남용하지 못한다(제2조). 따라서 권리를 갖고 있더라도 무제한 행사할 수 있는 것이 아니라 일정한 제한 속에서 권리를 행사할 수 있다. 이러한 한계를 벗어난 경우에는 권리남용이 되어 권리를 행사할 수 없게 된다.

권리남용이 되려면 주관적 요건과 객관적 요건을 모두 갖추어야 한다.[1] 즉 권리행사가 권리의 남용에 해당한다고 할 수 있으려면, 주관적으로 그 권리행사의 목적이 오직 상대방에게 고통을 주고 손해를 입히려는 데 있을 뿐 권리를 행사하는 사람에게 아무런 이익이 없는 경우이어야 하고, 객관적으로는 그 권리행사가 사회질서에 위반된다고 볼 수 있어야 한다.[2] 객관적 요건의 판단은 철거에 따른 甲 및 제3자(전기공급을 받지 못하게 되는 주민들)의 불이익과 乙의 소유권제한에 따른 불이익을 비교형량하여 결정하여야 한다. 객관적 요건을 판단해 보면 변전소 철거에 따라 1개 구의 구민이 전력공급을 받지 못하게 되고, 甲의 경우 공탁상의 과실로 원래 소요액의 30배가 들게 된다는 점을 감안하면, 토지사용상의 제한을 받게 되는 乙의 불이익에 비하여 甲과 제3자의 불이익이 훨씬 큰 것으로 판단할 수 있다. 따라서 사안에서 乙의 철거청구는 권리남용의 객관적 요건을 충족한다. 주관적 요건을 살펴보면 甲이 시가의 120%에 상당하는 금액을 제시했음에도 불구하고 乙이 변전소의 철거와 토지의 인도를 청구하는 것은 乙에게는 별다른 이익이 없

---

1) 대법원 1993.5.14. 선고, 93다4366 판결. 학설은 판례에 찬성하는 견해도 있으나 대체로 객관적 요건을 강조하는 것이 일반적이다. 판결 중에는 객관적 요건만 필요하다고 한 사례(대법원 2004.9.13. 선고, 2003다64602 판결)도 있고 객관적 요건을 통해 주관적 요건을 추인한 경우도 있다(대법원 2003.11.27. 선고, 2003다40422 판결).

2) 대법원 2002.9.4. 선고, 2002다22083, 22090 판결.

는 반면 甲에게는 그 피해가 극심하다. 따라서 이러한 권리행사는 그 목적이 오직 상대방에게 고통을 주고 손해를 가하려는 것으로 인정할 수 있어3) 주관적 요건도 충족된다고 볼 수 있다. 모든 요건이 충족되었으므로 乙의 철거청구는 권리남용으로 위법하여 법의 조력을 받을 수 없다.

---

3) 대법원 1999.9.7. 선고, 99다27613 판결.

98. 실효의 원칙

사 례

甲은 乙의 토지를 매수하면서 그 가격을 1억원으로 하고 대금은 4회로 분할하여 지급하기로 하였다. 甲은 3회까지 금 9000만원을 지급하였으나, 갑자기 자금부족문제가 발생하여 4회 지급기일에는 잔액 1000만원을 지급하지 못하였다. 乙은 甲의 능력이면 1000만원을 마련하는 것은 어렵지 않다고 생각하였고 4회 기일이 지난 후 1개월의 기간으로 최고를 하였다. 이에 甲이 500만원을 구해오자 乙은 일단 이를 받았다. 그러나 1년 4개월이 경과한 후 갑자기 토지가격이 등귀하자 乙은 甲에 대하여 이행지체를 이유로 해제권을 행사하려 한다. 乙의 해제권행사는 가능한가?

(1) 乙의 해제권

乙이 해제권을 행사하기 위해서는 해제사유가 존재해야 한다(제543조 제1항). 甲이 이행을 지체하고 있었기 때문에 이행지체로 인한 법정 해제사유가 문제된다. 즉 당사자 일방이 그 채무를 이행하지 않을 때 상대방은 상당한 기간을 정하여 그 이행을 최고하고 그 기간 내에 이행하지 않은 때에는 계약을 해제할 수 있다(제544조). 사안에서 甲이 잔액 1000만원에 대하여 제4회 지급기일을 경과하였음에도 그 금액을 乙에게 지급하지 못하고 있고, 乙은 이를 지급하라는 최고를 하였다는 점에서 제544조의 요건은 일단 충족된 것으로 보인다. 그러나 1년 4개월간 해제권을 행사하지 않다가 갑자기 해제권을 행사한 데 대하여 실효의 원칙이 적용될 수 있는지가 문제된다.

(2) 실효의 원칙

실효의 원칙이란 권리자가 실제로 권리를 행사할 수 있는 기회가 있었음에도 불구하고 상당한 기간이 경과하도록 권리를 행사하지 아니하여 상대방으로서도 이제는 권리자가 권리를 행사하지 않을 것으로 신뢰할 만한 정당한 기대를 가지게 되었다면 그와 같은 권리행사는 제한되어야 한다는 원칙을 말한다.1) 실효의 원칙에 있어 '상당한 기간'은 일률적인 기준에 의해서 판단할 것이 아니라 구체적인 경우마다 권리를 행사하지 아니한 기간의 장단과 함께 권리자와 의무자 쌍방의 사정 및 객관적으로 존재한 사정 등을 모두 고려하여 사회통념에 따라 합리적으로 판단해야 한다.2)

사안에서 해제권은 실제 행사한 날짜를 기준으로 무려 1년 4개월 가량 전에 발생한 것으로 장기간 행사되지 않았고 오히려 매매계약이 여전히 유효함을 전제로 乙이 잔존채무의 이행을 최고하고 잔액 중 일부인 금 500만원을 받았다면 甲은 해제권이 더 이상 행사되지 않을 것으로 신뢰하였을 것이다. 또한 매매계약상의 매매대금 자체는 거의 전부가 지급되었다는 점 등에 비추어보면 그와 같이 신뢰한 데 대하여 정당한 사유도 있다고 봄이 상당하다. 따라서 乙은 해제권을 행사하지 못한다(乙이 해제권을 행사하려면 다시 이행의 최고를 한 후 상당한 기간이 지나도 甲이 이행을 하지 않아야 한다).

---

1) 대법원 1994.11.25. 선고, 94다12234 판결.
2) 대법원 2005.10.28. 선고, 2005다45827 판결.

99. 모순행위금지의 원칙

사 례

甲은 乙 소유의 건물을 임차하여 살면서 주민등록도 乙 소유의 건물에 하면서 확정일자까지 받았다. 乙은 사업상 담보가 필요하여 위 건물을 저당 잡히려 하였으나 甲의 임차권으로 인하여 담보가치가 떨어질 것을 염려하여 甲에게 특별한 부탁을 하였다. 이에 甲은 조사를 나온 은행직원에게 자신은 乙의 친척으로서 서울에 와서 잠시 얹혀사는 것일 뿐 임대차관계는 없다고 밝히며 이에 대한 각서까지 써주었다. 이 후 乙의 사업이 망하여 위 건물에 대한 경매가 실행되었다. 이에 甲은 자신의 보증금 반환을 내세워 건물의 명도를 거부하려 한다. 가능한가?

甲이 주거생활을 목적으로 실제 乙의 건물을 임차하여 주거하며 주민등록도 하였다는 점에서 주택임대차보호법의 대항력 있는 임차인이 된다(주택임대차보호법 제3조 제1항). 또한 확정일자까지 갖추었으므로 甲의 임차권은 효력상 은행에 대한 저당권보다 선순위에 있게 된다(주택임대차보호법 제3조의2 제2항). 그러나 저당권을 설정하기 전에 甲은 은행에게 자신은 대항력이 있는 임차인이 아니라고 밝혔는데, 후에 甲이 저당권을 실행되는 단계에서 앞의 자신의 주장을 번복하고 대항력 있는 임차인으로서의 지위를 누릴 수 있는지가 문제된다.

甲이 한 선행행위와 그 후에 주장하는 것은 서로 모순되는데, 우리 학설과 판례는 모순행위금지의 원칙(금반언의 원칙)을 인정하여 선행행위와 모순되는 행위는 허용되지 않는다고 보고 있다.[1] 이 원칙의 적용 여부를 판단함에 있어서는 상대방의 이익의 내용, 행사하거나 이행하려는 권리 또는 의무와 상대방 이익과의 상관관계 및 상대방 신뢰의 타당성 등 모든 구체적인 사정을 고려하여야 한다. 사안에서 甲이 주택임

---

1) 대법원 2001.9.25. 선고, 2000다24078 판결.

대차보호법상 대항력 있는 임차인인 것은 사실이지만, 은행이 임차권의 사실을 알았다면 乙에 대한 대출범위를 축소하여 손해를 줄일 수 있었다는 점, 대항력이 있는지에 관한 사실을 파악하기 위해서 적극적인 조사의무를 행한 은행과 조사에 임하여 임대차 관계가 있다는 사실을 속이고 각서까지 작성한 甲의 사정을 감안한다면 甲이 주택임대차보호법상의 대항력 있는 임차권에 의한 보호를 받아야 한다고 주장하는 것은 모순행위금지의 원칙상 타당하지 않다. 따라서 甲의 건물명도거부는 가능하지 않다.

100. 사정변경의 원칙

甲은 회사의 이사로서 부득이한 사유로 회사와 은행 사이의 계속적 거래로 인한 회사의 채무에 대하여 연대보증인이 되었다. 그 후 甲은 회사에서 퇴사하고 이사의 지위를 떠났다. 이 경우 甲은 연대보증계약을 해지할 수 있는가?

甲이 계약을 해지하기 위해서는 약정 내지 법정 해지사유가 존재해야 한다(제543조 제1항). 사안에서 甲이 연대보증계약을 체결한 것은 회사의 이사로서의 지위에 있었기 때문인데, 이사의 지위를 벗어난 이상 甲은 더 이상 이러한 법률관계를 유지하기를 원하지는 않을 것이다. 이와 같이 법률행위의 성립에 있어서 그 기초가 되었던 사정에 당사자가 예견하지 못한 또는 예견할 수 없었던 중대한 변경이 그 후 발생하여 당초에 정하여진 행위의 결과를 그대로 요구하거나 강제한다면 심히 부당한 결과가 생기는 경우에, 당사자가 그러한 행위의 효과를 신의칙에 맞도록 적당히 변경할 것을 상대방에게 청구하거나 계약의 해지 내지 해제를 요구할 수 있도록 하는 제도가 사정변경의 원칙이다. 이에 대하여 학설은 대립하고 있으며, 판례는 비계속적 계약에서는 부정적이지만,[1] 계속적 계약관계에서는 사정변경의 원칙을 인정하고 있다.[2]

사안에서와 같이 甲이 연대보증계약을 체결하게 된 것은 이사라는 지위 때문에 어쩔 수 없었다. 이로 인하여 甲은 회사와 은행 사이의 거래관계로 인하여 계속하여 발생하는 회사 채무에 대하여 연대보증인이 되었다. 그러나 현재 이사가 아닌 상태라면 그 이후에 발생한 채무에

---

1) 대법원 1955.4.14. 선고, 4286민상231 판결.
2) 대법원 1992.5.26. 선고, 92다2332 판결.

258 제4장 권리의 행사와 의무의 이행

대하여는 특별한 이해관계 없이 연대보증인의 지위에 있게 된다. 따라서 연대보증계약 성립당시의 사정에 현저한 변경이 생긴 것으로 볼 수 있으므로 甲은 사정변경을 이유로 위 연대보증계약을 해지할 수 있다고 보아야 한다.

찾아보기

262

이병준

고려대학교 법과대학, 동 대학원 졸업(법학석사)
독일 Tübingen 대학교 법과대학(법학박사)
부산대학교 법과대학, 한국외국어대학교 법학전문대학원 교수
대법원 재판연구관, 법무부 민법개정위원
현재: 고려대학교 법학전문대학원 교수
E-mail: leebgb@korea.ac.kr

황원재

고려대학교 법과대학, 동 대학원 졸업(법학석사)
독일 Osnabrück 대학교 법과대학(법학박사)
현재: 계명대학교 법학과 조교수
E-mail: hwonjae@gmail.com

정신동

한국외국어대학교 법과대학, 고려대학교 대학원 졸업(법학석사)
독일 Tubingen 대학교 법과대학(법학박사)
현재: 강릉원주대학교 법학과 조교수
E-mail: jungrecht@gmail.com

제8판 민법사례연습 I [민법총칙]

2004년 3월 1일 초 판 발행
2023년 3월 2일 제8판 발행

저 자 이병준 · 황원재 · 정신동
발행인 이방원
발행처 세창출판사

신고번호 제1990-000013호
주소 03736 서울시 서대문구 경기대로 58 경기빌딩 602호
전화 02-723-8660   팩스 02-720-4579
이메일 edit@sechangpub.co.kr   홈페이지 www.sechangpub.co.kr
블로그 blog.naver.com/scpc1992   페이스북 fb.me/sechangofficial
인스타그램 @sechang-official

ISBN 979-11-6684-166-8 93360